Heinrich Schipperges
Goethe – seine Kunst zu leben

HEINRICH SCHIPPERGES

GOETHE – SEINE KUNST ZU LEBEN

Betrachtungen aus
der Sicht
eines Arztes

VERLAG JOSEF KNECHT · FRANKFURT AM MAIN

Die Deutsche Bibliothek – CIP-Einheitsaufnahme

Schipperges, Heinrich:
Goethe – seine Kunst zu leben : Betrachtungen aus der Sicht
eines Arztes / Heinrich Schipperges. – Frankfurt am Main :
Knecht, 1996
ISBN 3-7820-0738-7

1. Auflage 1996. Alle Rechte vorbehalten. Printed in Germany.
© 1996 by Verlag Josef Knecht – Carolusdruckerei GmbH,
Frankfurt am Main.
Satz und Druck: Druckerei Wagner GmbH, Nördlingen.
Bindung: Großbuchbinderei Monheim GmbH, Monheim.
⊗ Gedruckt auf alterungsbeständiges Papier.
ISBN 3-7820-0738-7

Inhalt

6 Inhalt

I.
EINFÜHRUNG

Mein Gott – Goethe! So wird manch einer gedacht haben bei diesem Thema! Wer wird sich denn heute noch über Goethe auslassen wollen, wo doch alles – aber auch alles – schon einmal gesagt wurde!»Mein Gott Goethe« – so lautet denn auch der Titel einer jüngeren Publikation, verfaßt von Leo Kreutzer, dem Hannoveraner Literaturhistoriker, für den Goethe heute einfach »auf der Straße« liegt:»Da kann man ihn aufheben. Und vielleicht wirklich gebrauchen«.

»Goethe und kein Ende« –, unter diesem Titel wurde schon vor über hundert Jahren (1882) in der Aula der Universität Berlin eine Rektoratsrede gehalten. Rektor war damals Emil Du Bois-Reymond, einer der großen Physiologen des 19. Jahrhunderts und wohl auch der größte Banause seiner Zeit. In seiner Goethe-Rede stellte er nämlich die These auf, Faust hätte wohl besser daran getan, das »Gretchen zu heiraten« und »sein Kind ehrlich zu machen«, und auch von Goethe selber hätte man sicherlich mehr gehabt, wenn er die Elektrisierma-schine erfunden hätte oder wenigstens die Luftpumpe, statt einen in sich so widerspruchsvollen »Faust« zu schreiben.

Daß man aber »Goethe« andererseits aus den Lehrplänen der Schule verbannen müsse und eine Goethe-Lektüre nur noch »als höchste Belohnung den Besten, Reifsten, Wertvoll-sten vorbehalten« solle, das war – im Goethe-Jahr 1932 – die Meinung von Hermann Hesse, der solchen Schülern dann auch verspricht:»Sie würden mit Erstaunen entdecken, wie unmittelbar er den heutigen Leser vor die große Frage des Heute stellt: vor die Frage Europas«.

Solchen extremen Äußerungen gegenüber möchte ich lieber einen inneren Standpunkt aufsuchen:»um einen Goethe von innen bittend«. Mit diesem Motto im Titel nennt Ortega y Gasset (1932) seine auch heute noch zu beherzigende Methode, die Klassiker zu retten, nämlich: »wenn wir sie ohne Umstände zu unserer eigenen Rettung gebrauchen, das heißt, wenn wir von ihrer Eigenschaft als Klassiker absehen, sie zu uns heranziehen und vergegenwärtigen, indem wir neues Leben in sie einströmen lassen mit dem Blut aus unseren Adern, das aus unseren Leidenschaften besteht – und aus unseren Problemen«.

Goethe war niemals »mit seinem Zeitalter abgeblüht«, schreibt Hermann Hesse (1949); er ist immer noch »unheimlich aktuell«. Er verträgt es, wie Jaspers sagte – kurz nach dem Kriege (1949), eine neue »Aneignung« Goethes fordernd: »Er verträgt es, in nächster Nähe gekannt zu sein; er wächst, je besser wir ihn kennen«. In nächster Nähe, Tag für Tag, gleichsam »in seiner Lebensluft« atmend!

Wie viel an Pseudoproblemen gibt uns nicht die technische Welt von heute auf, während es im Grunde doch nur ein wirklich ernstzunehmendes, das brennende Problem auch unserer Tage gibt: sein Leben zu führen, täglich zu gestalten, zu bilden. Daher auch bei Goethe – dem alten wie dem jungen – immer wieder der Ruf nach Methode, das Bedürfnis nach jener Methode, die eigentlich nur Dichter und Künstler haben, die mit etwas fertig werden sollen, es vor sich hinstellen müssen (am 29. Juli 1810 zu Riemer). Und in »Fragmentarisches« zu seinem Leben findet sich der abgrundtiefe Satz: »Jeder Mensch in seiner Beschränktheit muß sich nach und nach eine Methode bilden, um nur zu leben«. Das allein meint Lebens-Kunst, wie sie uns am ehesten noch die Heil-Kunde vermittelt!

Goethe als Dichter, als Forscher, als Lehrer, als der Denker, der Seher –, ja, das alles: als der Beamte auch, der Freund der Frauen natürlich, der Gartenfreund, der Theaterdirektor, und was alles noch mehr – aber nun auch noch »Goethe als Mediziner«? Um hier kein Mißverständnis aufkommen zu lassen, sollten wir die Frage sogleich präzisieren und feststellen: Wenn hier von Goethe als dem Heilkundigen die Rede sein wird, dann gewiß nicht im Sinne von Heil-Künstler oder Heil-Praktiker oder gar Geist-Heiler, sondern – ganz im Sinne der Alten: als der Heil-Kundige und großer Beweger zum Heilen, als ein begnadeter Mensch, dem ganz einfach der Trieb eingegeben war,»das Leben zu hegen und zu pflegen«.

Nicht, als ob wir Goethe – alle Goethe-Jahre wieder – hochjubeln sollten, und nun auch noch zu einem Arzte, was überdies gar nicht so einfach sein dürfte: Seine Kenntnisse von der zeitgenössischen Medizin waren im Grunde recht dürftig (was man von Schiller oder auch dem jüngeren Novalis etwa nicht behaupten kann). Wir würden auf der anderen Seite aber auch einem so anspruchsvollen Thema nicht gerecht, wollten wir aus diesem vielschichtigen Bergwerk nur interessante Bruchstücke und noch so leuchtende Splitter herausbrechen, all die sicherlich höchst faszinierenden Analogien aufdecken zu Heilung und Heil.

Wir sollten hier schon einige Schichten tiefer graben, um dorthin zu gelangen, wo uns – wie im»Eid des Hippokrates« – als Urbild»Apollo der Heiler« aufleuchtet, als ein Vorbild, Inbild, ein geradezu archetypisches Leitbild, das überall dort zum Leuchten kommt, wo die Rede ist vom»Vorwaltenden des oberen Leitenden«, wie Goethe»Geist« nannte[1], wie ja auch Goethe selber nicht von ungefähr von Caroline Schlegel (1802) angehimmelt wurde als der»unsichtbare Apollo«.

Ich möchte nicht mit einer berauschenden Fülle an schönen Sprüchen zu Heilung und Heil aufwarten, möchte vielmehr nüchtern – und immer nur von Quellen erster Hand her – zeigen, daß und warum Goethe ein Heilkundiger genannt wird,»Heiler«, weil er – wie ich meinen möchte – erstaunlich systematisch die drei dominierenden Bereiche der Medizin beherrscht hat, nämlich: 1. die Physiologie, alles Wissen um das Gesunde, 2. die Pathologie und damit alle Erfahrungen mit Kranksein, und 3. die Therapie als das umfassende Spektrum aller Heilmaßnahmen.

Als Heilkunde in diesem klassischen Format erscheint die Medizin in den Lehrbüchern der Antike, des Mittelalters und

der Neuzeit. So sah sie auch Goethe! Hier haben wir in der Tat
einen »roten Faden« zu sehen durch Leben und Werk. »Sämtliche Tauwerke der königlichen Flotte (erzählt uns Goethe),
vom stärksten bis zum schwächsten, sind dergestalt gespon-
nen, daß ein roter Faden durch das Ganze durchgeht, den man
nicht herauswinden kann, ohne alles aufzulösen«[2]. Haben wir
diesen methodologischen Leitfaden auch nur einmal angelegt,
so bleiben wir ihm durchgehend verpflichtet.

Das Wesentliche aber einer wirksamen Heilkunde ist und
bleibt die Therapeutik: die Lehre von der Heilkunst und von
den heilenden Mitteln. Und so finden wir zu unserer Überraschung auch hier bei Goethe die drei klassischen Bereich der
Therapie wieder: die Chirurgie als äußerstes Mittel des Eingreifens, die Pharmazie als vermittelnden Arzneimittelschatz
und die Diätetik als das alle Heilverfahren begründende und
begleitende Prinzip.

Von der klassischen Diätetik aber leiten wir in erster Linie
die tragenden Bereiche der Lebensordnung und Lebensführung ab, die »Lebenskunst«, wie Goethe dieses Feld erstmals
benannt hat. Und hier nun schließt sich der Ring, der uns hin-
führen wird auf jenes exemplarische »Leben als Kunstwerk«,
wie es uns mit Goethe vor Augen steht und nun auch zur Darstellung kommen soll.

Bei diesem Versuch einer Wiederbelebung der klassischen
Heilkunde wäre Goethe selber sicherlich mit von der Partie
gewesen. Ihm galt Leben ja immer nur als das höchste Gottesgeschenk, das es »zu hegen und zu pflegen« gilt, zu regeln und
zu lenken, zu bilden und zu zivilisieren –, ein Trieb, der jedem
von uns »unverwüstlich eingeboren« sei, den auszugestalten
jedoch »uns und andern ein Geheimnis« bleibe[3]. »Es verrät
keiner dem andern die Handgriffe einer Kunst oder eines
Handwerks, geschweige denn die vom Leben«[4]. So – sehr geheimnisvoll – Goethe im August 1810 zu Riemer, und er hat
dann doch wieder diese seine Lebenskunst, wenn auch nie direkt, in so überzeugender Weise an den Tag gelegt. Denn – so
vermeldet es am 14. Januar 1811 sein Tagebuch: eigentlich sei

ja doch sein Leben »das größte Kunstwerk« gewesen, das er je geschaffen! Und so verdanken wir denn auch Goethe selber das schönste Werk zu dieser »Lebens-Kunst«, sein »Kunstwerk des Lebens«, diese so einmalige Summe von Leben und Wirken, wahrhaftig ein Kunstwerk, das man besser noch ein Kunststück nennen sollte, einen in sich geschlossenen Bildungsroman.

Nichts wäre nun verkehrter, als die Dyade von Werk und Leben zu einer symbolischen Figur hochzustilisieren, einer Kunst-Figur, mit welcher man dem »Phänomen Goethe« gerecht würde. Mir lag vielmehr daran – und dies nun schon seit Jahren –, einfach einmal zu zeigen, wie aus einem derart exemplarischen Leben ein »Kunst-Werk« wurde und wie gerade aus diesem Werk wiederum die »Kunst zu leben« paradigmatisch herausleuchtet. Ich habe daher mit Bedacht darauf verzichtet, die tragenden Werke – »Werther«, »Meister«, »Faust« – als solche zu kommentieren und medizinisch auszudeuten. Immerhin hatte Friedrich Schlegel schon in seinem berühmten Athenäum-Aufsatz (1798) ganz klar gesehen: Der »Wilhelm Meister«, er wollte und sollte einfach »das große Schauspiel der Menschheit selbst und die Kunst aller Künste, die Kunst zu leben, umfassen«. Von dieser Kunst, der »Kunst aller Künste« soll in der Folge allein die Rede sein.

Drei Prinzipien möchte ich bei meiner Darstellung deutlich machen und möglichst eindeutig zum Ausdruck bringen, nämlich 1. daß es sich bei den oft so schönen Sprüchen nicht um aphoristische Weisheiten eines unserer Dichterfürsten handelt, sondern um etwas sehr Systematisches, ein im Grunde kristallklares System; 2. daß man hier keinen hohen Gedankenflug erwarten sollte, überhaupt nichts Idealistisches oder auch nur Ideelles, sondern etwas überraschend Konkretes, Bodenständiges, Alltägliches, etwas Hautnahes und Reales; und 3. daß wir es hier nicht mit einer Weisheit längst vergangener Tage und Zeiten zu tun haben, sondern mit einem brennenden, bohrenden, nie überholbaren Heute.

Alle diese nur scheinbar alten, diese »verschütteten Bilder«, sie sind auch heute noch »so frisch, tüchtig und wohlhäbig als im Augenblicke des Glücks«. Sie geben uns – so Goethe 1829 an Zelter – wirklich das Gefühl, »der Augenblick müsse prägnant und sich selbst genug sein, um ein würdiger Einschnitt in Zeit und Ewigkeit zu werden«. Es ist das ganz Alltägliche, das wir hier finden, gewissermaßen »Das Wort zum Alltag«, was uns eben tagtäglich begegnet im Rhythmus des Tages –, und dann wird man doch wieder mit einem Male herausgehoben und hingerissen, durch einen Satz, eine Sentenz, so lebensfrisch und unmittelbar, so ganz direkt auf uns persönlich zugesprochen, daß es einem den Atem benimmt!

Diese Frische der Bilder ist es, die »Gesundheit des Moments«, wie Goethe das nannte, ein wahrhaft geglückter Augenblick, der allein auch mir den Mut gab, mit Goethe auf die ältesten Muster der klassischen Heilkunde zurückzugreifen, nicht um daraus nun Patentrezepte von gestern für heute zu finden, sondern um auf Erfahrungen zurückzugreifen, die Generationen von Leidenden und Helfenden bewegt haben, Erfahrungen, die auch heute noch – mehr oder weniger bewußt – am Werke sind, heute wie gestern. Und – wieder mit Goethe[5]: »Wer nicht von dreitausend Jahren sich weiß Rechenschaft zu geben, bleib im Dunkel unerfahren, mag von Tag zu Tage leben!«.

Natürlich ist über Goethe alles schon gedacht und gesagt worden: »Goethe als..«, »Goethe und..«, »Mit Goethe..« usw. usf. »Goethe als Gartenfreund«, »Goethe als Reiter«, »Goethe und der West-Ost-Dialog«, »Mit Goethe durch das Jahr«, durch das Leben: der alte Goethe, Goethe, der Weise, der Dichter, der Liebhaber bis hin zu »Goethe als solcher« (Kurt Tucholsky) – und was wir da alles finden an äußerlichen Etiketten!

Hier gilt genau das, was Goethe einmal über Shakespeare geäußert hat: »Es ist über Shakespeare schon so viel gesagt, daß es scheinen möge, als wäre nichts mehr zu sagen übrig, und doch ist dies die Eigenschaft des Geistes, daß er den Geist ewig anregt«[6]. Unerschöpflich erscheint uns daher das innere Ideengefüge, der Assoziationsreichtum, wachsend und schwingend in einer hermeneutischen Spirale. Hier gilt genau das, was Hugo von Hofmannsthal über den »West-Östlichen Divan« bemerkt hat: »Jedes hat zu jedem Bezug – und so ist des inneren Lebens kein Ende«. Wir sollten es einfach einmal versuchen mit diesem inneren Leben!

»Und nun wollen wir – mahnt uns Goethe – nicht länger verweilen, sondern uns einem Orte, auf den alle unsere Wünsche gegenwärtig gerichtet sind, nähern, vorher aber noch in dem Hause des Herrn einkehren, des Gottes, der die Berge gegründet, die Schätze in ihre Tiefe verborgen und dem Menschen den Verstand gegeben hat, sie in das Licht des Tages hervorzubringen«[7].

Und noch einmal Goethe[8]: Und so soll es denn hier und heute in Erscheinung treten: »alles das mannigfaltige Gute«, das ich seit längerer Zeit »den bedeutendsten Augenblicken meines Lebens« verdanke!

II.
LEBEN ALS KUNSTWERK

Am 17. März 1832 – fünf Tage vor seinem Tod – schreibt Goethe an Wilhelm von Humboldt einen in seiner Tiefe und Treffsicherheit kaum auszulotenden Satz, einen Schlüsselsatz gleichsam zu allen Rätseln der Lebenskunst. Da heißt es, gleich zu Beginn:»Die Tiere werden durch ihre Organe belehrt, sagten die Alten, ich setze hinzu: die Menschen gleichfalls, sie haben jedoch den Vorzug, ihre Organe dagegen wieder zu belehren.«

Goethe kommt dann auf das ganz bestimmte, festliegende »Angeborene« zu sprechen, das gefordert wird zu jedem Tun, zu jedem Talent, die genetische Matrix eben, »die nötigen Anlagen«, die alle Regel begleiten und auch unsere Lebensregel.»Je früher der Mensch gewahr wird, daß es ein Handwerk, daß es eine Kunst gibt, die ihm zur geregelten Steigerung seiner natürlichen Anlagen verhelfen, desto glücklicher ist er.«

Unwillkürlich denkt man hier an den schönen Vers aus Hölderlins Rheinhymne:»Denn wie du anfingst, wirst du bleiben, so viel auch wirket die Not und die Zucht; das meiste nämlich vermag die Geburt und der Lichtstrahl, der dem Neugebornen begegnet.« Wo aber ist einer – schließt Hölderlin –, »um frei zu bleiben sein Leben lang«!

Sein Leben lang frei zu bleiben in dieser – wie Goethe das nannte – »geregelten Steigerung seiner natürlichen Anlagen«! Und nochmals gesteigert: Was auch der Mensch »von außen empfange, schadet seiner eingeborenen Individualität nichts. Das beste Genie ist das, welches alles in sich aufnimmt, sich alles anzueignen weiß, ohne daß es der eigentlichen Grundbestimmung, demjenigen, was man Charakter nennt, im mindesten Eintrag tue, vielmehr solches noch erst recht erhebe und durchaus nach Möglichkeit befähige.«

Und ein letztes Mal, diesmal abstrakter, eindeutiger, endgültiger:»Die Organe des Menschen durch Übung, Lehre, Nachdenken, Gelingen, Mißlingen, Fördernis und Widerstand und immer wieder Nachdenken, verknüpfen ohne Bewußtsein in einer freien Tätigkeit das Erworbene mit dem Angebornen, so daß es eine Einheit hervorbringt, welche die Welt in Erstaunen setzt.«

In dieser Kunst, sein Leben zu führen, nun auch eine solche Einheit hervorzubringen, welche eine Welt in Erstaunen versetzt, das ist Goethe gelungen. Goethe schließt diesen seinen letzten Brief mit einer höflichen Entschuldigung, aber auch Bekräftigung, daß sich wohl selten nur eine Stunde finde,»wo man sich diese Geheimnisse des Lebens vergegenwärtigen mag« –, eines Lebens voller Abenteuer, voller Widersprüche auch; denn im gleichen Brief lesen wir auch den erschreckenden Satz:»Verwirrende Lehre zu verwirrendem Handel waltet über die Welt.«

1. »Geheimnisvoller Gang«

»Geheimnisse des Lebens« nennt Goethe in der späten»Abgeschlossenheit« seines Daseins alle die Spuren, die den Gang des Lebens begleitet haben von Anbeginn an.»Mein Leben soll eine Wanderschaft werden«, bekennt er mit»Wilhelm Meister«, eine Wanderschaft mit allen Pflichten eines Wanderers, mit all seinen»ganz eigenen Prüfungen«[1] in diesem Unterwegs-Sein, wo wir immer nur erfahren,»was dem Wanderer begegnet«.

Bei allen Wirrungen und Irrungen hat Goethe sich zeitlebens als einen»Reisenden« betrachtet,»der vielem entsagt, um vieles zu genießen«[2]. Denn»die Angelegenheiten unseres Lebens« haben nun einmal einen»geheimnisvollen Gang«[3]. Und während die meisten Menschen sich von der Lebenskunst»nur so ein Hausmittel zum Wohlbefinden, Rezepte zum Reichtum und zu jeder Art von Glückseligkeit« versprechen, ist es Goethe immer nur um »die Bildung« zu tun. In der Ausbildung der Natur, die mehr ist als natürliche Anlage, soll der Mensch zu »heilsamer Einheit« finden, durch alle Lebenskrisen hindurch, die im Grunde nur »Übergänge« sind, alle Krisen und so auch die Krankheiten, ein Symptom nur für die Kehre, ein Hinweis auf heilsame Wendung.

In allen Krisen des Lebens aber – schreibt Goethe an Zelter (7. November 1816) – muß man »von den höchsten Maximen der Kunst und des Lebens in sich selbst nicht abweichen, auch nicht ein Haar, aber in der Empirie, in der Bewegung des Tages will ich lieber etwas Mittleres gelten lassen, als das Gut verkennen oder auch nur daran zu mäkeln«. So noch im hohen Alter; ganz ähnlich äußert sich auch schon der Dreißigjährige: »Daß ich bisher so treu und fleißig im Stillen fortgearbeitet habe, hilft mir unendlich; ich habe nun anschauliche Begriffe fast von allen notwendigen Dingen und kleinen Verhältnissen und komme so leicht durch« (27. Juli 1779 an Knebel).

Werden wir uns auf die Dauer denn auch daran halten können, an diesen so anschaulichen Begriffen von den so notwendigen, wenn auch kleinen Dingen des Alltags? Werden wir sie konkret aufnehmen und griffig vermitteln können, die so wichtigen »kleinen Verhältnisse« unserer so unendlich in den Alltag vernetzten Welt?

»Ich darf nicht von dem mir vorgeschriebenen Weg abgehn!«, so Goethe am 14. 7. 1779: »Mein Dasein ist einmal nicht einfach. Nur wünsch' ich, daß nach und nach alles Anmaßliche versiege, mir aber schöne Kraft übrig bleibe, die wahren Röhren nebeneinander in gleicher Höhe aufzuplumpen«.[4]

Daß verwirrende Lehren zu verwirrtem Handel über die Welt walte, hatte den greisen Goethe erschüttert und erschreckt. Aber er faßt sich wieder und kann bekennen: »Und ich habe nichts angelegentlicher zu tun als dasjenige, was an mir ist, wo möglich zu steigern und meine Eigentümlichkeiten zu kohobieren.« Kohobieren, da ist es wieder, das alte Zauberwort der »Alchimia Medica«, in echt alchymischem Kauderwelsch: Kohobieren als Ausdruck für wiederholtes Destillieren, Reifenlassen, Aus-Reifen, Reif-Sein: Das ist es! Angesichts all der »Torheiten der Zeit« – so 1812 an Zelter –, und wie das alles so unheilvoll »verschoben und verfratzt« wird, kannte Goethe letzten Endes nur *ein* Rezept, und das lautet: in sich gehen, zur Ruhe kommen, reifen lassen! Und in Neapel notiert er sich (am 17. März 1787) den so weisen wie reifen Satz: »Ich habe viel gelesen und mehr noch gedacht: Die Welt eröffnet sich mehr und mehr, auch alles, was ich schon lange weiß, wird mir jetzt erst eigen«.[5] Und dann – unmittelbar darauf, nach einem tiefen Atemzug: »Welch ein früh wissendes und spät übendes Geschöpf ist doch der Mensch!« Früh wissend – spät übend – niemals fertig!

2. »Mein Leben – ein einzig Abenteuer«

»Es kommt mir alles entgegen« –, das ist die Hochstimmung Goethes, Mitte seiner dreißiger Jahre, zu Weimar. Er vermag es kaum auszudrücken, wie unsäglich glücklich ihn seine Art macht, die Welt anzusehen: »und was ich täglich lerne! Und wie doch mir fast keine Existenz ein Rätsel ist! Es spricht eben alles zu mir und zeigt sich mir an«.[6]

Was ihn besonders erfreut, ist die Beobachtung – so im gleichen Jahre 1786 –, »daß keine von meinen alten Grundideen verrückt und verändert wird, es bestimmt sich nur alles mehr, entwickelt es und wächst mir entgegen«[7]. Und noch einmal – am 15. Juni 1786 an Charlotte v. Stein: »So viel Neues ich finde, find' ich doch nichts Unerwartetes, es paßt alles und schließt sich an, weil ich kein System habe und nichts will als die Wahrheit um ihrer selbst willen.« Und ein letztes Mal: »Es offenbaren sich mir neue Geheimnisse. Es wird mit mir noch bunt gehn«.[8]

Wie eine Schlittenfahrt geht das Leben dahin – im wilden

Fahrtenwind –»Spute dich, Kronos!« – Immer weiter:»Bergab geht der Weg; ekles Schwindeln zögert ... Rasch ins Leben hinein!«

An Johanna Fahlmer geht am 22. November 1775 ein hastiges Schreiben:»Wie eine Schlittenfahrt geht mein Leben, rasch weg und klingelnd und promenierend auf und ab. Gott weiß, wozu ich noch bestimmt bin, daß ich solchen Schulen durchgeführt werde. Diese gibt meinem Leben neuen Schwung, und es wird alles gut werden.«[9] Auch noch in späten Jahren – nunmehr beruhigt – kann Goethe (am 8. 3. 1824) seinem alten Freund Zelter schreiben: »Jeder Tag bringt etwas zu tun und etwas zu sorgen, das ist denn doch das Beste von der Sache. Stein auf Stein, mit gutem Vorbedacht, gibt zuletzt auch ein Gebäude.«

Immer wieder begegnet uns – in den frühen Schriften schon – die Chiffre vom»Bau-Werk«, von den Steinen des Anstoßens wie des Aufbauens, von der so erstaunlich reich gefächerten Architektonik eines so kühn entworfenen Daseins.»Das Tagewerk – so schon am 20. September 1780 an Lavater –, das mir aufgetragen ist, das mir täglich leichter und schwerer wird, erfordert wachend und träumend meine Gegenwart. Diese Pflicht wird mir täglich teurer, und darin wünsch ich's, den größten Menschen gleich zu tun, und in nichts größerm. Diese Begierde, die Pyramide meines Daseins, deren Basis mir angegeben und gegründet ist, so hoch als möglich in die Luft zu spitzen, überwiegt alles andre.«

Sein Geist wirkt unermüdlich, konnte Schiller am 1. November 1790 an Körner schreiben, und er forscht»nach allen Direktionen«, und er strebt danach,»sich ein Ganzes zu erbauen«[10]. Was ihn immer wieder von neuem und ständig anspricht, das ist die»Gegenwart der Dinge«, und in einer derart konkreten Ansprache fühlt Goethe sich nun auch»den ganzen Tag in einem Gespräch mit den Dingen«[11]. Die kleinen Verhältnisse des Alltags und die notwendigen Dinge der Gegenwart sind es, die fortan seinen Alltag steuern und stilisieren.

»Und da die Hälfte nun des Lebens vorrüber ist« – kann der Dreißigjährige im August 1779 in seinem Tagebuch vermerken –, sieht er sich da stehen »wie einer, der sich aus dem Wasser rettet und den die Sonne anfängt, wohltätig abzutrocknen«. Und dann sogleich weiter – mitten noch »im Treiben der Welt« – die Bitte, das Gebet: »Gott helfe weiter und gebe Lichter, daß wir uns nicht selbst so viel im Wege stehn. Lasse uns vom Morgen zum Abend das Gehörige tun und gebe uns klare Begriffe von den Folgen der Dinge. Daß man nicht sei wie Menschen, die den ganzen Tag über Kopfweh klagen und gegen Kopfweh brauchen und am Abend zu viel Wein zu sich nehmen. Möge die Idee des Reinen, die sich bis auf den Bissen erstreckt, den ich in den Mund nehme, immer lichter in mir werden!«[12]

Die Mitte des Lebens scheint angebrochen. »Die Wanderjahre sind nun angetreten, und jeder Schritt des Wandrers ist bedenklich«, schreibt Goethe[13] in seinem »Wandersegen«, der besagt, wohin man wohl den Blick zu wenden habe, wenn einmal der Pfad verfänglich wird, nämlich: »ins eigne Herz und in das Herz der Lieben«.

Wobei es einem manchmal schon angst und bange werden kann: »Und es ist zu fürchten, daß, wenn wir das hinter uns haben, ein neuer Leviathan seinen Rachen aufreißen wird.« Und doch sollte nichts ins Stocken geraten: »Ich suche alles, wenn auch nur Schritt vor Schritt, weiterzuführen« (so noch am 8. 1. 1831 an Zelter).

Und so konnte denn Goethe auch alles in allem sein Leben »ein einzig Abenteuer« nennen. »Kein Abenteuer durch Streben nach Ausbildung dessen, was die Natur in mich gelegt hatte. Streben nach Erwerb dessen, was sie nicht in mich gelegt hat. Eben so viel wahre als falsche Tendenz. Deshalb ewige Marter ohne eigentlichen Genuß.«[14]

Aber Goethe will sich nicht beklagen oder den Gang seines Lebens schelten, wie er am 27. Januar 1824 Eckermann erzählt: »Allein im Grunde ist es nichts als Mühe und Arbeit gewesen, und ich kann wohl sagen, daß ich in meinen fünfundsiebzig Jahren keine vier Wochen eigentliches Behagen gehabt. Es war das ewige Wälzen eines Steines, der immer von neuem gehoben sein wollte.«[15]

3. Mühseliger Alltag

Mühe und Mühsal, mühsam, aber auch mühselig –, diese und ähnliche Wörter beginnen sich zu häufen bei einem Manne, der es sich in der Tat ein Leben lang hat sauer werden lassen. In solchen Mühungen zeigen sich denn auch nicht von ungefähr die Verknotungen eines solch abenteuerlichen Lebens, das sich so kühn entworfen hatte. »Wir sind elend!« – klagt Goethe, und: »Wir sehnen uns nur nach einem Weg, auf dem uns geholfen werden könnte.«[16] Wie aber sollte einer solch elendiglichen Natur geholfen werden? »Wenn der Mensch nicht von Natur zu seinem Talent verdammt wäre, so müßte man sich als töricht schelten, daß man sich in einem langen Leben immer neue Pein und wiederholtes Mühsal auflastet« (am 22. 4. 1828 an Zelter). Es ist einfach so! »Solche Mühe hat Gott den Menschen gegeben«[17], weiß Goethe in seinen Tagebüchern zu klagen. »Und so geht ein närrisch mühsames Leben immer fort, wie das Märchen der Tausend und Eine Nacht, wo sich immer eine Fabel in die andere einschachtelt« (am 8. 12. 1798 an Schiller).

Kein leichtes Leben –, das wissen wir nun! »Mein Leid ertönt der unbekannten Menge.«[18] Von diesem Leide ist im Grunde im ganzen Lebenswerk die Rede, in einem oft unsäglich zerrissenen Da-Sein, das immer wieder von neuem seine Welt aufzubauen und nachzurüsten hat. »Leid« ist das Leitmotiv von Leben und Werk, einem Werk, aus dem wiederum die Kunst sich bildet, wie man sein Leben lebt und Leiden besteht, mit einer »Leidenschaft«, die Goethe selber nur zu oft als »pathologisch« empfand.

»Was andern Menschen gemein und leicht ist, wird mir sauer gemacht«[19], lautet eine kleine Notiz im Tagebuch vom

9. September 1786. Sogar beim Anblick seines Gesichtsaus-
drucks hätte leicht – so Goethe selber[20] – einer sagen können:
»Das ist auch einer, der sich's hat sauer werden lassen!« Und
noch der greise Goethe weiß im Rückblick das gleiche Lied zu
singen: »Es trieb mich auch immer, und ich habe es mir sauer
werden lassen.«[21] Und ein weiteres Mal – zu Eckermann
(14. 3. 1830) – die gleiche Leier: »Ich habe es mir ein halbes
Jahrhundert lang sauer genug werden lassen. Ich kann sagen,
ich habe in den Dingen, die die Natur mir zum Tagewerk bestimmt, mir Tag und Nacht keine Ruhe gelassen und mir keine
Erholung gegönnt, sondern immer gestrebt und geforscht und
getan, so gut und so viel ich konnte.«
   Für das Konkrete im Alltag sei der Mensch gemacht, auch
wenn es zur Last wird und mehr als lästig. »Ich bin nicht zu
dieser Welt gemacht« (vermerkt das Tagebuch am 15. Dezember 1779): »Wie man aus seinem Haus tritt, geht man auf
lauter Kot.« Wie oft auch sei er verlästert worden, beschwert er
sich am 31. März 1824 beim Kanzler v. Müller: »und bei meinen edelsten Handlungen am meisten. Aber das Geschrei der
Leute kümmert mich nichts.«[22]
   Es kümmerte ihn freilich schon arg und brachte ihm genug
an Kummer in den Alltag. Denn auch seine Umwelt ist keineswegs zahm mit Goethe umgesprungen, wie wir aus dem Briefwechsel von Zeitgenossen sattsam erfahren.
   »Der arme Goethe!« Wie oft findet man auch diese Töne!
»Der arme Mann!«, schreibt Dorothea Schlegel (1817): »Mich
dauert er sehr.«[23] Und Theodor Christoph August von Kobbe,
ein leicht humoristisch angehauchter Schriftsteller, konnte ihn
(1818) gar wie folgt schildern: »Bald glaubte ich den Apoll von
Belvedere, bald einen Pfau, bald die Ruinen des Heidelberger
Schlosses vor mir zu sehen.«[24]
   Und Böttiger konnte (um 1800) besonders boshaft werden
und spotten: »Goethe hat gewiß poetische Momente, wo er
sich für den Heiligen Geist, die Vulpera für die gebenedeite
Jungfrau und seinen Jungen für das Christuskind hält.«[25]
   Auch Friedrich Schiller hat seine »Mischung von Haß und

Liebe« zu Goethe mehrfach bekannt:»Ich betrachte ihn wie
eine stolze Prüde, der man ein Kind machen muß, um sie vor
der Welt zu demütigen.«[26] Ein Jahr darauf (am 1.11.1790)
berichtet er an Körner:»Überhaupt ist seine Vorstellungsart zu
sinnlich und betastet mir zu viel. Aber sein Geist wirkt und
forscht nach allen Direktionen und strebt, sich ein Ganzes zu
erbauen, und das macht mir ihn zum großen Mann.« Wenige
Jahre später (1794) äußert Schiller sich dann ganz entschieden:»In naturhistorischen Dingen ist er trefflich bewandert
und voll großer Blicke, die auf die Ökonomie des organischen
Körpers ein herrliches Licht werfen.«[27]

Zu allem äußeren Ärger tritt – wie Riemer (1807) vermerkt –
»Goethes Verstimmung durch die politica und das Hundege-
bell«[28]. Beides scheint für den Geheimen Rat schon ein Problem gewesen zu sein: All das Menschliche und Allzumenschli-
che im Leben nehme ihm – schreibt Knebel (7.5.1785) an Herder –»nachgerade alle Freude seines politischen Zustandes«[29].
Der arme Goethe! Wie oft mag vor allem der Baronin von
Stein dieser Seufzer entfahren sein, zumal sie in späteren Jahren nur noch von ihrem»ehemaligen Freund« sprach.»Mein
lang gewesener Freund« – schreibt sie am 29. März 1789 an
Lotte v. Lengefeld, Schillers spätere Gattin –»liegt mir auch
manchesmal wie eine Krankheit auf und ist mir nun wie ein
schöner Stern, der mir vom Himmel gefallen.«

Goethe selber hielt es in späteren Jahren für eine»Gnade
der Natur«, daß sie den Menschen selbst in seiner Enge dennoch mit einer»solchen Zufriedenheit« versorgt habe.[30] »In
der Jugend« – schrieb er am 6. März 1780 an Lavater –»traut
man sich zu, daß man den Menschen Paläste bauen kann, und
wenn's um und an kömmt, so hat man alle Hände voll zu tun,
um ihren Mist beiseite bringen zu können.«

Gleichwohl will er bei allen Belastungen seinen»sicheren
Weg« fortsetzen. Ja, er glaubt, seine Existenz habe»einen Ballast bekommen, der ihr die gehörige Schwere gibt«[31]. So am
25. Januar 1787 aus Rom, und in den Tag- und Jahresheften
von 1810 ganz ähnlich:»Einmal des Mühens und Bemühens

gewohnt, legt man sich gern noch leicht neue Lasten auf.« Leiden und Kranksein – so an Jacobi – werden geradezu zu einem »gewaltigen Hammer«, den man einfach brauche, »um seine Natur von den vielen Schlacken zu befreien« und sein Herz wieder »gediegen« zu machen.[32] Das wird ihm nahezu zu einem Gesetz: »Unglück bildet den Menschen und zwingt ihn, sich selber zu kennen. Leiden gibt dem Gemüt doppeltes Streben und Kraft. Uns lehr' eigener Schmerz, der anderen Schmerzen zu teilen. Eigener Fehler erhält Demut und billigen Sinn.«[33]

Und so kommt man allgemach weiter. Die meisten Menschen ahnen ja nicht, schreibt Goethe am 5. 12. 1796 an Schiller, »in welcher unzugänglichen Burg der Mensch wohnt, dem es nur immer Ernst um sich und um die Sachen ist«. Wohl könne es sein, und es geschehe nur zu oft, »daß der Mensch durch öffentliches und häusliches Geschick zu Zeiten gräßlich gedroschen wird. Allein das rücksichtlose Schicksal, wenn es die reichen Garben trifft, zerknittert nur das Stroh, die Körner aber spüren nichts davon und springen lustig auf der Tenne hin und wider, unbekümmert, ob sie zur Mühle, ob sie zum Saatfeld wandern.«[34]

Und so will Goethe auch – wie er am 17. Mai 1778 an Charlotte v. Stein schreibt – weiterhin die Götter bitten: »daß sie mir meinen Mut und Gradsein erhalten wollen bis ans Ende und lieber mögen das Ende vorrücken als mich den letzten Teil des Ziels lausig hinkriechen lassen.«

Ein solches Bitten wird nötig gewesen sein, zumal ihn, wie er im Februar 1801 an Schiller schreibt, sein »zerrissener Zustand« nur zu oft »alle Hoffnung und zugleich den Mut« nehmen wolle. Und dennoch wieder das trotzige Bekenntnis (1779): »Das Elend wird mir nach und nach so prosaisch wie ein Kaminfeuer. Aber ich lasse doch nicht ab von meinen Gedanken und ringe mit dem unbekannten Engel, sollt' ich mir die Hüfte ausrenken!«

»Der arme Goethe!« – schreibt Böttiger am 11. 6. 1795 an Wolf – »Er leidet länger als acht Tage an einem häßlichen

tumor maxillaris und sieht aus wie eine Kropfgans.«[35] Ein Jahr
drauf meldet Charlotte von Stein ihrem Sohn Fritz:»Er war
entsetzlich dick, mit kurzen Armen ... Er ist recht zur Erde
worden, von der wir genommen sind. Der arme Goethe, der
uns sonst so lieb hatte!«[36] Auch Karl von Brühl vermerkt
(1799):»Er sei unförmig dick geworden und sähe wie ein
Weinkaufmann aus Frankfurt aus.«[37]

4. »Geheimnisse des reifen Lebens«

»Es ist an der Zeit«, lesen wir im»Märchen«. Der Zeitpunkt
scheint gekommen zur Entbindung in eine höhere Lebens-
stufe. Es ist jener so geheimnisvolle Wendepunkt, wo Goethe
das Weimarer»Noviziat« verlassen kann, übersteigen mußte,
um über die sinnliche Atmosphäre des italienischen Klimas zu
»höheren Weihen« zu kommen. Von hier aus – Rom, am
10. November 1786 – kann er kraftvoll bekennen:»Der Geist
wird zur Tüchtigkeit gestempelt, gelangt zu einem Ernst ohne
Trockenheit, zu einem gesetzten Wesen mit Freude. Mir wenigstens ist es, als wenn ich die Dinge dieser Welt nie so richtig
geschätzt hätte als hier. Ich freue mich der gesegneten Folgen
auf mein ganzes Leben.«[38]

Das Kunst-Werk»Leben« ist in der Tat durch die Italienische Reise auf ein höheres Bildungsniveau gehoben worden.
Hier in Rom genießt Goethe denn auch»das Höchste, was uns
vom Altertum übrig blieb« (10. 1. 1788). Mehr noch: Hier bereitet er sich vor auf das»Studium der ganzen Natur«. Wobei
er abermals erfährt, wie es ihm damit durch sein ganzes Leben
so»sonderbar gegangen« sei (5. 1. 1788). Alles soll ihm nun
dazu dienen, sich»auf dem rechten Wege zu erhalten und vorwärts zu bringen«[39].

»Täglich werf ich eine neue Schale ab«, so am 6. 1. 1787 aus
Rom an Charlotte, und ich»hoffe, als ein Mensch wiederzu-
kehren«. Und seinem alten Freundeskreis zu Weimar versichert er am 2. Dezember 1786, er sei immer noch derselbe

geblieben, obschon es ihm manches Mal vorkomme, »bis aufs innerste Knochenmark verändert zu sein«.

Hier hat Goethe in der Tat einen »Gehalt des eigenen Lebens« erlebt, der immer nur »poetischer Gehalt« sein könne. So im »Wort für junge Dichter«, und er schließt: »Man halte sich ans fortschreitende Leben und prüfe sich bei Gelegenheiten; denn da beweist sich's im Augenblick, ob wir lebendig sind, und bei späterer Betrachtung, ob wir lebendig waren.«[40] Es ist sicherlich ein geheimnisvoller Gang, der sich durch keine Wissenschaft berechnen, durch keine Geschichte deuten ließe, in keine Regel passen könnte. »Die Geheimnisse der Lebenspfade darf und kann man nicht offenbaren. Es gibt Steine des Anstoßes, über die ein jeder Wanderer stolpern muß. Der Poet aber deutet auf die Stelle hin.«[41]

»Ich habe lange getappt und versucht«, bekennt Goethe am 11. August 1787 seinem Herzog Carl August, um sogleich zu versichern: »Es ist Zeit, zu ergreifen und zu wirken.« Denn der Mensch erfaßt und genießt ja nichts, »ohne sogleich produktiv zu werden. Das ist die innerste Eigenschaft der menschlichen Natur. Ja, man kann ohne Übertreibung sagen, es sei die menschliche Natur selbst.«[42]

»Das Bedürfnis meiner Natur zwingt mich zu einer vermannigfaltigten Tätigkeit, und ich würde auf dem geringsten Dorfe und auf einer wüsten Insel ebenso betriebsam sein müssen, um nur zu leben«, schreibt er am 3. Dezember 1781 an Frau von Stein, und er bekräftigt dies noch einmal mit dem »Artikel meines Glaubens«, daß wir »durch Standhaftigkeit und Treue in dem gegenwärtigen Zustande ganz allein der höheren Stufe eines folgenden wert« seien: auf daß wir fähig würden, sie auch zu betreten – »es sei nun hier zeitlich oder dort ewig!«

Etwas schnell zu begreifen, das sei sicherlich »die Eigenschaft des Geistes«. Aber »etwas recht zu tun, dazu gehört die Übung des ganzen Lebens«[43]. Da ist sie wieder, die lebenslange »Übung« in der Kunst zu leben. Und Goethe will seinem Gott danken, »daß er mich bei meiner Natur in eine so eng-

weite Situation gesetzt hat, wo die mannigfaltigen Fasern meiner Existenz alle durchgebeizt werden können und müssen«
(3. 2. 1782 an Knebel). Dann aber geht alles wieder »ganz leidlich«, versichert er Christiane (11. 7. 1815), »und wird näch-
stens im alten Wege sein«. Besteht doch »unser ganzes
Kunststück« letzten Endes darin, »daß wir unsere Existenz
aufgeben, um zu existieren«[44].

Die Breite eines vollen Menschenlebens manifestiert sich in all
diesen Dokumenten eines Daseins: Briefe und Gespräche sind
gleicherweise wichtig wie die Werke oder Selbstzeugnisse. Ein
überaus gehaltvolles Leben offenbart sich uns, das sich in poetischer Form kundtun will. So hatte bereits sein kritischer
Jugendfreund Merck an Goethe die Neigung erkannt, allem
»Wirklichen eine poetische Gestalt« zu geben. Und so blieb
Goethe denn auch fest entschlossen, um jeden Preis ein natür-
liches Verhältnis zur Welt, das für ihn immer auch ein musisches war, zu gewinnen. Nur müsse man endlich begreifen
lernen, »daß die Muse das Leben zwar gern begleitet, aber es
keineswegs zu leiten versteht«[45].

Seine ihm eigene Kunst zu leben gebe ihm erst Gelegenheit,
»zu zeigen, was in ihm« sei und was »unbekannte Harmonien
aus den Tiefen der Existenz an das Tageslicht zu bringen« ver-
möchten.[46] Und »wie die Muscheln schwimmen, wenn sie
ihren Körper aus der Schale entfalten, so lern' ich leben, indem ich das in mir Verschloßne sacht auseinander lege« (am
31. 3. 1782 an Charlotte v. Stein). Aber auch bei solcher Aus-
einanderlegung mußte vieles verschlossen bleiben. Im hohen
Alter noch (1828) muß Goethe zugeben: »Und ich mußte, wie
in so vielen andern Dingen, im Stillen meinen Weg für mich
fortgehen.«[47] So wird das immer sein: Man mag uns vorher
beraten, hinterher beklagen –, »das Meiste, Größte und Beste
müssen wir doch selbst allein tun« (1813 zu Riemer).[48]

Jeder Tag sollte hier für sich bestehen und sich selber Re-

chenschaft schuldig sein. Denn – so Goethe am 2. Dezember
1825 zu Kanzler v. Müller –»wie könnte man leben, wenn man
nicht jeden Abend sich und andern ein Absolutorium er-
teilte?«⁴⁹ Und sicherlich würden die Menschen auch viel »ver-
ständiger und glücklicher« sein, »wenn sie zwischen dem unendlichen Ziel und dem bedingten Zweck den Unterschied zu
finden wüßten und sich nach und nach ablauerten, wie weit ihre
Mittel denn eigentlich reichen« (23. 11. 1829 zu Rochlitz).

Alles in allem bleibt Bildung der Natur nichts anderes als
der naturgebundene kunstvolle Gang durch die Lehrjahre,
über die Wanderjahre, zur Meisterschaft. Natur und Kunst,
und dann auch Kultur, sind auf solchen geheimnisvollen Le-
benspfaden in ein dialogisches, ein äußerst intimes personales
Verhältnis gesetzt, wobei dem Lebensgang eine durchaus musische, eine ungemein vergeistigte Richtung gewiesen wird. In
dieser Weisung und Führung allein scheint alle Lebens-Kunst
zu liegen, Kunst eben, »weil sie nicht Natur ist«, aber über alle
konkrete Natur zur Kultur will.

Alles findet der Mensch hier an Lebensmitteln in seinem
natürlichen Lebensraume vor, und dennoch: »Es ist ein höherer Sinn«, der seiner Natur gegeben werden muß, der ihm
gleichsam erst hinzugeschenkt werden soll! Dieser Gang aber
und solche Zugabe, sie sind höchst geheimnisvoll.

5. »Die Kunst muss erst vollenden«

In Goethes »Novelle« lesen wir einen erstaunlichen Satz, der
hier dem Fürsten in den Mund gelegt wird und der lautet:
»Die Kunst muß erst vollenden, wenn sie sich vor der Natur
nicht schämen soll.« Und wieder erscheinen Kunst und Natur
in einem so geheimnisvollen dialogischen Verhältnis, das es zu
offenbaren gilt. In allen Phasen seines Lebens hat Goethe
denn auch von den »Geheimnissen des Lebenspfades« gesprochen, die es zu lenken und zu regulieren gilt. Leben selbst galt
ihm als das höchste Gottesgeschenk, eine Naturgabe, die wir

freilich in allen Belangen zu bilden und zu kultivieren haben.
An dieser Stelle hat jeder »sein eigen Glück unter den Händen«. Das ist in der Tat so wie bei einem Künstler, der eine rohe Materie zu einer Gestalt umbilden soll. »Aber es ist mit dieser Kunst wie mit allen: Nur die Fähigkeit dazu wird uns angeboren, sie will gelernt und sorgfältig ausgeübt sein.«[50] Wir haben offensichtlich etwas Eigenes dazu zu tun, wobei wir freilich nicht allein gelassen werden. Denn: »Den Vorderen sind wir auf die Schultern gestiegen, sehen hierdurch vielleicht etwas weiter als sie, und so gestaltete sich manche neue Erscheinung.«[51] Goethe kennt augenscheinlich das berühmte Diktum vom »Zwerg auf der Schulter von Riesen«, das dem Bernhard von Chartres zugeschrieben wird und das besagt, daß wir zwar weiter sehen als die Altvorderen, aber nur, weil wir emporgehoben wurden auf ihre Schultern, den Blick frei für neue Erscheinungen.

In diesem Sinne auf die Schultern gehoben, macht nun keineswegs überheblich, sondern eher in angemessenem Sinne bescheiden, mehr noch demütig. So behauptet Goethe – im Schreiben vom 24. Juli 1780 an Lavater –, daß die größten Menschen, die er gekannt habe – groß, weil sie »Himmel und Erde vor dem Blick frei hatten« –, stets demütig gewesen seien, da sie »wußten, was sie stufenweise zu schätzen hatten«.

Auf die richtige Einschätzung kommt eben alles an. In Gesellschaft gleichgesinnter Freunde zeigt sich Goethe daher immer wieder von neuem bemüht, »die sinnlich ästhetische Kultur zu erneuern und erst wieder ein Mensch zu werden, ehe ich etwas anderes beginne« (am 5. 8. 1796 an Meyer). Eine solche sinnlich ästhetische Kultur gelte nicht zuletzt für den persönlichen Werdegang, für die eigene Biographie, die freilich niemals »die Fülle der Kindheit, den Stolz der Jugend, die Tätigkeit des Mannes und die Weisheit des Alters, noch das Übereinandergreifen dieser Zustände« erreichen könne (1811 zu Riemer).[52]

Der »zur Vernunft geborene Mensch« bedürfe einfach »großer Bildung«. Denn »nicht allein das, was mit uns geboren ist,

sondern auch das, was wir erwerben können, gehört uns an,
und wir sind es«[53]. Wir sind beides – in der Tat! Und so wird
auch Goethes Dichtung nur zu verstehen sein im Kontext dieses so unvergleichlich gewordenen Lebens. Aus dem Stoffe
seines Lebens vermochte er und mußte er ständig etwas weben
und vorzeigen. Seine Kunst war einfach nicht von seinem Leben zu trennen, »Lebenskunst« ist hier immer auch »Bildungslehre«. Bereits Novalis hatte gerade von Goethe diese
Kunst erwartet, »das gewöhnliche Leben zu poetisieren«. Der
Poet sucht ja überall das Dichterische am Leben; er braucht es
nicht einmal zu finden; er hat es lediglich zu gestalten.

Hier stoßen wir abermals auf den Grundgedanken, auf seinen Lieblingsgedanken: auf die Bildung, Bildung als Bilden
wie als Gebilde, Bildung einer Natur, die im Kunst-Werk zu
einer zweiten Natur geworden ist. »Und so gibt der Künstler,
dankbar gegen die Natur, die auch ihn hervorbrachte, ihr eine
zweite Natur, aber eine gefühlte, eine gedachte, eine menschlich vollendete zurück.«[54]

Auf langen Wegen und mehr noch Umwegen hat Goethes
Leben eine perspektivische Tiefe gewonnen, das Maß und die
Mitte, den Nomos der klassischen Diätetik, eine Lebensauf-
gabe, die zu seiner Lebensleistung wurde. »Er ist einer der
wenigen Sterblichen – so Caroline Herder am 4. 2. 1787 an
Friedrich v. Müller –, der die Weisheit des Lebens gelernt und
mit dem man so gern eines Trittes den Weg wandelt.«[55] Und so
ist es auch hier: »Sich mitzuteilen ist Natur; Mitgeteiltes aufzunehmen, wie es gegeben wird, ist Bildung.«[56]

Was sind auch schon all die »elementaren Erscheinungen
der Natur« gegenüber dem Menschen, »der sie bald erst bän-
digen und modifizieren muß, um sie einigermaßen assimilieren zu können!«[57] Bei diesem Rezipieren und Assimilieren
Goethes zeigt sich nicht zuletzt auch seine »Treue, das Auge
licht sein zu lassen« (am 10. 11. 1786 aus Rom), die Dinge zu
sehen, wie sie sind.

In solcher Perspektive scheint der Kern aller »Kunst zu leben« gefunden, ein Zentrum, um das herum sich alles kristal-

lisiert: in sehr verschiedenen Dimensionen, in höchst auffälligen Färbungen, in immer neuen Schichtungen und in einer so erstaunlichen Variationsbreite – ein wirkliches Kristallisations-Zentrum! Sein ganzes inneres Leben habe sich erwiesen als eine »lebendige Heuristik«: »Es erkannte die Regel an, suchte sie in der Außenwelt zu finden und trachtete, sie in die Außenwelt einzuführen.«[58]

Der Mensch gehört eben ganz – mit Leib und Seele – ganz und gar in die Welt, wie der 80jährige Goethe (1831) seinem Freunde Zelter bekennt, und er, der Mensch, er ist es, »der die zartesten Bezüge der sämtlichen elementaren Erscheinungen in sich aufzunehmen, zu regeln und zu modifizieren weiß«. Er ist sich dessen aber auch nur zu gut bewußt, daß »in der Kunst wie im Leben kein Abgeschlossenes beharre, sondern ein Unendliches in Bewegung sei«[59].

So sehr in diesem Kunst-Werk »Leben« vom »geheimnisvollen Gang« die Rede war, von den »Geheimnissen reifen Lebens«, am Ende scheint doch vor diesem Unendlichen die Resignation zu überwiegen. Goethe selbst nennt das eine »tätige Skepsis«, eine Skepsis, »welche unablässig bemüht ist, sich selbst zu überwinden, um durch geregelte Erfahrung zu einer Art von bedingter Zuverlässigkeit zu gelangen«[60]. In wenigen Worten läßt sich diese Alters-Erfahrung nicht stärker ausdrücken!

»Bin ich doch froh, mein Leben hinter mir zu haben«, gesteht Goethe 1832 dem Kanzler von Müller: »Was ich geworden und geleistet, mag die Welt wissen; wie es im einzelnen zugegangen, bleibe mein eigenstes Geheimnis.«[61] Nicht nur ein großer Bekenner sei Goethe gewesen, konnte Sigmund Freud 1930 bei der Verleihung des Goethe-Preises bemerken, sondern auch ein »sorgsamer Verhüller«. Er wolle nicht leugnen, schreibt er am 22. Juni 1808 an Reinhard: »daß, weil ich dieses sehr früh gewahr wurde, es mir von jeher Spaß gemacht hat, Versteckens zu spielen«. Wie viel schon hat er uns offenbaren können und auch wollen, wie viel aber – und vielleicht mehr – noch verschwiegen!

Was überwiegt, ist die leidvolle Entsagung, das notwendig
werdende Verzichten, die gelassene Gehaltenheit auch, die für
Goethe zur Basis seiner sittlichen und auch sozialen Existenz
wurden. Ein Gesundsein und Gesundbleiben ist damit gemeint, das letzten Endes nur garantiert schien durch Entsagen. Entsagung wurde für Goethe die einzig sichere Bürgschaft für den inneren Frieden und für jenes Gleichgewicht,
das die alten Scholastiker »integritas« nannten und das Paracelsus noch umschreiben konnte mit »Gesunde und Gänze«.
Indessen – so am 14. Dezember 1830 an Zelter: »Indessen
ich einsam, wie Merlin vom leuchtenden Grabe her, mein eigenes Echo ruhig und gelegentlich in der Nähe, wohl auch in
die Ferne vernehmen lasse.« Entsagungen alles, mit der Ein-
kehr in Einsamkeit, verborgene Verzweiflungen, Abkehr
schließlich ins Schweigen. »So ist es, so war es, und das hohe
Alter beruhigt sich in dem, der da ist, der da war, und der da
sein wird!«[62]

METHODOLOGISCHES ZWISCHENSPIEL

Die Silvesternacht des Jahres 1800 zum Neujahrsmorgen des aufdämmernden neuen Jahrhunderts verbrachten in Weimar – nach dem traditionellen Maskenball des kleinen Hofstaates – drei Männer in ernstem Gespräch: Schiller, damals 40 Jahre alt, Goethe, soeben 50 geworden, und Schelling, ein 25jähriger stürmischer Jüngling. Etwas später gesellte sich Hufeland dazu, Christoph Wilhelm Hufeland, der wohl berühmteste Arzt der Goethe-Zeit, der aber nur dabeisaß und zuhörte. Wir haben in Henrik Steffens einen Augenzeugen dieses illustren Gesprächskreises, der zunächst wie ein erstaunliches Spiel des Zufalls erscheint, uns jedenfalls eine bemerkenswerte Konstellation ergibt für das neue Säkulum, das 19. Jahrhundert, das Zeitalter der Wissenschaft.

Steffens hat uns (1841) die erstaunliche Szenerie recht lebendig beleuchtet: »Ein wohlgeordneter, von Goethe entworfener Aufzug machte den Anfang. Später fing der Maskenball an, und die verkleideten Tänzer bewegten sich ungezwungen durcheinander ... Nach Mitternacht zogen Goethe, Schiller und Schelling sich in ein Nebenkabinett zurück. Ich durfte von der Gesellschaft sein. Einige Bouteillen Champagner standen auf dem Tisch, und die Unterhaltung wurde immer lebhafter.«[63]

Der ruhende Pol dieser Gesprächsrunde war sicherlich Goethe, damals schon im Zenit seines Ruhmes, ein Mann des 18. Jahrhunderts noch, den das soeben anbrechende Zeitalter der Naturwissenschaft zunehmend verfremdet und nie wirklich gekannt hat. Auf den »einreißenden Philosophie-Haß« seiner Zeit hatte wenige Tage vor dem Weimarer Treffen Friedrich Schiller – in einem Schreiben an Charlotte Gräfin Schimmelmann vom 23. Dezember 1800[64] – aufmerksam gemacht, einen Haß auf jene Philosophie, die im Zeichen der Aufklärung rasch verblassen sollte. »An des Jahrhunderts Neige« hatte Schiller (1789) den neuen Menschen freilich auch begrüßen können als den »reifsten Sohn der Zeit, frei durch Vernunft, stark durch Gesetz, durch Sanftmut groß und reich durch Schätze, Herr der Natur«!

Der dritte der Herren, Schelling, wurde 1775 geboren und starb 1854, ein abgewelkter Rest Romantik damals schon inmitten des Zeitalters der Naturwissenschaft. Mit seiner Grundidee vom Menschen als einem Wesen, das bestimmt ist durch Natur und Geist, schwebte Schelling das großangelegte Konzept einer »historischen Konstruktion der organischen Natur« vor, bei der »die reale und objektive Seite der allgemeinen Wissenschaft« aufgebaut werden sollte zum vollkommenen Ausdruck der Idee und damit auch zur aufgeklärten Einheit des Menschen.

Der darin eingeborgene weitgespannte, wahrhaft welthistorische Prozeß ist in der Tat gewaltig: Drei Weltalter vollziehen und vollenden das Weltgeschehen, das des Vaters, das des Sohnes, das des Geistes. Dieses Zeitalter des Geistes, es scheint schon angebrochen: unheimliche Ideen, unglaubliche Häresien, hochaktuelle Prozesse auch, die über den Sozialdarwinismus und die sozialistischen Kulturrevolutionen weiterwirken bis in unsere Tage hinein. Politische Utopien, eschatologische Ideologien und anthropologische Wunschvorstellungen, sie erscheinen hier noch ganz eng miteinander verbunden. Im 13. Jahrhundert bereits hatte der kalabrische Abt Joachim von Fiore vom »Dritten Reich« des Heiligen Geistes geschwärmt, einem Reich, das uns nachgeht bis ins Dritte Reich des Möller van den Bruck aus dem Jahre 1923.

Im 14. Jahrhundert schon spielte sich der römische Tribun Cola di Rienzo als »Novus Dux« auf, was offensichtlich den »Duce« Benito Mussolini ebenso beeindruckt hat wie den »Führer« Adolf Hitler. Heinrich Heine schon konnte sich lustigmachen über dieses Millenium, das »Tausendjährige Reich« ewiger Freude, wo alle Verheißungen zuletzt die reichste Erfüllung fänden.

Mitten im Glanz der Aufklärung schwärmte auch Lessing in seiner »Erziehung des Menschengeschlechts« noch von diesem auf uns zu kommenden Reich. »Sie wird gewiß kommen,

die Zeit eines neuen ewigen Evangeliums, die selbst in den
Elementarbüchern des Neuen Bundes versprochen wird. Vielleicht, daß selbst gewisse Schwärmer des 13. und 14. Jahrhunderts einen Strahl dieses neuen, ewigen Evangeliums aufge-
fangen hatten und nur darin irrten, daß sie den Ausbruch desselben so nahe verkündigten. Vielleicht war ihr dreifaches Alter
der Welt keine so leere Grille, und gewiß hatten sie keine schlim-
men Absichten, wenn sie lehrten, daß der Neue Bund ebenso-
wohl antiquiert werden müsse, wie es der Alte geworden.«

Selbst in Hegels theologischer Jugendschrift »Der Geist des
Christentums und sein Schicksal« kreisen die Gedanken um
jene johanneische Verheißung des Geistes, in welchem Gott
und Mensch, damit aber auch der objektive und der subjektive
Geist sich versöhnen und eine Einheit werden. Über Ludwig
Feuerbach wiederum wurden diese philosophischen Spekula-
tionen auf den anthropologischen Nukleus zurückgewendet,
um dann vom jungen Marx noch einmal vom Kopf auf die
Füße gekehrt zu werden.

Friedrich Schiller sah um 1785 noch das Goldene Zeitalter
als den großen Traum hinter aller Geschichte stehen. Auch er
schwärmte davon, daß die ständige »Verbesserung des physischen Zustandes« die unerläßliche Bedingung sei, »unter welcher allein der Mensch zur Mündigkeit seines Geistes erwachsen« könne. Der aufgeklärte Mensch, er wird endlich frei sein
von seiner selbstverschuldeten Unmündigkeit. Aufklärung
nämlich, die einmal angesetzt hat, bewirkt in ihrem Eingreifen
stetigen Wandel und postuliert den zweiten und dritten und
ständigen Eingriff. »Ein solches Ereignis (hatte Kant gesagt)
vergißt sich nicht mehr«, und weiter: »Die wissenschaftliche
Aufklärung ist nicht ein Ereignis, das man rückgängig machen
könnte; sie ist unser Schicksal.«

Sollten es aber – das war die Jahrhundert-Frage – ausgerechnet die Wissenschaften sein, die zum Instrument der Aufklä-

rung wurden und die nun den Menschen stetig weiter bilden sollten zu einem mündig gewordenen Wesen? Hier hatte Goethe seinen begründeten Zweifel. Man suche zwar immer mehr die Wissenschaften vom »Verdacht der Zauberei« zu befreien. Nun aber täte es not, sie abermals aus den Händen jener Exorzisten zu erlösen, »welche, um die Gespenster zu vertreiben, sich's zur heiligen Pflicht machten, den Geist selbst zu verjagen«.[65] Die induktiven Naturforscher, Bacon etwa, kommen ihm vor wie ein Herkules, »der einen Stall von dialektischem Miste reinigt, um ihn mit Erfahrungsmist füllen zu lassen« (am 7. März 1808 an Jacobi).

Das Ideal des 19. Jahrhunderts jedenfalls, auf wissenschaftlichem Wege ein Wissen über die Wirklichkeit zu erreichen, hatte sich bei Goethe bereits als ein Idol erwiesen. Zwar versuchten wir immer wieder von neuem, »die Natur« einzufangen, müssen sie dann aber auch immer wieder aufs Spiel setzen. Und so sehen wir in unseren Hypothesen nicht mehr als bloße »Gerüste, die man vor dem Gebäude aufführt«, um sie nach Fertigstellung wieder abzutragen. Diese Gerüste aber – so Goethe sehr eindeutig –, »sie sind dem Arbeiter unentbehrlich; nur muß er das Gerüst nicht für das Gebäude ansehen.«[66]

Zwar habe die Wissenschaft alle Ursache, »das Quantitative dem Qualitativen gleichzustellen«, wenn es aber um die Lehre des Lebens geht, sollte der Lehrer es verstehen, »für die sinnliche Jugend das Qualitative hervorzuheben, worauf die Empirie doch eigentlich angewiesen ist«. Dies nennt Goethe die »exoterische Lehre«, die indes die »esoterische« – als »festen Hintergrund und erhöhende Folie« – stets durchscheinen lassen müßte (am 24. Januar 1826 an Naumann).

Die heutigen Wissenschaften aber gehen – »statt sich in die Mitte zu stellen zwischen Natur und Subjekt« – leider darauf aus, »sich an die Stelle der Natur zu setzen«, und sie werden »nach und nach so unbegreiflich als diese selbst« (10. September 1822 an Meyer). Die Wissenschaften gehen zwar vorwärts, sagt Goethe, aber nicht im Zirkel, sondern eher in einer Spi-

rallinie; »dasselbe kommt wieder, aber höher und weiter«[67].
Wir sollten uns daher davor hüten, den oft so modischen Wissenschaften übereilt nachzurücken; wir hätten einfach keine
Zeit mehr, »auf irgendeine Weise leichtsinnig in die Irre zu
gehen« (am 8. Juli 1829 an Sternberg).

Diese Reserve glaubte Goethe vortragen müssen zu einer
Zeit, wo ein prinzipieller Methodenwechsel zu erwarten war.
»Jeder, der eine Zeitlang auf dem redlichen Forschen verharrt,
muß seine Methode irgend einmal umändern.« Das neun-
zehnte Jahrhundert habe alle Ursache, hierauf zu achten.[68]

Mit der Skepsis unmittelbar verbunden bleibt ihm die Hoffnung: »Glücklicherweise bleibt uns zuletzt die Überzeugung,
daß gar vieles neben einander bestehen kann und muß, was
sich gerne wechselseitig verdrängen möchte: Der Weltgeist ist
toleranter als man denkt« (am 12. Mai 1826 an Reinhard).

Ständiges Weiterbilden und behutsames Unterlassen mögen wohl auch die Themen der zukunftsträchtigen Silvesternacht gewesen sein, wenn Goethe resümierend schreibt: »Über
dieses innere Bilden und äußere Unterlassen waren wir in das
neue Jahrhundert eingetreten.«[69]

Eine schicksalhafte Nacht im aufdämmernden neuen Jahrhundert – in der Tat! Für Goethe persönlich sollte sie nicht
ohne Konsequenzen bleiben: »Diese Nacht ist mir um so wich-
tiger geworden, weil ich (schließt Henrik Steffens, 1846) bald
darauf in Freiberg erfuhr, welche bedenklichen Folgen dieser
Abend für Goethe gehabt hat. Er unterlag zum erstenmal,
wenn ich nicht irre, in seinem Leben einer bedeutenden
Krankheit, und der Gedanke an seinen bevorstehenden Tod,
der ihn später, wenigstens mehrere Jahre hindurch, gequält
hat, war eine Folge dieser Krankheit.«[70]

Es waren nur wenige Tage nach dem denkwürdigen Treffen
mit Schiller und Schelling, als Goethe von dieser todträchtigen
Krankheit befallen wurde. Ganz Weimar war bestürzt und

bangte um den Todkranken. Selbst Charlotte von Stein, die älteste Freundin, seit langem vergrämt, gab ihrer Erschütterung Ausdruck, als sie am 12. Januar 1801 an ihren Sohn Fritz schrieb: »Ich wußte nicht, daß unser ehemaliger Freund Goethe mir noch so teuer wäre, daß eine schwere Krankheit, an der er seit neun Tagen liegt, mich so innig ergreifen würde. Es ist ein Krampfhusten und zugleich die Blatterrose, er kann in kein Bett und muß in einer stehenden Stellung erhalten werden, sonst will er ersticken. Der Hals ist verschwollen sowie das Gesicht, und voller Blasen inwendig, sein linkes Auge ist ihm wie eine große Nuß herausgetreten und läuft Blut und Materie heraus, oft phantasiert er, man fürchtet vor eine Entzündung im Gehirn, ließ ihm Stark zur Ader, gab ihm Senf-Fußbäder, darauf bekam er geschwollene Füße und schien etwas besser, doch ist diese Nacht der Krampfhusten wieder gekommen... Die Schillern und ich haben schon viele Tränen die Tage her über ihn vergossen.«[71]

Auch Schiller stimmt ein in die Klagen: »Goethe ist in diesem Augenblick sehr krank, und seine Ärzte sind nicht ohne Furcht eines unglücklichen Ausgangs.« Ein katarrhalisches Fieber habe ihn befallen »mit einem heftigen Rotlauf, welcher sich ins linke Auge geworfen« habe und verbunden sei »mit einem schmerzhaften Krampfhusten«. Und Goethe selber?

»Zu Anfang des Jahres überfiel mich eine grimmige Krankheit«, lesen wir in den Tag- und Jahresheften (1801). Goethe schiebt die Schuld nicht auf das Neujahrstreffen, sondern auf seine Arbeiten im Herzoglichen Schlosse zu Jena, wo er sich offensichtlich erkältet habe. Schuld daran trage der Gips, eine »sehr kalte und verkältende Steinart, an die sich bei eintretendem Tauwetter die Feuchtigkeit häufig anwirft«. Ein »heftiger Katarrh« sei die Folge gewesen, die Goethe zunächst mit »peruvianischem Balsam, verbunden mit Opium und Myrrhen«, zu kurieren versuchte. Vergeblich –, er begab sich mit Schelling zwar noch nach Weimar, wo ihn der »Katarrh« mit zunehmendem Fieber und Ohnmacht überfiel.[72]

Es folgten überaus unruhige Tage und Nächte, wie Goethe

weiter berichtet:»Die Meinigen waren außer Fassung, die Ärzte tasteten nur, der Herzog, mein gnädigster Herr, die Gefahr überschauend, griff sogleich persönlich ein und ließ durch einen Eilboten den Hofrat Stark von Jena herüberkommen.« Ein paar Tage vergingen so, bei halbem Bewußtsein, bis Goethe endlich wieder –»durch die Kraft der Natur und ärztliche Hilfe«[73] – zu sich kam, allerdings »in einem erbärmlichen Zustande«. Hofrat Stark,»der hocherfahrene Leibarzt, im Praktischen von sicherm Griff«, bot all seine ärztliche Kunst auf,»und so stellte Schlaf und Transpiration mich nach und nach wieder her«[74].»Schon am 7. Februar regte sich in mir die produktive Ungeduld.«[75]

Ärzte wie Freunde verlangten, der Genesende solle sich in ein Bad begeben, wobei sie ihm Bad Pyrmont empfahlen, das damals berühmt war durch sein modisches »Stärkungssystem« nach den Theorien des schottischen Arztes John Brown.[76] Bald jedoch schon bezweifelt Goethe, ob ihm Pyrmont wirklich »zum Heile gedeihe«. Ihn in ein derart anregendes Bad –»anregend« im Brown'schen Sinne – zu schicken, das sei vielleicht doch nicht »ein Zeugnis richtig beurteilender Ärzte« gewesen.[77]

Goethe selbst erinnert auch später immer wieder an dieses höchst dramatische Ereignis:»Eine tödliche Krankheit riß die Fäden meines Lebensganges ab, die ich, bei sukzessiver Erholung, nur langsam wieder anknüpfen konnte« (25. Januar 1802 an Rapp). Erlöst aus diesem »erbärmlichen Zustande« sah sich Goethe schließlich vor allem durch »die Kraft der Natur«!

Und auch hier wieder:»Die Natur hat uns das Schachbrett gegeben, aus dem wir nicht hinaus wirken können noch wollen; sie hat uns die Steine geschnitzt, deren Wert, Bewegung und Vermögen nach und nach bekannt werden. Nun ist es an uns, Züge zu tun, von denen wir uns Gewinn versprechen.«[78]

III.
GOETHE DER PHYSIOLOGE:
WISSEN UM DAS GESUNDE

Als »Bruchstücke einer großen Konfession«[1] hat Goethe seine Werke betrachtet wissen wollen. Da mag sich jeder bedienen, in diesem gigantischen Bergwerk, wie er nur will und kann! »Wenn man der Nachwelt etwas Brauchbares hinterlassen will, so müssen es Konfessionen sein« (so am 1. 11. 1829 an Zelter): »Man mag sich als Individuum hinstellen, wie man's denkt, wie man's meint, und die Folgenden mögen sich heraussuchen, was ihnen gemäß ist und was im allgemeinen gültig sein mag!«

Wir haben aus diesem Werk die Heil-Kunde im Ganzen herauszuholen versucht, wie sie uns die klassische Medizin – als Physiologie, Pathologie und Therapie – seit Jahrhunderten vor Augen stellt. Nach diesem Schema ist auch »Wilhelm Meister« wohl vorgegangen, von den natürlichen Voraussetzungen einer menschlichen Existenz nämlich, und so studiert er denn auch zunächst einmal gründlich die klassische Morphologie und Physiologie. Da wird freilich sofort unterschieden zwischen einer »toten« und einer »lebendigen Anatomie«; da ist gar die Rede von einer »guten« und einer »bösen« Physiologie. Der toten Natur aber soll ein lebendiges Wissen um die gesunde Natur gegenübergestellt werden: eine wirkliche Physiologie! Das Lebendige müsse man ergreifen; nicht nur Anschauen, sondern Nachbilden! Bei diesem umfassenden Bildungs-Prozeß wird der Schüler getrieben von dem »alten Wunsch, das Gute, Edle, Große« zu versinnlichen und auszubilden. Mit dem Interesse am Menschen ist immer auch der Versuch verbunden, durch »das Mitgefühl alles Menschlichen« die Gesellschaft zu bilden, ist die Überzeugung verankert vom »Wert einer von Natur schön ausgestatteten Menschheit«.

Der Mensch ist seiner Natur gemäß auf Kultur angelegt; er bildet aus seiner »physis« den »nomos«; er stirbt in der Lehrzeit. »Das Lebendige also muß man ergreifen und üben, aber im Stillen, sonst wird man gehindert und hindert andere.«² Hier geht es keineswegs um die Tradition, um das Alt-Ehrwürdige und auch Antiquierte, nicht um jenes »Entschlafene, für uns Mumienhafte« eben, das vertrocknet man zuletzt noch nostalgisch »an sein Herz« schließt.³ Es geht um unser Heute und Morgen!

Es geht bei all unserem Wissen um die Welt und den Menschen, um seine Natur und seine Bildung und damit – auch hier schon – um die Kunst zu leben.

1. Der Mensch – »eine Synthese von Welt und Geist«

Maß und Mitte allen Seins ist für Goethe der gesunde Mensch – eine einmalige, nie zu Ende zu bewundernde »Synthese von Welt und Geist«⁴! Der Mensch ist die Mitte aller Erscheinungen; er allein bietet das Maß für alle nur möglichen Weltverhältnisse. Seinem alten Freund Zelter sucht Goethe – wenige Monate vor seinem Tod (15. 11. 1831) – dieses Phänomen wie folgt zu erklären: »Zu den hundert Dingen, die mich interessieren, konstituiert sich immer eins in die Mitte als Hauptplanet, und das übrige Quodlibet meines Lebens treibt sich indessen in vielseitiger Mondgestalt umher, bis es einem und dem andern auch gelingt, gleichfalls in die Mitte zu rücken.« Dies liegt wohl in jedem Menschen; es scheint ihm schon Natur aus gegeben: »sich als Mittelpunkt der Welt zu betrachten, weil doch alle Radien von seinem Bewußtsein ausgehen und dahin wieder zurückkehren«⁵.

Welt und Mensch erscheinen hier in einem organischen Zusammenhang. »Der Mensch ist als wirklich in die Mitte einer wirklichen Welt gesetzt und mit solchen Organen begabt, daß er das Wirkliche und nebenbei das Mögliche erkennen und hervorbringen kann.«

Und so haben denn auch alle gesunden Menschen »die Überzeugung ihres Daseins und eines Daseienden um sie her«[6]. Dieses Welthafte am Menschen wie auch die Lesbarkeit von Welt erscheinen Goethe geradezu als das signifikante Merkmal von Gesundheit und Gesundsein: »Ich richte mich ein in dieser Welt« – schreibt er am 14. November 1781 an Merck –, und dies »ohne ein Haar breit von dem Wesen nachzugeben, was mich innerlich erhält und glücklich macht«.

Diese normale und so ganz und gar gesunde Weltbezogenheit ist kein Wunder; denn »der Mensch ist ein wahrer Narziß; er bespiegelt sich überall gern selbst; er legt sich als Folie der ganzen Welt unter«[7]. Und dies sicherlich zurecht: Denn die Natur bildet den Menschen wie auch er sich wiederum umbildet, »und diese Umbildung ist doch wieder natürlich. Er, der sich in die große weite Welt gesetzt sieht, umzäumt, ummauert sich eine kleine drein und staffiert sie aus nach seinem Bilde«[8].

Erfahrungen dieser Art werden dem weltoffenen Menschen gleichsam angetragen. Denn: »Der Mensch kennt nur sich selbst, sofern er die Welt kennt, die er nur in sich und sich nur in ihr gewahr wird. Jeder Gegenstand, wohl beschaut, schließt ein neues Organ in uns auf.«[9] So an zentraler Stelle in seinem Beitrag »Bedeutende Fördernis durch ein einziges geistreiches Wort«, wo Goethe ausführlich zu Heinroths »Anthropologie« Stellung nimmt und wo von einem »gegenständlichen Denken« die Rede war.[10]

Die Eigentümlichkeit, die Originalität seiner eigenen Verfahrensart habe Heinroth als »gegenständlich tätig« bezeichnet, und genau so will es nun auch Goethe sehen, daß nämlich »mein Denken sich von den Gegenständen nicht sondere, daß die Elemente der Gegenstände, die Anschauungen in dasselbe eingehen und von ihm auf das innigste durchdrungen werden, daß mein Anschauen selbst ein Denken, mein Denken ein Anschauen sei«. Es ist fortan »der anschauende Begriff«, den Goethe – so am 27. 12. 1780 an Ernst von Gotha – dem wissenschaftlichen Begriff vorzuziehen sucht.

Nicht in der damals so modisch verspielten Naturphilosophie, die von oben herunter ableitet, aber auch nicht in der
empirischen Naturforschung, die von unten hinauf geleitet,
will Goethe sein Heil finden, sondern »nur in der Anschauung,
die in der Mitte steht« (am 30. 6. 1798 an Schiller). Nicht die
leichten Ideen will er, auch nicht die harten Fakten, sondern
die Phänomene selber – »und was hab ich denn an einer Idee,
die mich nötigt, meinen Vorrat an Phänomenen zu verküm-
mern« (am 25. 9. 1798 an Schiller).
    In die gleiche Richtung führt seine späte Erkenntnis – am
26. Februar 1824 zu Eckermann: »Hätte ich nicht die Welt
durch Antizipation bereits in mir getragen, ich wäre mit sehen-
den Augen blind geblieben.« Daher nochmals ganz entschieden – und sogleich im Hinblick auf die vor Augen tretende
Lebenskunst: »Wir wissen von keiner Welt als in bezug auf den
Menschen. Wir wollen keine Kunst als die ein Abdruck dieses
Bezugs ist.«[11] Hier weiten sich mit einem Male alle Weltverhältnisse. Wie nämlich ein jedes »gegen sich selbst einen
Bezug« hat, so muß es auch »gegen andere ein Verhältnis«
haben.[12]

Wege zur Weltkenntnis

Wie aber kommt man in ein Verhältnis zu dieser äußeren Welt,
wie näher heran an diese Welt, an eine solche Flut von Erscheinungen, einen wahren Kosmos an Phänomenen? Von
wieviel tausend Umständen hängt nicht die Beobachtung all
der Dinge ab! Und »so ist ein Meer auszutrinken, wenn man
sich an Individualität des Phänomens halten und diese beobachten, messen, wägen und beschreiben will«[13].
    Auf diesem Felde kann man nicht sorgfältig genug beob-
achten, nicht genug Fühlhörner ausstrecken, nie genug in
Erfahrung bringen. »Erfahren, schauen, beobachten, betrachten, verknüpfen, entdecken, erfinden sind Geistestätigkeiten,
welche tausendfältig, einzeln und zusammengenommen, von
mehr oder weniger begabten Menschen ausgeübt werden. Be-

merken, sondern, zählen, messen, wägen sind gleichfalls
große Hilfsmittel, durch welche der Mensch die Natur umfaßt
und über sie Herr zu werden sucht, damit er zuletzt alles zu
seinem Nutzen verwende.«[14]
Ganz ähnlich heißt es über diesen methodologischen Ariad-
nefaden in einem Schreiben vom 3. Mai 1827 an Butte:
»Schauen, wissen, ahnen, glauben – und wie die Fühlhörner
alle heißen, mit denen der Mensch in's Universum tastet, müssen denn doch eigentlich zusammenwirken, wenn wir unsern
wichtigen, obgleich schweren Beruf erfüllen wollen.«
Und noch einmal – immer noch auf beharrlicher Suche
nach gängiger Methodik: »Die Phänomene zu erhaschen, sie
zu Versuchen zu fixieren, die Erfahrungen zu ordnen und die
Vorstellungsarten darüber kennenzulernen, bei den ersten so
aufmerksam, bei den zweiten so genau als möglich zu sein,
beim dritten vollständig zu werden und beim vierten vielseitig
genug zu bleiben, dazu gehört eine Durcharbeitung seines armen Ichs, von deren Möglichkeit ich auch sonst nur keine Idee
gehabt habe. Und an Weltkenntnis nimmt man leider bei dieser Gelegenheit auch zu.« Hier bekommt »Welt«, wie so häufig
bei Goethe, eine pejorative Note, und das Schreiben – vom
29. Dezember 1794 an Jacobi – schließt denn auch in diesem
Sinne: »O mein Freund, wer sind die Gelehrten, und was sind
sie!«
Aber der Mensch macht und sucht sich überall seine Probleme und kann keins ruhen und liegen lassen – schreibt
Goethe unter dem 16. September 1826 an den Grafen Kaspar
von Sternberg –, und dies wohl zurecht; denn sonst würde die
Forschung aufhören. »Aber mit dem Positiven muß man es
nicht zu ernsthaft nehmen, sondern sich durch Ironie darüber
erheben und ihm dadurch die Eigenschaft des Problems erhalten; denn sonst wird man bei jedem geschichtlichen Rückblick
konfus und ärgerlich über sich selbst.«
Nicht zu ernsthaft solle man es vor allem mit dem berühmten
Messen, Zählen, Wägen nehmen. »Das Messen eines Dings ist
eine grobe Handlung, die auf lebendige Körper nicht anders als

höchst unvollkommen angewendet werden kann.« Ein lebendiges Ding könne einfach durch nichts gemessen werden, was außer ihm sei. Und »wenn es ja geschehen soll, müßte es den Maßstab selbst dazu hergeben; dieser aber ist höchst geistig und kann durch die Sinne nicht gefunden werden«[15].

Ein hartes, ein schwerwiegendes Wort, aber Goethe beharrt darauf: »Trennen und Zählen lag nicht in meiner Natur.[16] Niemand könne zahlenscheu sein als er, schreibt Goethe am 11. 12. 1812 an Zelter; von jeher habe er alle »Zahlensymbolik« als »etwas Gestaltloses und Untröstliches« gemieden und geflohen. »Die Mathematik vermag kein Vorurteil wegzuheben; sie kann den Eigensinn nicht lindern, den Parteigeist nicht beschwichtigen; nichts von allem Sittlichen vermag sie.«[17] Zwar hätten die Pythagoräer geglaubt, »was wunders in den Zahlen alles stecke. Gott aber müsse ganz woanders gesucht werden« (am 18. 6. 1826 zu Friedrich v. Müller).

Wie aber sollte Gott gesucht werden außer der Welt, die wir sehen und haben? Hier müssen wohl andere Maßstäbe angelegt werden. »Wir können bei Betrachtung des Weltgebäudes, in seiner weitesten Ausdehnung, in seiner letzten Teilbarkeit, uns der Vorstellung nicht erwehren, daß dem Ganzen eine Idee zu Grunde liege, wonach Gott in der Natur, die Natur in Gott von Ewigkeit zu Ewigkeit schaffen und wirken möge.«[18]

Das Wahre aber, »mit dem Göttlichen identisch«, ließe sich von uns niemals direkt erkennen, schreibt Goethe in seinem »Versuch einer Witterungslehre«: »Wir schauen es nur im Abglanz, im Beispiel, im Symbol, in einzelnen und verwandten Erscheinungen. Wir werden es gewahr als unbegreifliches Leben und können dem Wunsch nicht entsagen, es dennoch zu begreifen.«

In einem solchen Streben werden wir dann auch »fähig, den höchsten Gedanken der Natur nachzudenken«[19]. Nur in diesem Sinne konnte Goethe den Menschen als »das erste Gespräch, das die Natur mit Gott hält«[20], bezeichnen. Und wer weiß – so 1809 zu Falk –, »ob nicht auch der ganze Mensch wieder nur ein Wurf nach einem höhern Ziel ist«?[21]

Wege zur Selbsterkenntnis

Welt-Kenntnis –, ist sie nicht letztlich auch ein Weg zur Selbst-Erkenntnis? Bei aller Betrachtung der Natur im Großen wie im Kleinen hatte Goethe sich »unausgesetzt« die Frage gestellt: »Ist es der Gegenstand oder bist du es, der sich hier ausspricht?« Er selber, Goethe, habe jedenfalls nichts anderes gewollt als: auszusprechen, wie er »die Natur anschaue«. Das aber würde bedeuten, daß er stets zugleich auch sein Inneres – »meine Art zu sein« – so weit wie möglich darlege und offenbare.

Wer aber das Höchste wolle, müsse das Ganze wollen: »Wer vom Geist handelt, muß die Natur, wer von der Natur spricht, muß den Geist voraussetzen oder im Stillen mitverstehn. Der Gedanke läßt sich nicht vom Gedachten, der Wille nicht vom Bewegten trennen.«[22]

Der gleiche Gedanke kehrt gesteigert wieder in einem Schreiben aus dem Jahre 1828 an Friedrich von Müller, wo es heißt: »Weil aber die Materie nie ohne Geist, der Geist nie ohne Materie existiert und wirksam sein kann, so vermag auch die Materie sich zu steigern, so wie sich's der Geist nicht nehmen läßt, anzuziehen und abzustoßen; wie derjenige nur allein zu denken vermag, der genugsam getrennt hat, um zu verbinden, genugsam verbunden hat, um wieder trennen zu mögen.«[23]

Alles in allem: Das Verhältnis des Menschen zur Welt ist weniger ein technisches als ein poetisches, ein zutiefst musisches und damit auch ethisches Verhalten. Nur so konnte er, der Mensch, werden zu einer so einmaligen Synthese von Welt und Geist, von der Goethe sich – so beruhigt wie bewundernd – sagen konnte: »Im Innern ist ein Universum auch.«[24]

Und so ist denn auch die Welt da draußen, uns scheinbar von Natur aus ganz selbstverständlich vorgegeben, nicht nur als Schöpfung gegeben, sondern auch zur Schöpfung aufgegeben. Wir haben eine Aufgabe in der Welt, mehr noch: ein Amt an der Welt. Beides – die Naturordnung wie die Lebensord-

nung – waren bereits in der antiken Idee des »Kosmos« – jener
»Wohlordnung«, die Goethe genannt hat: »die ewige Zier« –
aufs engste miteinander verbunden.

Die Welt trägt hier noch die Gestalt einer Ganzheit, der
einen und einzigen Wirklichkeit, die in ihrer rhythmischen
Gestaltung des Alltags so lebendig bleibt. Vom ersten bis zum
letzten Atemzug lebt der Mensch aus Wasser und Luft; stets
muß er essen, trinken, schlafen. »Dann geht der Mensch – so
lesen wir im Psalm 104 – hinaus an seine Arbeit und tut sein
Tagwerk bis zum Abend.« Und immer wieder das ewige Spiel
im Rhythmus von Bewegung und Ruhe, von Tag und Nacht. So
war es, so wird es bleiben, so ist es!

Alles Entdecken – nach außen zu, nach innen hin – »ist eine
aus dem Innern am Äußern sich entwickelnde Offenbarung,
die den Menschen seine Gottähnlichkeit vorahnen läßt. Es ist
eine Synthese von Welt und Geist, welche von der ewigen Harmonie des Daseins die seligste Versicherung gibt.«[25]

2. »Geheimnisse der Natur«

Von der ewigen Harmonie des Daseins künden uns nicht zuletzt die unerschöpflichen »Geheimnisse der Natur«, jene Geheimnisse, die erst nach und nach – im konkreten Studium der
Natur – in Erscheinung treten und offenkundig werden.

Der liebe Gott – schreibt Goethe am 19. Juni 1818 an Voigt –
»könnte uns recht in Verlegenheit setzen, wenn er uns die Geheimnisse der Natur sämtlich offenbarte«. Wir selber müssen
ihr auf die Spur kommen, ihren Klang vernehmen. Ist doch die
ganze Natur »eine Melodie, in der eine tiefe Harmonie verborgen ist«[26]. Man muß sie aufsuchen, diese Melodie, ihr nach-
lauschen, sie anhören, vernehmen und in ihrem Zusammen-
klang verstehen. Geschieht doch in der lebendigen Natur
»nichts, was nicht in einer Verbindung zum Ganzen stehe«[27] –
in einem »ordo ad invicem«: großartige Bilder einer Ordnung
auf Gegenseitigkeit.

Bilder der Natur

Unter allen schriftlichen Zeugnissen, die uns Goethe hinterlassen hat, wird uns kein Wort häufiger begegnen als »Natur«.
Kein Begriff ist aber auch schwieriger zu fassen, zumal uns bei
»Natur« nicht nur die Pracht der äußeren Welt vor Augen
steht, sondern auch die uns so geheimnisvoll eingeborenen inneren Kräfte und darüber hinaus alle Zwischenglieder zu jener
Kultur, wie sie so sinnenträchtig in unserer »Kunst zu leben«
zum Ausdruck kommt.

Es scheint recht einfach, zu erklären, was »Natur« nicht ist;
es ist sehr schwer, zu verstehen, was »Natur« wirklich ist. Was
Natur nicht ist, erklärt sich leicht aus den Gegenbegriffen: Natur – Gott, Natur – Kunst, Natur – Geist, Natur – Kultur, Natur
– Geschichte u. ä. Aber die Gegensätze werden noch drasti-
scher, wenn man sich nicht bei Begriffen beruhigt, sondern
sich mit dem Phänomen vertraut macht.

Denn die Natur, sie ist so töricht wie weise; sie zeigt sich
ebenso geizig wie verschwenderisch; sie sorgt sich um alles und
kümmert sich um nichts; sie ist so gütig wie chaotisch, so
durchsichtig wie blind. Wo auch wäre er zu finden, der so
hochgepriesene »allgegenwärtige Balsam allheilender Natur«?[28] Natur ist eben ambivalent, zwielichtig, widerspruchs-
voll, zweischneidig, vieldeutig –, alles andere jedenfalls – so
scheint es – als ein Ordnungsbild, dem wir unser Leben und
sein Heil anvertrauen möchten.

Dem Natur-Begriff wird augenscheinlich ein doppelter Sinn
unterlegt: einmal sind es die wahrnehmbaren Erscheinungen
der sinnlichen Welt, zum anderen aber die im Geiste anschau-
baren Urbilder. Mit der »Natur« in beiderlei Sinne jedenfalls
ist uns die Welt lesbar geworden, umgänglicher, lebendiger,
menschlicher. Und so ist es kein Wunder, daß uns die Natur
überall begegnen muß, wo in der Folge von Gesundheit,
Krankheit, Heilkunst die Rede ist.

»Natur« ist nicht zuletzt aufs engste verknüpft mit »Bildung«, Herausbildung auch der geistigen Möglichkeiten in

der stofflichen Materie. Nur so verstehen wir den schönen Satz, den Goethe 1810 zu Friedrich von Müller gesprochen hat: »Die Natur ist eine Gans, man muß erst sie zu etwas machen«.[29] Dann aber wird mit einem Male die Natur das große Buch, »das einzige Buch, das auf allen Blättern großen Gehalt bietet«[30], das uns daher immer auch wieder anhält, aufmerksam zu lesen in diesem Buch der Natur: »ein Buch lebendig, unverstanden, doch nicht unverständlich«[31].

Abgesondert von den mechanistischen Natur-Modellen der Aufklärung bietet uns Goethe ein umfassendes Natur-Bild, das am ehesten noch an die antiken Physis-Vorstellungen erinnert. Um diesen Grundbegriff »physis« gruppieren sich nun aber auch bei Goethe weitere klassische Ordnungskategorien, die man einfach nicht übersehen darf. Ich erinnere nur an den »oikos« als die Haushaltung dieser Natur in der großen wie der kleinen Welt, jenen »kosmos«, der die Wohlgeordnetheit aller Dinge meint, an das »ethos« weiterhin, das als geistiger Standort auch sittliche Standpunkte vermittelt, den »nomos« schließlich, der ursprünglich Weideplatz war, die Richtschnur auch, jenes Wissen um die Lebenskultur (diaita), das den Arzt zum Meister des Nomos machen konnte, weil er nichts anderes sein wollte als ein Diener der Physis.

Immer wieder erstaunt Goethe denn auch über »die Gabe des Bemerkens und für was alles die Griechen Augen gehabt haben«![32] Zugeben muß er allerdings auch, »daß die Natur, die uns zu schaffen macht, gar keine Natur mehr ist, sondern ein ganz anderes Wesen als dasjenige, womit sich die Griechen beschäftigten«[33].

Großartig vor Goethes Augen erscheint zunächst die steinerne Natur: der Berg, die Felsen, das Gestein – eine grandiose Physiognomie der Wirklichkeit und zugleich ein »offenbares Geheimnis«. Goethe hat es zutiefst gefühlt, wie er am 3. 10. 1779 an Charlotte v. Stein schreibt: »Hier ist nichts Willkürliches, alles langsam bewegendes ewiges Gesetz.«

Goethe beginnt Gesteine und Versteinerungen zu sammeln – bis zu seinem Tode umfaßt die Weimarer Sammlung immer-

hin 9000 Stücke: »Steine sind stumme Lehrer, sie machen den
Beobachter stumm, und das Beste, was man von ihnen lernt, ist
nicht mitzuteilen.«[34] Einsam wird es dem Menschen zumute,
der auf dem »ältesten, ewigen Altare« der Schöpfung sitzt,
dem Granit, um die »ersten festesten Anfänge unsers Daseins«
zu fühlen: »Ich überschaue die Welt, ihre schrofferen und ge-
linderen Täler und ihre fernen fruchtbaren Weiden; meine
Seele wird über sich selbst und über alles erhaben und sehnt
sich nach dem nähern Himmel.«[35]

In diesem »Weltgarten« nun sucht Goethe sein ganzes Heil:
»Wir sind auf die hohen Gipfel gestiegen und in die Tiefen der
Erde eingekrochen, in Klüfte, Höhlen, Wälder, in Teiche, un-
ter Wasserfälle, bei den Unterirdischen immer nach einem
Stein lüstern.« Hier sei er »auf und unter Bergen«, schreibt er
am 9. Juni 1785 an Jacobi, und er suche das Göttliche »in her-
bis et lapidibus«. Das ganze »Weltwesen« – lesen wir in den
Lehrjahren – »liegt vor uns wie ein großer Steinbruch vor dem
Baumeister, der nur dann den Namen verdient, wenn er aus
diesen zufälligen Naturmassen ein in seinem Geiste entsprungenes Urbild mit der größten Ökonomie, Zweckmäßigkeit und
Festigkeit zusammenstellt«[36].

Und so kann Goethe denn auch seiner Freundin Charlotte
(am 15. 6. 1786) freudig bekennen: »Wie lesbar mir das Buch
der Natur wird, kann ich dir nicht ausdrücken, mein langes
Buchstabieren hat mir geholfen, jetzt ruckts auf einmal, und
meine stille Freude ist unaussprechlich.«[37]

Der einsame Gang

Von dem notwendig einsamen Gang in aller Naturforschung
hatte der Arzt Zimmermann (1763) gesprochen, als er bemerkte: »Wenige suchen die Natur in der Natur, wenige folgen
dem einsamen Gang, der in ihr Heiligtum leitet.« Goethe ist
bewußt dem »einsamen Gang« gefolgt: der Forschungsme-
thode der Induktion auf der Basis von Beobachtung und Experiment. Er stand damit bereits an der Schwelle der moder-

nen naturwissenschaftlichen Methode, welche Zimmermann
(1764) bezeichnet hatte als »die königliche Straße, auf welcher
ein scharfsinniger Geist in das Innerste der Natur eindringt«.
Es ist jene Induktion damit gemeint, die viel gewisser als die
Analogie führt, viel weiter auch als die Sinne.

Goethe nimmt das Bild vom einsamen Gang auf königlicher
Straße zunächst auf, wenn er seinerseits von dem »reinen, lichten, lebendigen Gang« spricht, der ihn mehr und mehr an die
Natur heranführe, auf vielen Umwegen und mit notwendigen
Stufungen: vom »Natur-Altar« der Knabenjahre über den
»Granit« bis hin zum Studium des Menschen in seiner leiblichen, sittlichen und geistigen Organisation. »Hätt' ich Zeit in
dem kurzen Lebensraum (so am 10. 7. 1786 an Frau v. Stein),
so getraute ich mich, es auf alle Reiche der Natur – auf ihr
ganzes Reich – auszudehnen.«

Goethe zeigt sich freilich auch entsetzt über »die Knecht-
schaft der wissenschaftlichen Geister«. Hier denkt er vor allem
an das »Newton'sche Gespenst«, das immerfort seine Herrschaft ausübe »wie Teufel und Hexen im düstersten Jahrhundert«. Um desto mehr – schreibt er am 18. März 1826 an
Purkinje – »freue ich mich Ihres reinen, lichten, lebendigen
Ganges und preise die Jugend glücklich, die Ihnen eine gleiche Bildung schuldig wird«.

Beim Vordringen in dieses Reich ist immer wieder von Hypothesen die Rede, die da seien, um von besseren ersetzt zu
werden. Denn »Hypothesen sind Wiegenlieder, womit der
Lehrer seine Schüler einlullt; der denkende treue Beobachter
lernt immer mehr seine Beschränkung kennen; er sieht: Je
weiter das Wissen sich ausbreitet, desto mehr Probleme kommen zum Vorschein.«[38]

Beim Hineingeraten in die Naturbetrachtungen muß es aber
auch notwendig zu Spannungen kommen: »Denn beim Über-
gang von der Erfahrung zum Urteil, von der Erkenntnis zur
Anwendung ist es, wo dem Menschen gleichsam wie an einem
Passe alle seine inneren Feinde auflauern: Einbildungskraft,
Ungeduld, Vorschnelligkeit, Selbstzufriedenheit, Steifheit,

Gedankenform, vorgefaßte Meinung, Bequemlichkeit, Leichtsinn, Veränderlichkeit und wie die ganze Schar mit ihrem
Gefolge heißen mag; alle liegen hier im Hinterhalte und über-
wältigen unversehns sowohl den handelnden Weltmenschen
als auch den stillen, vor allen Leidenschaften gesichert scheinenden Beobachter.«[39]
     Bewundernd schreibt Goethe (am 23. 2. 1826) dem damals
bereits weltberühmten Physiologen Johannes Müller, er be-
wundere die Art und Weise, wie er »im Reich der Natur
vorzudringen bemüht« sei, auch wenn seine »Region« gewiß
eine andere sei, sodaß ein jeder seinem eigenen »Radius« treu
zu bleiben habe. Goethe schließt: »In meinen Jahren muß man
sich bescheiden, am Wege genugsam auszuruhen und andere
vorübereilen zu lassen, an die man in frührer Zeit sich gar zu
gern angeschlossen hätte.«
     Nun, Goethe hat sich seit frühester Zeit bemüht um den
Anschluß an die Naturforschung. Er bekennt dankbar, daß er
so reichlich Gelegenheit gefunden habe, einen großen Teil seines Lebens »mit Neigung und Leidenschaft auf Naturstudien«
zu verwenden.[40] Von Jugend an sei er bestrebt gewesen – so am
18. Februar 1821 an Knebel –, »die Konsequenz der Natur«
immer reiner vor den »äußern und innern Sinn« zu bringen.
     Wie bei Messen und Zählen hat Goethe sich allerdings zeit-
lebens gescheut vor dem Experiment, vor der Natur auf der
Folter des Experiments. »Die Natur verstummt auf der Folter;
ihre treue Antwort auf redliche Frage ist: Ja! Ja! Nein! Nein!«
Alles Übrige sei von Übel.[41] Er will sich lieber an seine alte
bewährte »Maxime bei der Naturforschung« halten: »das Gewisse festzuhalten und dem Ungewissen aufzupassen«[42]. An
das Phänomen solle man sich halten, sehen, wie weit man damit komme und das Problem ruhig liegen lassen.[43] Er wolle
sich einfach niemals »rein spekulativ« verhalten, schreibt er
am 19. 2. 1802 an Schiller; er müsse einfach zu jedem Satze
»eine Anschauung suchen« und deshalb auch »gleich in die
Natur hinaus« fliehen.
     Der Weimarer Theologe Johann Stephan Schütze meinte

damals (1815), daß es nichts in der Natur und in den Wissenschaften gegeben habe, das nicht eine Zeitlang Goethes Gedanken lebhaft beschäftigt hätte. Goethe sei denn auch im weitesten Sinne des Wortes ein Naturhistoriker, ein Naturkundiger gewesen, vielleicht sogar »der Geist der Natur selbst« –, sodaß man ihn eigentlich auch einmal von hier aus »würdigen« müsse.[44]

Vom Geist der Natur

Der Fürstin von Gallitzin kann der reife Goethe (6. 2. 1797) bekennen: »Ich habe mich äußerst bemüht, alle Phänomene kennen zu lernen und sie in der reinsten Ordnung, die nur möglich war, zusammenzustellen.« Es sei die Ordnung der Natur, die Sinn und Plan in seine Lebensordnung gebracht habe. Denn »diese Arbeiten haben mich genötigt, meinen Geist zu prüfen und zu üben«.

Und wenn auch für die Wissenschaften kein greifbares Resultat daraus entsprungen sei, so würde doch »der Vorteil, den ich selbst daraus ziehe, mir immer unschätzbar sein«. Läge doch letztlich die Bedeutung aller seiner Naturforschung darin, »die Grenzen des menschlichen Geistes immer näher kennenzulernen und dabei immer deutlicher einzusehen, daß man nur desto mehr verrichten kann, je reiner und sicherer man das Organ braucht, das uns überhaupt als Mensch und besonders als individuelle Natur gegeben ist«.

Hätte er sich nämlich nicht so intensiv mit Naturwissenschaften abgegeben – erklärt er am 29. Januar 1831 seinem Freund Zelter –, »so hätt' ich die Menschen nie kennen lernen. In ästhetischen und philosophischen Dingen ist es schwer, Wohlwollen und Mißwollen zu unterscheiden, in den Naturwissenschaften aber wird es dem Ernsten, Redlichen gar bald deutlich, was das für Personagen sind, die der Natur Unrecht geben, wenn sie sich deutlich ausspricht.«

Zwar suchen wir allenthalben in reizenden Bildern jene gütige »Mutter Natur«, an deren Busen wir zu liegen vermeinen, vergessen aber nur zu leicht auch die Kehrseite dieser »Dame Natur«, vor welcher der junge Goethe schon erschauerte, als er sie, die Natur, unaufhörlich mit uns sprechen hörte, ohne doch ihr Geheimnis zu verraten. »Sie spielt ein Schauspiel«[45] –, aber: »Ihr Schauspiel ist immer neu«[46] – immer anders. Von jener Natur ist dann aber auch die Rede, die »keine Sprache noch Rede« hat, aber: »Sie schafft Zungen und Herzen, durch die sie fühlt und spricht« – als »Herz des Herzens.«[47]

In Nietzsches nachgelassenen Fragmenten (1873) finden wir ein bemerkenswertes Urteil über die Naturwissenschaften seiner Zeit, wenn wir lesen: Die Naturwissenschaft heute, sie sei »ohne jene Heilung und Ruhe, die Goethe fand«. Genau dies wollte Goethe selber Eckermann bestätigen (18.5.1824): »Es gehört zur Naturbeobachtung eine gewisse ruhige Reinheit des Innern, das von gar nichts gestört und präokkupiert wird.«

Für diese seine »reine, tiefe, angeborene und geübte Anschauungsweise« bediente Goethe sich des öfteren der Formel: »Gott in der Natur, die Natur in Gott zu sehen«. Er nannte diese »Vorstellungsart« geradezu den »Grund meiner ganzen Existenz«[48]. Wie interessant wird dann »das Werk seiner Hände«, wie ist uns »der Atem seines Mundes« belebend geworden![49]

Dem Einzelnen möge dabei die Freiheit bleiben, »sich mit dem zu beschäftigen, was ihn anzieht, was ihm Freude macht, was ihm nützlich deucht; aber das eigentliche Studium der Menschheit ist der Mensch«[50]. Zwar könne man sich bei der Betrachtung des Weltgebäudes nicht der Vorstellung erwehren, daß dem Ganzen »eine Idee zum Grunde liege, wonach Gott in der Natur, die Natur in Gott von Ewigkeit zu Ewigkeit schaffen und wirken möge«[51] –, diese Idee aber manifestiere sich letztlich immer am Menschen.

Das eigentliche Studium ist der Mensch, so hatte Goethe es bei Alexander Pope gelesen: »The proper study of mankind is

man!« Dieser »Physik des Menschen« will der Naturforscher
Goethe fortan seine volle Aufmerksamkeit schenken!

3. »Die Physik des Menschen«

Gott in Natur, Natur in Gott – der Mensch aber im Mittelpunkt
dieser Welt –, von diesem Aspekt aus richtet Goethe nun Auge
und Griff zentral auf den Menschen. »Und weil in diesem unendlichen All alles in ewiger sicherer Beziehung steht«, und
auch »weil eins das andere hervorbringt« oder weil es »wech-
selweise hervorgebracht« wird, so will der Naturforscher
Goethe nunmehr seinen Blick schärfen »auf das dem Sinne
der Augen Erfaßliche«[52].

Goethe – schreibt Lenz (1775) – »wühlt in der physischen
Natur«; ein ungestümes Feuer treibe ihn »bis ins innere Mark
der Erde und der Gebeine«; er »durchleuchtet das Licht mit
neuem Strahl, belebt den grauen Schatten und bringt unter
Gesetz und Regel, was in wilder bunter Vermischung sich vor
ihm stellt«[53]. Goethe sei – so Herder am 13. 6. 1786 an Heyn –
»in seiner Naturforschung der freieste, gründlichste, reinste
Geist, den ich als Beobachter kennengelernt habe, ein wahres
›exemplar humanae naturae‹ in diesem Fache«[54].

Über die »Physik des Menschen« habe er die wichtigsten
Resultate gesammelt, schreibt Schiller am 23. 11. 1800 an
Gräfin Schimmelmann, und schon sei er »auf seinem ruhigen
einsamen Weg den Entdeckungen voraus geeilt, womit jetzt in
diesen Wissenschaften so viel Parade gemacht wird«[55]!

Goethe selbst gibt sich wesentlich bescheidener: »Könnte
ich mehr für die Vergleichende Anatomie und Naturlehre tun,
so würde das noch lebendiger werden. Leider kann ich nur
einen Blick auf die Natur tun« (17. 11. 1784 an Knebel). In die
Natur habe er wirklich »nur Seitenblicke werfen« können,
schreibt er am 28. 9. 1826 an Schultz, und weiter: »Aber auch
so schon haben sich meine früheren Ansichten bestätigt und
erweitert. An Mitarbeiter ist in dieser wunderlichen Zeit nicht

zu denken; jeder will sich den Weg durch den Wald selbst durchhauen.«

Immerhin glaubt er (1807) bei seinen Rodungen bekennen zu dürfen, daß er schließlich doch einen großen Teil seines Lebens »mit Neigung und Leidenschaft auf Naturstudien« verwendet habe.[56] Darüber nun gibt es Zeugnisse in Hülle und Fülle:

Mit Etatsrat Langermann führt er im August 1812 in Karlsbad Gespräche »über Gegenstände der medicinischen Polizey, Tollhäuser, Bordelle, Berliner Vergiftungsgeschichten«, ferner über chirurgische Schulen oder auch Anstalten gegen die Viehseuche.[57] Goethe lobt Dr. Rehbein als einen »unterrichteten und vertrauten Arzt«, mit dem er stets über »die wichtigsten Angelegenheiten der Menschheit« habe reden können, nämlich über »physische, physiologische und pathologische Probleme« (4. 1. 1826 an Carl August).

In seiner Jugend schon ward Goethe vertraut mit der berühmten Senckenbergischen Stiftung, der neben einem Bürgerspital und einem Botanischen Garten auch ein Anatomisches Theater und ein Chemisches Laboratorium angeschlossen waren.[58] Die »Heilkunst« und seine Jünger schätzte er ungemein hoch, weiß Vogel nach Goethes Tod (1833) zu berichten: »Er liebte es, medizinische Themata zum Gegenstand seiner Unterhaltung zu machen. In seinen Tagebüchern findet man den Inhalt ihn besonders interessierender Unterredungen, die ich mit ihm hatte, nicht selten angemerkt. Er war ein sehr dankbarer und folgsamer Kranker.«[59]

Er sei nun wieder – schreibt Goethe am 5. 10. 1830 an Zelter – »in die Naturbetrachtungen geraten, welches für mich, der ich ein nachdenklicher Mensch bin, doch immer das Beste bleibt; je tiefer man in ihr Gebiet dringt, desto wahrer wird sie«.

Was dem Naturforscher Goethe bei diesen Erfahrungen vor Augen tritt, das ist der leibhaftige Mensch in seiner zunächst ganz und gar physiologischen Organisation. Physiologie – als die Lehre vom Gesunden – ist für ihn wirklich noch der »lo-

gos« von »physis«. Zum Mittelpunkt aller Physiologie mußten
ihm daher zunächst einmal die Naturwissenschaften werden,
die gerade damals sich anschickten, in das Zentrum der Medizin zu rücken.

Über die frühe Straßburger Zeit und sein dortiges Studium
der Medizin lesen wir: »Das Juristische trieb ich mit so viel
Fleiß, als nötig war, um die Promotion mit einigen Ehren zu
absolvieren; das Medizinische reizte mich, weil es mir die Natur nach allen Seiten, wo nicht aufschloß, doch gewahr werden
ließ, und ich war daran durch Umgang und Gewohnheit gebunden.«[60] Gebunden durch Gewohnheit und Umgang belegt
Goethe die Praktika und leistet die Testate – so gut wie jeder
Mediziner!

Die meisten seiner Straßburger Tischgenossen waren Mediziner, die sich denn auch außer den Lehrstunden lebhaft über
ihr Metier unterhielten. Das liege wohl – meint Goethe – einfach in der Natur der Sache. Denn: »Die Gegenstände ihrer
Bemühungen sind die sinnlichsten und zugleich die höchsten,
die einfachsten und die kompliziertesten. Die Medizin beschäftigt den ganzen Menschen, weil sie sich mit dem ganzen
Menschen beschäftigt.«[61]

Der Mensch also steht im Zentrum! In der Straßburger Medizinischen Fakultät hört Goethe die Anatomie bei Lobstein,
Chemie bei Spielmann, später die Klinik bei Ehrmann, dem
Älteren, Geburtshilfe bei Ehrmann dem Jüngeren.[62] Als Herder sich durch Lobstein operieren läßt, wohnt Goethe der
Operation bei und konnte »auf mancherlei Weise dienlich und
behülflich sein«[63]. Auch dem Klinikum wohnt er bei, läßt sich
von Bett zu Bett führen, die Symptome erklären und den Gang
der Krankheit beurteilen. Er gewahrt dabei »die schöne hippokratische Verfahrungsart, wodurch sich, ohne Theorie, aus
einer eigenen Erfahrung« schließlich die »Heilung« ergibt,
»die Wiederherstellung menschlicher Gestalt und Wesens«[64].

Was ihn wesentlich »dem Ärztlichen näher gebracht« hätte,
das seien – neben seiner langwierigen Krankheit – die Schriften des Paracelsus, van Helmonts und Boerhaaves gewesen.[65]

Nicht von ungefähr setzen bereits die frühesten Tagebücher, die »Ephemerides« von 1770, ein mit dem Satz: »Paracelsus von Schülern, in einer weichen Schale«.[66] Es heißt dann weiter: »Paracelsus redet schon wider die Temperamenten und sagt, ihr Grund sei nichts als eine fliegende Spekulation.« Die Skepsis gegen die griechisch-arabische Humoralpathologie klingt hier durch, eine Absage auch an die vier Elemente, Säfte und Temperamente.

Erwähnt werden in den Tagebüchern des Paracelsus Traktate »Paragranum« und »De Podagra«, ferner die Merksprüche über die echte Anatomie. Die Paracelsus-Studien des Jahres 1770 schließen mit dem markanten Satz: »Die Kunst ist nichts anders als das Licht der Natur.«[67]

Ärzte also waren es, die auf »die allgemeine Bildung« wirkten: Tissot und Haller, Unzer und Zimmermann. Loder demonstrierte das Gehirn in Schichten; Soemmerring spürte »dem eigentlichen Sitz der Seele« nach. »Anatomie und Physiologie verlor ich dieses Jahr (1795) fast nicht aus den Augen«.[68] Den mit ihm befreundeten Ärzten gegenüber wagt er aber auch die spöttische Bemerkung: »Wissen möchtet ihr gern die geheime Struktur des Gebäudes. Und ihr wählt den Moment, wenn es in Flammen gerät.«[69]

»Die theoretischen Teile der Medizin hat er vollkommen inne«, schreibt Veit an Rahel Levin (4.6.1795); denn er »kömmt jedesmal nach unserer Krankenanstalt und läßt sich über jede Kleinigkeit belehren«[70]. Mit Thomas Soemmerring erforscht er die Beziehungen zwischen der Anatomie des Zentralnervensystems und der Lokalisation der einzelnen Seelenfunktionen, und immer Anatomie und Physiologie ineins: als eine in sich geschlossene Morphologie. Morphologie wird ihm zur Gestalt- und Verwandlungslehre im ganzen: vom »unorganischen, vegetativen, animalen und menschlichen« Bereich bis hin zur »geistigen Äußerung des Menschen«[71].

Im Oktober 1786 kehrt Goethe noch einmal an den Lido von Venedig zurück, freut sich herzlich über die Wirtschaft der Seeschnecken und Taschenkrebse und bricht dann beim Anblick dieser an sich so unscheinbaren, biologisch primitiven Wesen erschüttert in die Worte aus: »Was ist doch ein Lebendiges für ein köstlich herrliches Ding! Wie abgemessen in seinem Zustande, wie wahr! wie seiend!«[72]

Studium der Anatomie

Mit Beginn der achtziger Jahre hat Goethe sich – »unter Hofrat Loders Anleitung und Belehrung« – viel »mit Anatomie beschäftigt«[73] –, wie viel, das offenbaren uns seine Tagebücher, die Briefe, seine ersten Abhandlungen! Und so sieht man ihn denn auch in Jena am frühen Morgen schon im tiefen Schnee in das Anatomische Auditorium stapfen, um bei Loder die Bänderlehre zu hören –, für Goethe einer der wichtigsten Teile der Anatomie, und er verwundert sich über die »besondere Verrücktheit der medizinischen Jugend«, die gerade dieses Gebiet vernachlässige.[74] Seien es doch gerade die Bänder, die Knochen und Muskeln so sinnvoll vermitteln.[75]

Darüber hinaus aber hat Goethe sicherlich bei Loder »den ganzen menschlichen Körper durchgenommen«[76]. Loder selbst weiß (1782) Goethe nur zu loben; er sei »ein treufleißiger Auditor in allen meinen Collegiis, und wir haben nachher herrliche Unterredungen darüber«[77]. Ein Jahr später setzt Goethe in Kassel seine Studien fort »und besuchte Sömmeringen fleißig in der Anatomie«[78]. Noch ein Jahr später weiß Charlotte von Stein verwundert zu bemerken, durch Goethe seien ihr »die gehässigen Knochen« interessant geworden wie auch »das öde Steinreich«[79].

Die Anatomie aber beginnt zunächst mit den Knochen. »Das Knochengebäude ist das deutlichste Gerüst aller Gestalten. Einmal wohl erkannt, erleichtert es die Erkenntnis aller übrigen Teile«.[80] Wir wissen von tibetanischen Medizinschulen, daß man sich jahrelang mit den Knochen beschäftigen mußte, um dann aber auch zu wissen, was Muskeln und Nerven und Sinnesorgane zu bedeuten haben.

Über die Anatomiestudien des Jahres 1781 vermerkt er eher

trocken: »Zugleich behandelte ich die Knochen als einen Text, woran sich alles Leben und Menschliche aufhängen läßt« (am 14. 11. 1781 an Merck). Der Knochenbau zeige uns dabei nur »ein allgemeines Fachwerk«; im Typus erst könne die »physiologische Richtung« gesucht werden, um darin dann auch den »Maßstab« für das Lebendige zu finden. Wie nötig es daher war, »den menschlichen Körper zu zergliedern, um ihn näher kennenzulernen, sahen die Ärzte nach und nach wohl ein, und immer ging das Zergliedern der Tiere neben dem Zergliedern des Menschen, obschon mit ungleichem Schritte, fort«[81].

Goethe tritt offen für die Anatomie an Tieren wie auch den Tierversuch ein: »Denn das Tier zeigt sich als Flügelmann, indem die Einfachheit und Einschränkung seines Baues den Charakter deutlicher ausspricht, die einzelnen Teile größer und charakteristisch in die Augen fallender sind.«[82] Also bestimmt schon die Gestalt die Lebensweise des Tieres, »und die Weise, zu leben, sie wirkt auf alle Gestalten mächtig zurück«[83].

Darüber hinaus hätten die Götter – vermutet Goethe – im menschlichen Körper »eine unmögliche Synthese« geleistet, nämlich: »das Tier und den Menschen zu verbinden«. Beim Menschen allerdings stünden die Eingeweide übereinander, wo sie beim Tier in der Wampe hängen (zu Riemer, 1807).[84] Und so scheint denn auch der Menschenzergliederer oft genug irre zu werden, »wenn er auf die Tiere hinblickt; der Zootom hingegen sieht in der menschlichen Gestalt das vereinigte Ziel seiner Wünsche« (25. 1. 1818 an Burdach).

Ausgehend von der Osteologie kommt Goethe bald schon zu einer allgemeinen Einleitung in die »Vergleichende Anatomie« (1795). Hier erweist sich abermals, welch wertvolle Einsichten in Anatomie und Physiologie wir durch Entdeckungen im Tierreiche gewinnen, wenngleich dies nicht alles sein kann. »Die Anatomie des Menschen bis in die feinsten Teile zu verfolgen, wird eine unendliche Arbeit gefordert. Ja, sogar diese, der Medizin untergeordnet, konnte nur von wenigen als ein besonderes Studium betrieben werden.«[85]

Vorbereitet durch das Studium der Osteologie wird dem jungen Goethe nunmehr das »Studium der Menschengestalt« zum ein und alles, zum »non plus ultra alles menschlichen Wissens und Tuns«[86]. Ohne diesen Faden könne man sich einfach nicht in einem solchen Labyrinth, wie es das Leben ist, zurechtfinden. Und so kann er mutig aus Rom (am 5.1.1788) schreiben: »Das Studium des menschlichen Körpers hat mich ganz. Alles andere verschwindet dagegen.«[87]

Es sei zwar nicht sein Fach – das hat Goethe des öfteren bekundet –, aber er treibe es nun einmal »aus Begierde, aus Leidenschaft«. Und er wolle ja auch bei allem nur zeigen, »daß alles auch hier einfach ist, wie in den Pflanzen; daß aus Knochen alles deduziert werden kann«[88] –, so beispielsweise auch der Zwischenkieferknochen und seine eminente anthropologische Bedeutung.

In seiner Abhandlung »Über den Zwischenkiefer« – handschriftlich niedergelegt im März 1784, aber erst 1831 in den Verhandlungen der »Leopoldina« publiziert – bemerkt Goethe, daß schon Galen, der große griechische Arzt der römischen Kaiserzeit, »unseres Zwischenknochens« gedacht habe, und er verfolgt dann sehr systematisch die Tradition über Vesal, Winslow, Eustachius, Fallopio bis zu Albinus, bis hin zu den Zeitgenossen.

Am 27. März 1784 kann Goethe aus Jena an Herder schreiben: »Ich habe gefunden – weder Gold noch Silber, aber was mir eine unsägliche Freude macht – das ›os intermaxillare‹ am Menschen.« Und noch am gleichen Tage an Charlotte von Stein: »Es ist mir ein köstliches Vergnügen geworden, ich habe eine anatomische Entdeckung gemacht, die wichtig und schön ist ... Ich habe eine solche Freude, daß sich mir alle Eingeweide bewegen.«

Was war geschehen, was gefunden worden? Was hat den jungen Anatomen so bis ins Tiefste erschüttert, daß es Freundin und Freund sogleich erfahren mußten? Als »Os intermaxillare« bezeichnen wir die vordere Abteilung der oberen Kinnlade. Das Knochenstück schiebt sich zwischen die beiden

Hauptknochen der oberen Kinnlade hinein, ist selbst aus zwei Stücken zusammengesetzt, die in der Mitte des Gesichts zusammenstoßen.[89] Schon die Alten kannten diesen Knochen, so Galen in seinem »Liber de ossibus« (cap. III), und man glaubte, daß sich hierin Affen und Menschen unterscheiden. Er galt daher auch lange Zeit als das anatomische Stigma der Trennung von Mensch und Tier.

Auf einem Judenfriedhof an den Dünen des Lido bei Venedig hatte Goethe überdies »einen so glücklich geborstenen Schafschädel« gefunden, der ihm eine Bestätigung dafür wurde, daß sämtliche Schädelknochen aus verwandelten Wirbelknochen entstanden seien, ein Beweis zugleich für »fortschreitende Veredelung höchster Bildung und Entwicklung«[90]. Die Anerkennung des Zwischenknochens aber wurde für Goethe von besonderer Bedeutung, weil damit auch »die Konsequenz des osteologischen Typus« durch alle Gestalten hindurch zugestanden wurde.[91] Seine Entdeckung hat sich auf eine erstaunliche Weise gehalten, und sie wird auch heute noch in der anatomischen Nomenklatur gewürdigt als »Sutura incisiva Goethei«.

Als erste und grundlegende »Hilfswissenschaft der Physiologie« führt Goethe zunächst einmal die Morphologie an. Morphologie, das ist »die Lehre von der Gestalt, der Bildung und Umbildung der organischen Körper«[92]. Diese seine Lehre fand freilich zunächst kaum Zustimmung, auch wenn der berühmte Berliner Physiologe Johannes Müller über Goethes Fragment »Das Skelett der Nagetiere« bemerkt hatte: »Nichts ähnliches ist aufzuweisen, was dieser aus dem Mittelpunkt der Organisation entworfenen Projektion gleichkäme. Irre ich nicht, so liegt in dieser Andeutung die Ahnung eines fernen Ideals der Naturgeschichte« (nach Benn, 739).

Das alles konnte allerdings für Goethe nur ein Vorspiel sein. Er tadelt die Ärzte, die alles durch Anatomie allein erforschen wollen. »Die Anatomie zeige weiter nichts als das Einerlei der

Grundstoffe, mit welcher Entdeckung eben noch nicht viel Besonderes gewonnen sei« (1813 zu Falk). Gerade in dieser
Anatomie sieht Goethe – wie Veit am 14. 8. 1795 an Rahel Levin schreibt – ein »Chaos von Kenntnissen, und keiner ordnet
es. Die Masse liegt da, und man schüttet zu, aber ich möchte es
gerne machen, daß man wie mit *einem* Griff hinein griffe und
alles klar würde.«[93]

Um daher in der Vergleichenden Anatomie weiterzukom-
men, sei die »Erbauung eines Typus« wichtig, mit dem wir uns
gleichsam »durch das Labyrinth der tierischen Bildung«
durchhelfen.[94] Dann erst finden wir »das abgeschlossene Tier
als eine kleine Welt«, in sich »physiologisch vollkommen«,
und wir steigen alsdann durch alle Betrachtungen der tierischen Vielfalt »zuletzt zum Menschen herauf«, wo wir dann
uns selber »auf der höchsten Stufe der Organisation« anzutref-
fen hoffen.

Ein »Typus« wird postuliert, der durch alle Gestaltungen
hindurch sichtbar werden sollte. Ziel ist »eine höhere Synthese« lebendiger Wesen: »Und was haben wir uns mit Anatomie, Physiologie und Psychologie zu quälen, als um uns von
dem Komplex nur einigermaßen einen Begriff zu machen,
welcher sich immerfort herstellt, wir mögen ihn in noch so
viele Teile zerfleischt haben!«[95] Von der »Notwendigkeit eines
Typus« ist nun immer energischer die Rede –, »und wie ich
früher die Urpflanze aufgesucht, so trachtete ich nunmehr, das
Urtier zu finden, das heißt denn doch zuletzt: den Begriff, die
Idee des Tieres«[96].

Und wieder begegnet uns jenes »Urphänomen«, das Goethe
als »Gestaltgesetz« in jeder Art von Gestaltung erblicken
wollte: im Blatt wie im Knochen, im Kristall wie in der Struktur
des Granit, im Bau der Insekten –, den Typus eben als Hinweis
darauf, »wie alles sich zum Ganzen webt«. Dieser Typus ist
alles andere als statisch zu fassen, er ist ungemein dynamisch
angelegt, ist in einer »glücklichen Mobilität und Biegsamkeit«
zu verstehen, fügsam und bildsam und damit durchaus physiologisch gedacht. »Dieser Typus müßte so viel wie möglich in

physiologischer Richtung aufgestellt sein.« Und so bedarf es gar keines methodischen Übergangs von der Anatomie zur Physiologie; beide sind eines, und das ganz im Sinne einer »Anatomia vivata« der alten Ärzte, im Sinne auch noch der »Anatomia animata« des Paracelsus.

Man versteht jetzt, warum die logische Katalogisierung Linné's Goethe ebenso fremd bleiben mußte wie Newton's physikalisch-atomistisches Denken. Rechnen und Zählen lag eben nicht in seiner Art. Man begreift aber auch, wie er bei aller vorgefundenen Polarität von Elementarem und Gestalthaftem nach einer kreativen Begegnung suchte. Nur so versteht sich sein geradezu appellatives Schreiben vom 18. Juni 1795 an Alexander von Humboldt: »Da Ihre Beobachtungen vom Element, die meinigen von der Gestalt ausgehen, so können wir nicht genug eilen, uns in der Mitte zu begegnen.«

Nun, diese Begegnung hat nie stattgefunden. Die Naturphilosophen blieben dabei, von oben nach unten abzuleiten, die Naturforscher hingegen von unten nach oben. Goethe blieb isoliert in der Mitte, so einsam wie heilsam. »Ich wenigstens« – schreibt er am 30. 6. 1798 an Schiller – »finde mein Heil nur in der Anschauung, die in der Mitte steht.«

Sicherlich ist er auch Natur, der Mensch, »natura naturata«; aber diese Natur kann gewandelt werden, verwandelt, als »natura naturans« schöpferisch wirkend im Geiste, im Gewissen, als eine gleichsam zweite, und nun »höhere« Natur. Vereinigt doch der Mensch so viele Naturen und Eigenschaften in sich, daß er »schon physisch als eine kleine Welt« existiert, als »ein Repräsentant der übrigen Tiergattungen«. Dies aber würden wir am ehesten erfahren, »wenn wir von unten herauf anfangen und das einfachere Tier im zusammengesetzten Menschen endlich wieder entdecken«[97].

Erkenntnisse dieser Art hat Goethe »symbolische« genannt. »Eins ist das Symbol vom andern ... Und so ist die Wissenschaft ein künstliches Leben, aus Tatsache, Symbol, Gleichnis wunderbar zusammengeflossen« (Riemer, 1805).[98] Diese Art von Symbolistik, »diese physiologische Ansicht der Physik, die weder eine subjektive noch platt objektive ist«, sie scheint uns so ganz und gar ins Leben und in die Welt hinein zu setzen, während Leben und Welt »in jedem andern System durch die Abstraktion zerstört wird« (Voght, 1806).[99]

Aus allem ergibt sich, daß wir Anatomie nicht zu betreiben haben, um aus ihr die Physiologie folgen zu lassen. Wir brauchen zur Struktur nicht die Funktion hinzuzudenken; beide sind eines!

»Die Anatomie hat sich auf einem solchen Grad der Genauigkeit und Bestimmtheit erhoben, daß die deutliche Kenntnis schon für sich eine Art von Physiologie ausmacht.«[100]

Seinen eigenen Beitrag zur »Bildung und Umbildung organischer Naturen«[101] schließt Goethe denn auch mit dem ebenso schlichten wie souveränen Bekenntnis: »Gegenwärtig ist bei mehr und mehr sich verbreitender Erfahrung, durch mehr sich vertiefende Philosophie manches zum Gebrauch gekommen, was zur Zeit mir und andern unzugänglich war. Man sehe daher den Inhalt dieser Blätter, wenn man sie auch jetzt für überflüssig halten sollte, geschichtlich an, da sie denn als Zeugnisse einer stillen, beharrlichen, folgerechten Tätigkeit gelten mögen.«

Ideen zur Physiologie

Als Physiologie bezeichnet der Naturforscher Goethe »diejenige Operation des Geistes, da wir aus Lebendigem und Totem, aus Bekanntem und Unbekanntem, durch Anschauen und Schlüsse, aus Vollständigem und Unvollständigem ein Ganzes zusammensetzen wollen, das sichtbar und unsichtbar zugleich ist«[102]. Hier war Physiologie noch wahrhaft der »logos« von »physis«, das Wissen um das gesunde Ganze, das es – über alle Definitionen unserer Lehrbücher hinaus – zu erkennen und zu erhalten gilt.

Und wieder greift Goethe – mit Zeugen der klassischen Medizin – mitten in die Bewegtheit einer »natura naturans«, einer wahren Physiologie, hinein, wenn er munter beschreibt:

»Ohne gelehrt scheinen zu wollen, beginnen wir von Aristoteles, Hippokrates und Galen, nach dem Bericht des letzteren. Die heiteren Griechen schrieben der Natur einen allerliebsten Verstand zu. Habe sie doch alles so artig eingerichtet, daß man das Ganze immer vollkommen finden müsse. Den kräftigen Tieren verleihe sie Klauen und Hörner, den schwächeren leichte Beine. Der Mensch aber sei besonders versorgt durch seine vieltätige Hand, wodurch er statt Hörner und Klauen sich Schwert und Spieß anzuerschaffen wisse. Ebenso ist der Zweck, warum der Mittelfinger länger sei als die übrigen, recht lustig zu vernehmen.«[103]

Goethe lernte sie alle und gründlich kennen, die großen tragenden Systeme des Organismus: das empfangende Haupt (oben durch Sinne; unten mit Speise und Trank); die bewegende Brust (innen Herz und Lunge; außen Arme und Beine); den nährenden Unterleib (mit Nutrition und Generation)[104] –; alles das, und bis auf Haut und Haare alles noch einmal »den Überfluß andeutend«[105].

Alles das aber, was wir heute als Einheit von Struktur und Form zu durchleuchten in der Lage sind, das brachte Goethe auf die prägnante Formel: »Funktion und Gestalt notwendig verbunden. Die Funktion ist das Dasein in Tätigkeit gedacht.«[106]

Struktur und Funktion gehören einfach zusammen. Wollen wir bei anatomischen Studien fruchtbar bleiben, so sollten sie stets auch »in physiologischer Rücksicht« unternommen werden. Man achte nicht nur auf das »Untereinandersein der Teile«, sondern immer auch auf ihren »lebendigen wechselseitigen Einfluß«[107]. Nebeneinandersein und wechselseitiger Einfluß aber verbinden sich im Begriff »Gestalt« und führen unmittelbar dann auch zur »Gestaltung«.

Gestalt und Gestaltung

Ein Grundbegriff Goethischer Morphologie tritt uns lebendig vor Augen: die Gestalt, die als solche bereits den ganzen »Komplex des Daseins eines wirklichen Wesens« ausmacht. Alle Gestalt ist ja nicht nur Statur, sondern mehr noch Bewegung, sichtbar in jener »Bildung«, die das »Hervorgebrachte« ebenso beinhaltet wie das »Hervorgebrachtwerdende«[108]. Wird doch das Gebildete sogleich wieder umgebildet, »und wir haben uns, wenn wir einigermaßen zum lebendigen Anschaun der Natur gelangen wollen, selbst so beweglich und bildsam zu erhalten, nach dem Beispiel, mit dem sie uns vorgeht«[109]. Eine solche Grundgesetzlichkeit erscheint uns besonders plastisch bereits in der Pflanzenwelt: Den Pflanzen sei ja »bei einer eigensinnigen, generischen und spezifischen Hartnäckigkeit eine glückliche Mobilität und Biegsamkeit verliehen, um in so viele Bedingungen, die über den Erdkreis auf sie einwirken, sich zu fügen und danach zu bilden und umbilden zu können«[110].

Beweglich und bildsam zugleich führt uns die Natur ihre Erscheinungen vor Augen. Und so ist der Lebenslauf der Geschöpfe nichts als ein ständiges Umbilden – »mit Augen zu sehen und mit Händen zu greifen«[111]. Die Gestalt ist somit in jeder ihrer Formen »ein Bewegliches, ein Werdendes, ein Vergehendes. Gestaltenlehre ist Verwandlungslehre. Die Lehre der Metamorphose ist der Schlüssel zu allen Zeichen der Natur.«[112] Denn alles, was ist – angefangen von den ersten physischen und chemischen Elementen –, alles das muß sich uns nun auch »andeuten und zeigen«!

Damit sind wir auf einen zweiten Kernbegriff dieser »Bildungs-Lehre« gestoßen; denn Bildung ist immer auch Umbildung, ist Metamorphose. Mit der Metamorphose aber sind wir bei jenem Grundbegriff angekommen, der das ganze morphologisch orientierte Kategorialsystem strukturiert, um allen weiteren Begriffen – wie Gestalt, Typus, Urphänomen, Polarität und Steigerung – Klang und Farbe zu verleihen.

Metamorphose gilt Goethe als Synonym für Leben überhaupt. Leben aber in seiner gesteigerten Form ist Ausformung
des Einen zur Vielfalt, »nicht Gleiches aus Gleichem immer
auf derselben Stufe bleibend, sondern ein Erhöhtes aus dem
Niederen, ein Starkes aus dem Schwachen, ein Schönes aus
dem Unscheinbaren« – alles in allem: »geprägte Form, die
lebend sich entwickelt« – mit dem Ziel einer Bildung schließlich zum vollen Bilde des reifen Menschen.

Aber noch sind wir nicht soweit; denn es sei unerläßlich,
»aus dem Ganzen ins Einzelne, aus dem Einzelnen ins Ganze
zu gehen, und je lebendiger diese Funktion des Geistes, wie
Aus- und Einatmen, sich zusammen verhalten, desto besser
wird für die Wissenschaft und ihre Freunde gesorgt sein«[113].
Die Natur aber braucht dabei keinerlei gewaltsame Mittel. Sie
vermag in der Zeit »das Ungeheure so wie das Zarteste« zu
bilden.[114]

Der Naturforscher Goethe zeigt sich – im Jahre 1791 bereits
– völlig überzeugt, »ein allgemeiner, durch Metamorphose
sich erhebender Typus gehe durch die sämtlichen organischen
Geschöpfe durch, lasse sich in allen seinen Teilen auf gewissen
mittleren Stufen gar leicht beobachten und müsse auch noch
da anerkannt werden, wenn er sich auf der höchsten Stufe der
Menschheit ins Verborgene bescheiden zurückzieht«[115]. Wobei zu bedenken gegeben wird, eine solche Aufgabe sei wohl
zu groß, als daß sie »in einem zerstreuten Leben« gelöst werden könnte!

Schritt für Schritt will Goethe »die Folge der Entwicklung«
eines Lebewesens – »von dem ersten Augenblicke seiner erscheinenden Bildung an« – im Auge behalten und verfolgen.
Nur so werde man »die Abstufung eines Organs aus dem andern« erkennen und damit auch dessen »gesteigerte Entwicklung« gewahr werden.[116]

Goethe will zugeben, daß ihn seine Art der Beobachtung
einfach nötige, »alle Naturphänomene in einer gewissen Folge
der Entwicklung zu betrachten und die Übergänge vor- und
rückwärts aufmerksam zu begleiten«. Mit dieser Methode al-

lein sei er nach und nach zu einer »lebendigen Übersicht« gekommen, »aus welcher ein Begriff sich bildet, der sodann in aufsteigender Linie der Idee begegnen wird«[117].

Immer wieder hat Goethe versucht, den Typus aus den Gestaltungen des Einzelnen während der Bildung des Ganzen zu fassen. »So ward er – schreibt Rudolf Virchow (1861) –, wenn auch nicht der Erfinder, so doch der selbständige Mitbegründer jener Methode, welche man die genetische genannt hat.«

Das genetische Prinzip

Der junge Naturforscher Goethe zeigte sich zunächst einmal lediglich geneigt, gewisse Stufen in der Natur zu denken. »Weil aber die Natur keinen Sprung macht, bin ich zuletzt genötigt, mir die Folge einer ununterbrochenen Tätigkeit als ein Ganzes anzuschauen.«[118] Hätten doch alle Körper, die wir organisch nennen, »die Eigenschaft, an sich oder aus sich ihresgleichen hervorzubringen«. Dies gehöre einfach mit zum Begriff eines organischen Wesens. »Das Neue, Gleiche ist anfangs immer ein Teil desselbigen und kommt in diesem Sinne aus ihm hervor. Dieses begünstigt die Idee von Evolution.«[119]

Vor allem seinen Freund Nees von Esenbeck sieht Goethe (1820) so zu Werke gehen, daß bei der »Sonderung der Arten« eine aus der anderen sich reihenweise entwickele. Auch Schiller zeigt sich von dieser Idee der Evolution so begeistert, daß er Freund Goethe zuruft: »Von der einfachen Organisation steigen Sie, Schritt vor Schritt, zu der noch verwickelteren hinauf, um endlich die verwickeltste von allen, den Menschen, genetisch aus den Materialien des ganzen Naturgebäudes zu erbauen« (23. 8. 1794). Gipfelt doch aller Stufenbau der Natur letztlich in der Gestalt des Menschen!

Goethe sieht das Ziel vor Augen, bleibt aber bescheiden auf dem Wege: »Das genetische Verfahren leitet uns schon auf bessere Wege, ob man gleich damit auch nicht ausreicht.«[120] Es bleibt zu viel noch zu tun! Und so sollte auch der Naturforscher möglichst Kenntnis auch von den Bemühungen des Philosophen haben, »um die Phänomene bis an die philosophische Region hinanzuführen«[121].

Ehe er freilich auch nur »eine Silbe ›meta ta physika‹ schreibe«, müsse er – so am 12. 1. 1785 an Jacobi – »notwendig die ›physika‹ besser absolviert haben«.

Damit ist ein klares Urteil über die Grenzen der Naturforschung ausgesprochen: »Man kann in den Naturwissenschaften über manche Probleme nicht gehörig sprechen, wenn man die Metaphysik nicht zu Hilfe ruft; aber nicht jene Schul- und Wortweisheit; es ist dasjenige, was vor, mit und nach der Physik war, ist und sein wird.«

Konzept einer »Organischen Chemie«

Über Anatomie und Physiologie hinaus werden wir auf ein weiteres Lebensprinzip geleitet, auf jenes Gebiet, das wir heute »Physiologische Chemie« nennen, und genau so hat es auch Goethe schon aufgefaßt, wenn er sagt: »Wie wir nun schon durch genaue Beobachtungen der Struktur eine anatomische Physiologie erhalten haben, so können wir mit der Zeit auch eine physisch-chemische uns versprechen«[122] –, eine Art Physiologischer Chemie also und damit genau das, was Alexander von Humboldt im Konzept seiner »Vitalen Chemie« vorgeschwebt hatte, in welcher er denn auch damals schon (1797) die »Grundlage der praktischen Heilkunde« erblickte.

Die Chemie sei – so Goethe 1813 zu Falk – der Realität »jetzt bis zum Erschrecken nahe«, obschon mit ihrer ganzen Terminologie doch letztlich »nichts ins Leben verwandelt« werden könne. Und noch am 21. Januar 1832 konnte der greise Goethe dem Biochemiker Wackenroder schreiben: »Es interessiert mich höchlich, inwiefern es möglich sei, der organisch-chemischen Operation des Lebens beizukommen.«[123]

Chemie erscheint fortan als eine Disziplin, welche Gestalt und Struktur, wenn auch nicht aufzuheben, so doch zu durchleuchten in der Lage ist. Sie achtet in erster Linie auf die

Eigenschaften der Stoffe und auf die Verhältnisse ihrer Mi-
schungen. Von der Chemie also, mit den »neueren Entdek-
kungen« der feinsten Trennungen und Verbindungen, sei
daher eine nähere Einsicht in die »unendlich zarten Arbeiten
eines lebendigen organischen Körpers« zu erhoffen.[124] Daher
kann Goethe auch zuversichtlich proklamieren: Und so versprechen wir uns mit der Zeit eine »physisch-chemische«
Physiologie!

Chemie will immer genauer »die Veränderungen der kleinsten Teile sowie ihre Zusammensetzung« betrachten; ihre Tätigkeit und Feinheit verleiht ihr das Recht »zur Enthüllung
organischer Naturen«. Geht es hier doch um die »Betrachtung
des Ganzen, insofern es lebt und diesem Leben eine besondere
physische Kraft unterlegt wird«[125].

Goethe wird nicht müde, jene Ärzte zu tadeln, die alles allein durch Anatomie erforschen wollen. »Die Anatomie zeige
weiter nichts als das Einerlei der Grundstoffe, mit welcher
Entdeckung eben noch nicht viel Besonderes gewonnen sei«
(so 1813 zu Falk). Den Organismus aber behandle man zu-
meist chemisch, und dies wohl zurecht: Er wisse recht wohl, so
schließt er: »daß Essen und Trinken auch ein chemischer Prozeß sei«[126].

Chemische Prozesse erst enthüllen die innere Verwandtschaft der Stoffe. »Die Verwandtschaften werden erst interessant, wenn sie Scheidungen bewirken«.[127] Nicht von ungefähr
sei der Begriff »Scheidekünstler« zu einem wahren »Ehrentitel
der Chemiker« geworden, Scheidekünstler, die dann aber
auch wieder nach den Scheidungen eins vor dem anderen er-
wählen, und dies in einer wortwörtlichen Wahlverwandtschaft.

Den Titel seiner »Wahlverwandtschaften« wählte Goethe
offensichtlich im Zusammenhang mit seinen Chemie-Stu-
dien, dem Studium vor allem des Schweden Tobern Bergman
und seinem Werk »De attractionibus electivis« (1775), ein Titel, der bereits 1782 von Hein Tabor übersetzt wurde mit
»Wahlverwandtschaften«. Die Gesetze der darin eingeborge-

nen chemischen Affinität empfand Goethe als ein Urphänomen, was nicht zuletzt in seinem berühmten Roman bekundet
wird. Den ihm damals noch unbekannten Dynamismus der
Chemie versuchte er vor allem mit Johann Wolfgang Döbereiner, der 1810 nach Jena kam, aufzuklären. Es gelang ihm
dabei, aus einem realen Naturvorgang den dynamischen
Grundgehalt zu gewinnen und in einem Gestaltgesetz anschaulich zu machen.

Die Naturwissenschaft, und insbesondere die Chemie, erscheint Goethe so lebendig und macht so lebendig, »daß man
auf die angenehmste Weise wieder jung wird, indem man
seine frühesten Ahndungen, Hoffnungen und Wünsche reali-
siert findet« (so am 16. Dezember 1817 an Zelter). Er erinnert
sich an seine Jugend, wo er geschwärmt hatte von der »Herrlichkeit der Poesie« und »daß doch zuletzt in ihr das Heil der
Menschheit aufbewahrt bleibe«[128]. Nun aber will er nur noch
Mechanik und Chemie studieren: »Denn die Zeit des Schönen
ist vorüber, nur die Not und das strenge Bedürfnis erfordern
unsre Tage.«[129]

Die moderne Chemie, sie erweist nun die ihr eingeborgene
Produktivität: »Sie zerstörte eine wirkliche Welt, um eine
neue, bisher unbekannte, kaum möglich geschienene, nicht
geahndete wieder hervor zu bauen.«[130] Und es werde sicherlich noch so weit kommen, »daß die mechanische und atomi-
stische Vorstellungsart in guten Köpfen ganz verdrängt und
alle Phänomene als dynamisch und chemisch erscheinen und
so das göttliche Leben der Natur immer mehr bestätigen werden«[131].

Jetzt erst verstehen wir dieses schlichte Bekenntnis aus
»Dichtung und Wahrheit«, demütig dankend, über jene von
Erfahrung der Natur so gesättigte Straßburger Mediziner-
Zeit: »Es war nämlich vorzüglichen, denkenden und fühlen-
den Geistern ein Licht aufgegangen, daß die unmittelbare
originelle Ansicht der Natur und ein darauf gegründetes Handeln das Beste sei, was der Mensch sich wünschen könne, und
nicht einmal schwer zu erlangen.

Erfahrung war also abermals das allgemeine Losungswort, und jedermann tat die Augen auf, so gut er konnte. Eigentlich aber waren es die Ärzte, die am meisten Ursache hatten, darauf zu dringen, und Gelegenheit, sich darnach umzutun. Hier leuchtete ihnen aus alter Zeit ein Gestirn entgegen, welches als Beispiel alles Wünschenswerten gelten konnte. Die Schriften, die uns unter dem Namen Hippokrates zugekommen waren, gaben das Muster, wie der Mensch die Welt ansehen und das Gesehen, ohne sich selbst hineinzumischen, überliefern sollte. Allein niemand bedachte, daß wir nicht sehen können wie die Griechen, und daß wir niemals wie sie dichten, bilden und heilen werden.«[132]

Es wäre einer eigenen Untersuchung wert, einmal systematischer darzustellen, wie Goethe bei allem Respekt vor dem Historischen – als einem heuristischen Muster von Welt-Anschauung – doch seinen kritischen Blick auf das Heute gerichtet hielt, und wie alles Gegenwärtige sich entwickelt zum Morgen, und wie – um am Thema zu bleiben – Anatomie und Physiologie sich einfach gesetzmäßig erweitern mußten zu einer biochemischen Großforschung.

Und so ist es auch kein Zufall, daß in Goethes berühmter »Freitagsgesellschaft« (1796) Chemie und Heilkunde zu tragenden Themen wurden. Die Medizin vertrat »der im ärztlichen Fache so umsichtige und mit mannigfachem Talent der Behandlung und Darstellung begabte Christian [!] Wilhelm Hufeland«[133]. Und der berühmte Arzt und Apotheker Dr. Buchholz wagte sich »von seinem Dispensatorium in die höhere Chemie«[134].

Chemie und Botanik, sie gingen gerade damals »vereint aus den ärztlichen Bedürfnissen hervor«[135], und sie schufen ganz neuartige medizinische Disziplinen. Aber es sollte noch viele Jahrzehnte dauern, ehe sich die physiologisch-chemischen Vorstellungen in den Köpfen der Gelehrten durchsetzen und in eigenständigen Disziplinen etablieren konnten.

Goethe jedenfalls hat schon frühzeitig aus frühen Einsichten langfristige, weiträumige Konsequenzen gezogen, wenn er über seine Straßburger Studentenzeit (am 26. 8. 1770 an Klettenberg) schreibt: »So ists doch mit allem wie mit dem Merseburger Biere, das erstemal schauert man, und hat mans eine Woche getrunken, so kann mans nicht mehr lassen. Und die Chymie ist noch immer meine heimlich Geliebte.«

4. »DER EIGENE LEIB«

»Leiblichkeit ist das Ende der Werke Gottes« – dieses zu seiner Zeit schon berühmte Diktum Oetingers war sicherlich auch Goethe bekannt. Vertraut war ihm »Fr. Chr. Oetingers Selbstbiographie«, herausgegeben von Julius Hamburger, vor allem aber Oetingers Traktat »Swedenborgs und anderer Irdische und Himmlische Philosophie zur Prüfung des Besten ans Licht gestellt« (erschienen in Frankfurt und Leipzig 1765), das in seines Vaters wie auch der eigenen Bibliothek vorhanden war. Am Ende der Wege und Werke Gottes, als Ziel einer universellen Entwicklung erscheint das Phänomen der Leiblichkeit. Und so kann auch Goethe mutig bekennen: Jedes Wesen hat und wird haben »immer seinen eigenen Leib und seinen eigenen Sinn«[136].

Alles, was auch immer auf der Welt da sei, das müsse sich auch – das ist eine Grundüberzeugung Goethes – konkret »andeuten und zeigen«. Es müsse einfach leibhaft in Erscheinung treten. Dieses Grundgesetz gilt – wie es in den Morphologischen Schriften heißt – »von den ersten physischen und chemischen Elementen« angefangen und erstreckt sich »bis zur geistigen Äußerung des Menschen«. Und mag sich auch – schreibt Goethe am 6. 9. 1798 an Schiller – »der Idealist gegen die Dinge an sich wehren, wie er will, er stößt doch, ehe er sichs versieht, an die Dinge außer ihm«, und weiter: Die »Versicherung, daß alles körperlich sei«, wollen wir uns zu Herzen nehmen!

Goethe will sich denn auch grundsätzlich nicht mit Abstraktem abgeben, wie er am 29. April 1830 Zelter versichert: »Des

Konkreten liegt mir soviel auf, daß es meine Schultern und
Kniee kaum fortschleppen.«

Eine Philosophie des Leibes

Die so erstaunlich detaillierten eigenen Studien zur Anatomie
und Physiologie waren es, die Goethe nach und nach zu seinen
anthropologischen Einsichten geführt haben, nachgerade
auch zu einer eigenständigen, einer ganz eigenen – wenn auch
nie ausformulierten – Philosophie des Leibes.

Als Vorspiel hierzu möge uns seine höchst charakteristische
Auseinandersetzung mit zwei berühmten Ärzten seiner Zeit
dienen, die beide sehr um eine Medizinische Anthropologie
bemüht waren, mit Johann Christian August Heinroth
(1773–1843) und Karl Josef Hieronymus Windischmann
(1775–1839).

Sehr energisch wendet Goethe sich (1825) gegen Windischmann's Traktat »Über etwas, das der Heilkunst nottut« (1823),
mit dem bezeichnenden Untertitel: »Ein Versuch der Vereini-
gung dieser Kunst mit der christlichen Philosophie.« Dieses
Werk – so Goethe – sei ganz und gar »im ägyptischen Sinne«
geschrieben, und empört lehnt er die Grundthese ab: »daß
man nämlich ein Priester sein müsse, um sich als vollkommen
tüchtiger Arzt zu bewähren«[137]. Allein die Geschichte der Medizin schon belehre uns eines anderen; sie zeige, wie die
Heilkunst aus der Hand der Priester in die Hände der Naturforscher übergegangen sei, wie sie als Diätetik weitgehend
auch Staatskunst und die Gesetzgebung beeinflußt und wie sie
schließlich in Hippokrates den »Schöpfer einer wissenschaftlichen Medizin« gefunden habe.[138]

Goethe beharrt auf seiner alten Überzeugung, »daß der An-
thropologe sein Menschenkind bis in die Vorhöfe der Religion
führen könne, dürfe, müsse –, aber nicht weiter als bis dahin,
wo ihm der Dichter begegnet und sich andächtig vernehmen
läßt«[139]. Wie sich die Deutschen des 19. Jahrhunderts an dieser ägyptischen Priestermedizin erbauen könnten, das bleibt

Goethe mysteriös genug; »vielleicht aber gelingt es einem Liebhaber der Hieroglyphik, die süßlichen Reden des Werks rückwärts in Vögel, Katzen und Käfer zu übersetzen«!

Ganz entschieden hingegen bekennt sich Goethe (1825) zu Heinroths »Lehrbuch der Anthropologie« (1822), zumal er Heinroths bedeutendes Wort vom »gegenständlichen Anschauen« nie vergessen hat. Auch hier erfuhr er, daß wir mit dem leibhaftigen Organismus keine bewegende Kraft vor uns haben, die mechanisch zu erklären wäre, sondern eine bildende Kraft, die nicht nur biologisch, sondern auch geistig verstanden werden will.

Des Menschen Leib ist eben eine kleine Welt! Die Einsicht, »wie der Mensch dergestalt gebaut sei, daß er so viele Eigenschaften und Naturen in sich vereinige und dadurch auch physisch als eine kleine Welt, als ein Repräsentant der übrigen Tiergattungen existiere«, diese Einsicht gewinnt man – so im »Entwurf einer allgemeinen Einleitung in die vergleichende Anatomie, ausgehend von der Osteologie« (1796) – nur dann, wenn wir von unten herauf anfangen und das einfachere Tier im zusammengesetzten Menschen endlich wieder entdekken«[140].

Erst die Übereinstimmung des Ganzen mache ein jedes Geschöpf zu dem, was es ist – so am 17. 11. 1784 an Knebel: »und der Mensch ist Mensch so gut durch die Gestalt und Natur seiner oberen Kinnlade als durch Gestalt und Natur des letzten Gliedes seiner kleinen Zehe Mensch. Und so ist wieder jede Kreatur nur ein Ton, eine Schattierung einer großen Harmonie, die man auch im Ganzen und Großen studieren muß, sonst ist jedes einzelne ein toter Buchstabe.«

Goethe sieht den Menschen zwar immer als Kind der Natur, als Glied des Tierreiches, als Analogon zur Welt auch. Aber die biologische Antwort ist nicht die ganze Antwort auf die Frage, was der Mensch denn nun wirklich sei. Es muß weiter gesucht werden, will man eine komplette »Lehre vom Menschen«, eine Anthropologie. Eine Spur aber glaubt er gefunden zu haben mit seinem Studium der »Menschengestalt«!

»Das Studium des menschlichen Körpers hat mich nun ganz« – kann er am 5. Januar 1788 aus Rom schreiben: »Alles andre verschwindet dagegen.« Es ist der menschliche Leib, der ihm hier begegnet, fähig zur Kultivierung und bedürftig des Umgangs mit seinesgleichen. Nur so kann Goethe behaupten, daß das Studium der Menschengestalt »das non plus ultra alles menschlichen Wissens und Tuns« sei (am 10. 1. 1788 aus Rom).

Das Lösungswort, es ist jetzt gefallen: »Die menschliche Gestalt tritt in alle ihre Rechte, und das übrige fällt mir wie Lumpen vom Leibe. Ich habe ein Prinzip gefunden, das mich wie ein Ariadnischer Faden durch die Labyrinthe der Menschenbildung durchführen wird.« So am 25. August 1787 sehr selbstsicher aus Rom an seine Freundin Charlotte! Was da aber wie Lumpen vom Leibe fällt und nun nackt vor Augen tritt, das ist der schöne Mensch!

Der schöne Mensch

»Schönheit kommt von Schein« –, sagt Goethe[141]; aber es ist ein Scheinen, das in seiner Fülle auf den lebendigen Leib fällt, um dort zu Schönheit und Gestalt zu reifen. Um freilich zum schönen Menschen zu gelangen, führt die Natur »ein langes Präludium auf von Wesen und Gestalten« – so Goethe 1806 zu Riemer: In jedem Wesen zeigt sich eine Tendenz zu einem anderen, bis schließlich der Mensch da steht: »durch sich selbst schön und in sich selbst schön, vollendet«[142].

In Rom bereits, beim Anblick antiker Statuen, fällt ihm auf (am 11. 4. 1788), »daß die Form zuletzt alles einschließe, der Glieder Zweckmäßigkeit, Verhältnis, Charakter und Schönheit«. Man solle daher auch nicht zu ängstlich fragen, was Schönheit wohl sei; man muß einfach suchen, wo sie wohl sein möchte. Zwar möchten Experten »die Schönheit wie einen Schmetterling« fangen; doch bleibt ihnen dann nur der Leichnam und eben »nicht das ganze Tier«. Zum Ganzen aber gehöre das Leben. Denn das Leben, der Geist ist es, »der alles

schön macht« (14. 7. 1770 an Hetzer). Mehr ist dazu nicht zu
sagen: »Das Schöne bleibt sich selber selig«, spricht Chiron im
»Faust«!

Das Schöne ist somit letztlich »ein Urphänomen, das zwar
nie selber zur Erscheinung kommt, dessen Abglanz aber in
tausend verschiedenen Äußerungen des schaffenden Geistes
sichtbar wird und so mannigfaltig und so verschiedenartig ist
wie die Natur selber« (am 18. 4. 1827 zu Eckermann). Und so
wird es auch hier wieder die Natur sein, die uns Wege zum
Schönen zu weisen vermag. Das Schöne bleibt somit »eine
Manifestation geheimer Naturgesetze, die uns ohne dessen
Erscheinung ewig wären verborgen geblieben«[143]. Durch ihre
ästhetische Manifestation vor allem ist die Welt uns lesbarer
geworden.

Als das letzte Produkt der sich immer steigernden Natur erscheint dann »der schöne Mensch«[144]. Aber wie lange Zeit
zeigt sich selbst die Kunst nur bildend, »ehe sie schön ist«. Und
selbst dann ist es auch »nur ein Augenblick, in welchem der
schöne Mensch schön sei«[145]. Auf den Gipfel der Natur gestellt, sieht dann allerdings der Mensch sich wieder als eine
»ganze Natur«, die dann abermals wiederum einen Gipfel hervorzubringen hat.[146] Und ganz im Hintergrund leuchtet dann
auch das geheimnisvolle Wort auf, kaum anzudeuten: »Der
Gott war zum Menschen geworden, um den Menschen zum
Gott zu erheben.«[147]

Die so ungemein poetische Natur des eigenen Leibes – bei
Erscheinung schöner Frauen, eines schönen Männerleibes
auch –, sie mußte Goethe einfach ansprechen und zu ständiger
Auseinandersetzung anhalten, zu einem stetigen Gespräch
führen mit dem eigenen Leib, zu einem tragenden Thema
werden, wenn es um so ganz konkrete Wegweiser der Lebensführung ging.

Beim bewußten Umgang mit seinem eigenen Leibe könne
man etwa erfahren, daß schon das Abhärten gegen die Witterung eigentlich nichts anderes sei als – so am 1. Mai 1777 an
Frau v. Stein – »seinen Körper allen mannigfaltigen Verände-

rungen mitfühlend zu machen«[148]. Man wird sensibler, aufge-
schlossener, auch subjektiver. Und es ist dann wiederum die
Schönheit, die selbst »den Wissenschaften erst Leben und
Wärme« verleiht.[149]

Auf Umwegen erst gelangen wir zum Leben, auf Umwegen
auch zur Kunst zu leben. Ein großer Fehler aller Naturforschung sei es gewesen, »ein kompliziertes Phänomen als solches« erklären zu wollen. Wir vermögen ja nicht einmal, es
»auf seine ersten Elemente« zurückzuführen. Wir müssen zu
viele Zwischenglieder einfach voraussetzen. »Denn das Einfache verbirgt sich im Mannigfaltigen, und da ist's, wo bei mir
der Glaube eintritt, der nicht der Anfang, sondern das Ende
alles Wissens ist.« Mit dieser Weisheit verabschiedet sich
Goethe – in einem seiner letzten Briefe, am 25. Februar 1832 –
von seinem alten Freunde Sulpiz Boisserée, und zwar in einem
Traktat über die Rätsel des Regenbogens, und er kehrt dann
noch einmal auf das Phänomen zurück: »Es ist immer eins
und ebendasselbe, das aber in Labyrinthen Versteckens spielt,
wenn wir täppisch, hypothetisch, mathematisch, linearisch,
angularisch danach zu greifen wagen.«

Und wieder will Goethe zu seinem Anfang zurückkehren,
und er darf bekennen, daß er für sich »an die Grenze gelangt«
sei, und zwar dergestalt, daß er »da anfange zu glauben, wo
andere verzweifeln«!

In seinem geistreichen Essay »Romantische Medizin«
(1930) hat Ernst Hirschfeld zu Recht betont, daß Goethe
»keine medizinische Doktrin« niedergelegt habe und auch
»nie abgefaßt haben würde«, daß man ihn aber gleichwohl als
Kronzeugen für medizinische Fragen heranziehen dürfe. Und
nicht von ungefähr ist Goethe dabei auch die Grundfrage, die
Frage nach dem Zusammenspiel von Materie und Geist, zu
einem wissenschaftlichen Credo geworden, indem er formuliert – im Schreiben vom 8. April 1812 an Knebel: »Wem es
nicht zu Kopfe will, daß Geist und Materie, Seele und Körper,
Gedanke und Ausdehnung oder Wille und Bewegung die notwendigen Doppelingredienzien des Universums waren, sind

und sein werden, die beide gleiche Rechte für sich fordern und deswegen beide zusammen wohl als Stellvertreter Gottes angesehen werden könnten –, wer zu dieser Vorstellung sich nicht erheben kann, der hätte das Denken längst aufgeben und auf gemeinen Weltklatsch seine Tage verwenden sollen.«

Am Ende aber unserer Ausführungen zur Physiologie bei Goethe kann ich es mir einfach nicht versagen, einen fast unbekannt gebliebenen Satz wieder in Erinnerung zu rufen, den Goethe (1810) an Reinhard gerichtet hat, und der lautet:»Ein Philosoph hat mich höchlich gepriesen, daß ich das Subjekt, das empfangende, aufnehmende Organ mit in die Physik eingeführt. Ich habe ihm dagegen versichert, daß ich alles mögliche tun würde, um es nicht wieder herauszulassen.« Es, das Organ der Vernunft, nicht mehr herauszulassen aus unserem Umgang mit der Natur, Umgang auch mit einer kompletten Welt des Leibes, einem ganzen Kosmos Anthropos, das wird auch unsere Aufgabe bleiben, wenn wir das »Wissen um das Gesunde« verlassen, um uns nun behutsam den »Erfahrungen mit Kranksein« zuzuwenden.

5. Im Zwischenbereich von »gesund« und »krank«

»Es ist schon längst mit Grund und Bedeutung ausgesprochen: Auf dem Gipfel der Zustände hält man sich nicht lange.« Es ist mehr als eine persönliche Erfahrung, mehr auch als ein bloßer Einfall, was Goethe mit diesem Spruch zum Ausdruck bringen wollte. Die reifgewordene Weisheit eines bewußten Menschenlebens steckt darin, alles Wissen um physische, psychische und soziale Konjunkturkrisen, die Tragik einer allgemein gewordenen Lebenserfahrung schließlich, wie sie sich in der antiken, einer zeitlosen Formel bereits verdichten konnte, die da lautet: »Melius est ad summum quam in summo« – »Besser auf dem Wege als ganz oben!«

Seine erste literarische Fixierung geht offensichtlich auf den Aphorismus I, 3 im »Corpus Hippocraticum« zurück, wo der

labile Zustand von Sportsleuten (habitus athletorum) den Arzt
Hippokrates zu jener kritischen Bemerkung veranlaßt hat. Bei
den Sportlern nämlich sei die vortreffliche leibliche Verfassung
gerade dann gefährdet, wenn sie den höchsten Punkt erreicht
habe. Da sie darin aber nicht verharren noch sich weiter steigern kann, bleibt nur übrig, daß sie sich verschlechtert. Damit
müsse man schon rechnen und dann darauf hoffen, daß der
Leib wieder einen neuen Anfang des Wachstums nehme.

Das Leben erscheint hier – wie in den physiologischen Bereichen, so auch im seelischen wie sittlichen Verhalten –
gleichsam wie eine Welle, stetig steigend oder sich senkend.
Und vielleicht macht diese Gesetzlichkeit auch alles Geschehen aus, die Geschichte des Menschen wie der Völker: kein
steter Fortschritt, auch keinerlei Dekadenz allein, vielmehr
das abenteuerliche Spiel eines Auf und Ab, jene so rätselhafte
wie großzügig angelegte Linienführung, deren Rhythmus alles
Denken und Fühlen in Bann schlägt. Und so hat denn auch
der wache Mensch immer wieder von neuem einen Anlauf zu
nehmen und die Spannung zu halten, wenn er nicht einer verderblichen Sättigung erliegen soll.

In seinem Kommentar zu diesem Aphorismus des Hippokrates hat sich noch Paracelsus dieser alten Weisheit bedient,
wenn er bekundet: »Und ob gleich wohl eine Ruhe gespürt
würde, so mag sie doch zu keinem Guten gedeihen, sondern zu
Ärgerem, das ist: zu fallen in die Gewalt der Krankheiten.«
Und wo auch immer sich eine »optimale Verfassung« (bona
habitudo) einstelle, da sei sie »falsch und betrüglich«. Und
noch einmal Paracelsus: »Es ist von altersher ein Wort: Was
auf das Höchste kommt, das nimmt wieder ab; denn Gott läßt
ein Ding auf seine Zeit kommen, und so seine Ernte da ist, da
schneidet er's. Also müssen die irdischen Dinge auf und ab
gehen wie der Mond; der ist hübsch, aber er muß wieder jung
werden, so er am besten ist.«

Man könnte meinen, Goethe habe diesen Paracelsus-Text
noch vor Augen gehabt, wenn er zum Ausdruck bringt, was
»schon mit Grund und Bedeutung ausgesprochen« sei: daß

man sich nämlich nicht lange auf dem Gipfel der Zustände halte. Aber Goethe wird dieses »dictum famosum« kaum als Zitat allein beachtet haben; es ist ihm ein lebendiges Stück Weges geworden, das er immer wieder von neuem auszudeuten versucht, so in jenem Spruch vom »Gipfel der Zustände«, so auch in einer anderen Erfahrung, die schmerzlich weiß: »Auf der Höhe der Empfindung erhält sich kein Sterblicher.«

Und so sei es wohl besser, auf dem Wege zu sein als ganz oben. »Die Natur hat offenbar gewollt (so 1805 zu Riemer), daß wir nicht eben unsre körperlichen Kräfte in dem Grade des natürlichen Zustandes erhalten sollten, daß wir schwächer werden sollten, ohne doch darum einzubüßen; denn sie hat uns in der menschlichen Gesellschaft, im Zusammenleben und in der Gewalt des Verstandes eine Stärke zubereitet, die alle Stärke der wildesten Tiere übertrifft. Und gewisse Operationen des Geistes gelingen nicht anders als bei einer zarten Organisation.«[150]

Krankwerden und Kranksein sind in diesem Spannungsbogen keineswegs negativ zu wertende, rein zufällige Ereignisse eines sonst normal verlaufenden Lebens; sie sind wesenhaft eingelagert in die Grundstruktur unserer Existenz. Sie sagen Wesentliches aus über die Gestalt des Menschen, über die Gestaltung einer Gesellschaft, über die Lesbarkeit auch der Welt.

Zur pathischen Grundstruktur des Daseins

Krankheiten, eigene wie fremde, werden von Goethe zeitlebens sorgfältig beobachtet, wahrgenommen, einverleibt, um dann wieder gewendet zu werden vom Besonderen ins Allgemeine, in die Frage nach dem Standort des Menschen, das Fragen nach seinem Wesen, nach seinem Erleben und seinem Erleiden.

»Ich lasse die Gegenstände« – schreibt Goethe[151] – »ruhig auf mich einwirken, beobachte dann diese Wirkung und be-

mühe mich, sie treu und unverfälscht wiederzugeben; dies ist
das ganze Geheimnis, was man Genialität zu nennen beliebt.«
Und noch einmal und eindringlicher[152]: »Alles, was ist oder
scheint, dauert oder vorübergeht, darf nicht ganz isoliert, nicht
ganz nackt gedacht werden; eins wird immer noch von einem
anderen durchdrungen, begleitet, umkleidet, verhüllt. Es ver-
ursacht und erleidet Einwirkungen« – alles ist und bleibt
»natura pathologica«!

Selbst die Poesie sei »doch eigentlich auf die Darstellung
des empirisch pathologischen Zustandes des Menschen gegründet« (so am 25. November 1797 an Schiller). Wir kommen
nicht an dieser Seinsweise eines »pathema«, an dieser pathischen Seinsverfassung vorbei. Wir alle leiden irgendwie und
irgendwo. Wer gesund stirbt, hat nie gelebt. Das mag über-
spitzt formuliert sein; aber es ist was dran! Das kann auch
kaum anders sein. Denn: »Wenn der Mensch über sein Physisches oder Moralisches nachdenkt, findet er sich gewöhnlich
krank.«[153]

Aus all unseren Primärerfahrungen um »gesund« und
»krank« ließe sich denn auch sehr systematisch eine komplette
Kategorientafel pathischer Betroffenheit ausbauen. Goethe
hat sich schon frühzeitig daran versucht, und er hat für solches
Betroffen-Sein des »homo patiens« immer wieder Zeugnisse
gefunden. Schon Lavater mutmaßt (1777), Goethe möchte am
liebsten eine »Geschichte der Krankheit« (Historia morbi)
schreiben, da diese sicherlich »tausendmal nützlicher« sei als
»alle noch so herrlichen Sittenlehren«. Damals hatte er ihm
denn auch zu seinem »Werther« gesagt: »Siehe, das Ende dieser Krankheit ist Tod! Solcher Schwärmerei Ziel ist Selbst-
mord!« Dazu Lavaters Schluß: »Wer's aus der Geschichte
nicht lernt, der lernt's gewiß aus der Lehre nicht.«[154]

Von dieser unserer pathologischen Grundverfassung, dem
leidenden Wesen, kommen wir einfach nicht los. »Die
menschlichen Gebrechen sind rechte Bandwürmer. Man reißt
wohl einmal ein Stück los, und der Stock bleibt immer sitzen.«[155] In seinem Kopfe sei es – so 1780 an Charlotte von

Stein – »wie in einer Mühle mit vollen Gängen, wo zugleich
geschroten, gemahlen, gewalkt und Öl gestoßen wird«. Aber
muß man denn – läßt »Tasso« fragen – diesen Schmerz als
»gut und heilsam« auch noch preisen?[156]

Immer wieder wird es aufs neue hervorgebracht, dieses
»herrlich Ebenbild Gottes«, um dann sogleich – wie »Wilhelm
Meister« weiß – »wieder beschädigt« zu werden, »verletzt von
innen wie außen«. Das ganze Leben erscheint – so Goethe
1808 zu Riemer – »wie eine Krankheit, durch die man hindurch muß«[157]. Und dann kommen sie, immer wieder, »die
einsamen, fast öden Stunden, die sich manchmal um mich her
zu lagern drohen« (31. Januar 1826 an Gräfin Egloffstein). Es
sind wohl in erster Linie diese Stunden, aus denen man – wie
Goethe sehr nüchtern am 3. Juli 1824 an Schultz schreibt –
»ein wahres Bild des beschatteten buntgrauen Erdenlebens«
gewinnt.

Bilder des buntgrauen Erdenlebens

Im Reich des Lebendigen nenne man – argumentiert Goethe –
zwar mit Recht das Normale »ein Gesundes, ein physiologisch
Reines«, das denn auch wohl zu unterscheiden sei vom »eigentlich morbosen Zustand«. Daher sollte man das Abnorme
»nicht gleich als krank oder pathologisch« betrachten. »Nur
allenfalls das Monstrose könnte man auf diese Seite zählen.«[158] In der Regel handle es sich bei allen Erscheinungen
um ein Zuviel oder Zuwenig, um »eine Ausbildung ohne oder
gegen das Gleichgewicht«. Da aber nur zu oft Geregeltes wie
auch Regelloses von einem Geiste beherrscht werde, so ent-
stehe »ein Schwanken zwischen Normalem und Abnor-
mem«[159].

Goethe legt auf diese charakteristische Differenzierung den
größten Wert, wenn er noch einmal energisch betont und geradezu fordert: »Ich wünsche, man durchdränge sich recht von
der Wahrheit: daß man keineswegs zur vollständigen Anschauung gelangen kann, wenn man nicht Normales und

Abnormes immer zugleich gegeneinander schwankend und wirkend betrachtet.«[160] Sogar die allgemeine Anschauung der Natur könne und müsse »eine physiologische und eine pathologische« sein, schreibt Goethe am 21. Februar 1821 an Knebel: »Erstere macht den Naturforscher, letztere den Arzt.« Schön wäre es daher, wenn man – wie es Lukrez getan – jene Stellen auch recht ausdeute, wo er »die Natur in ihrer ganzen Fülle und Gesundheit, sodann aber, wo er sie als krank und mangelhaft gleichfalls erkennt und ausspricht«.

Vielleicht versteht man jetzt besser, warum Goethe das Gespräch zwischen Arzt und Naturforscher nie hat abreißen lassen: »Da mir denn auch endlich (so am 15. 10. 1823 an Hufeland), wenn ich das reine Physisch-Physiologische durchgearbeitet habe, die pathologischen Erscheinungen, welche Sie so gründlich und ausführlich andeuten, höchst wichtig begegnen müssen.«

Freilich war für den Naturforscher Goethe auch klar: »Der Grund von allem ist physiologisch.« Und doch gäbe es ganz selbstverständlich auch ein »Physiologisch-Pathologisches«, zum Beispiel »in allen Übergängen der organischen Natur, die aus einer Stufe der Metamorphose in die andere tritt. Diese ist wohl zu unterscheiden vom eigentlich morbosen Zustande.«[161] Der klare Gegensatz hierzu erst sei »die eigentliche Krankheit: der morbose Zustand, der im Körperlichen, im Seelischen, ja auch im Sittlichen eintreten kann«.

In diesen Erfahrungsbereichen um Kranksein kommt Goethe nun zu einer feinen Unterscheidung, zu einer charakteristischen Differenzierung, die den alten Ärzten noch völlig geläufig war, in der neueren Medizin jedoch vergessen wurde. Es ist jenes gewaltige Brachland zwischen »nicht ganz gesund«, aber auch »nicht eigentlich krank«, das die alten Ärzte »neutralitas« nannten und das sie so ergiebig zu kultivieren verstanden, ehe dann die moderne Sozialgesetzgebung – ohne jede Rücksicht auf dieses kritische Zwischenfeld – die Patienten dazu verführte, »sich krank zu melden« und die Ärzte dazu verdonnerte, sie wieder »gesund zu schreiben«.

Das gewaltige Niemandsland zwischen gesund und krank beginnt Goethe zu studieren, jenen unerschöpflichen Zwischenbereich, in welchem wir uns in der Regel alle befinden und wo die tausendfältige Grauleiterskala unserer Existenz in Erscheinung tritt. »Vom Elend zum Wohlstand sind unzählige Grade« (so am 14. September 1780 an Charlotte von Stein).

»Ich habe diese schönen Sommerwochen her (schreibt der altgewordene Goethe am 20. September 1826 an Reinhard) ein körperlich-zufälliges Übel geduldet, ohne eigentlich zu leiden.« Es sind jene Erscheinungen damit gemeint, die wir heute, im Zeitalter der Chronisch-Kranken, als nur noch »bedingt gesund« erfahren. Und so kann Goethe auch zu Eckermann (am 16. November 1823) bekennen: »Ich habe schon zu viel solcher Zustände durchlebt und habe schon gelernt, zu leiden und zu dulden.«

Im Kranksein lernen

Es ist sicherlich eine eigentümliche Begabung, aber auch lebenslange Erfahrung, Kranksein auch als einen Lernprozeß aufzufassen. »Ich habe viel in der Krankheit gelernt, daß ich nirgends in meinem Leben hätte lernen können«, schreibt Goethe am 30. Dezember 1768 an Käthchen Schönkopf, und weiter: »Es ist vorbei, und ich bin wieder ganz munter.« Das sind Erfahrungen des jungen Goethe, der sich nach Krise und Krankheit »wie neu belebt« fühlt und dann auch erlebt, wie er »ein anderer Mensch« zu werden beginnt.[162]

Bis ins hohe Alter hinein fühlte Goethe, »keine vier Wochen eigentliches Behagen« (am 27. 1. 1824 zu Eckermann) seien ihm vergönnt gewesen. Immer wieder sucht er sich »nach Möglichkeit täglich zu erhalten«, so am 29. Mai 1817 an Zelter, um dann zu schließen: »eine herkömmliche Wirksamkeit ist immer ein schöner Genuß«.

Und dennoch sei die Natur nichts für sanfte Gemüter: »Sie härtet vielmehr, Gott sei Dank! ihre echten Kinder gegen die Schmerzen und Übel ab, die sie ihnen unablässig bereitet, so daß wir den den glücklichsten Menschen nennen können, der der stärkste wäre, dem Übel zu entgegnen« (so 1772 in den Frankfurter Gelehrten Anzeigen).

Kein leichtes Leben und nirgendwo ideal: eher schwer, auch schwermütig, zornig auch und verzweifelt, und dann doch wieder geduldig, in reifer Gelassenheit weiterschreitend. Klärung, Läuterung, Ordnung, Formung –, das ist das Geschäft seines Daseins, ein »Kunstwerk«, das man besser noch ein »Kunststück« nennen sollte. So jedenfalls hat Thomas Mann (1949) seinen Goethe gesehen, und er bemerkt dazu sehr fein, daß durch ihn der Nordisch-Barbarische, der Gote, »durch den flötenhaften Umlaut« ins Musische geläutert werden konnte zu Goethe!

In die Bereiche dieses Zwischen gehört auch Goethes eigentümliche Tendenz, Pathologisches und Ästhetisches in einen Zusammenhang mit dem Ethischen zu bringen. So beschreibt er[163] eine Erscheinung als »gar nicht pathologisch«, aber auch nicht »ganz ästhetisch«, sodaß man bedacht sein müsse, ihre »sittliche Wirkung« herauszustellen. Ein solcher Einklang scheint freilich nicht so leicht, zumal das Schicksal – wie es Goethe scheint – »die Überzeugung habe, man seie nicht aus Nerven, Venen, Arterien und anderen daher abgeleiteten Organen, sondern aus Draht zusammengeflochten«.

Im gleichen Schreiben – vom 21. November 1830 an Zelter – weiß er dann auch wieder zu bekennen: »Ich habe keine Sorge, als mich physisch im Gleichgewicht zu bewegen; alles andere gibt sich von selbst. Der Körper muß, der Geist will, und wer seinem Wollen die notwendigste Bahn vorgeschrieben sieht, der braucht sich nicht viel zu besinnen.« Leider könne man sich nicht immer im Gleichgewicht halten, klagt der greise Goethe am 3. Juni 1826 seinem Freund Zelter, und in seinen Jahren stelle sich dieses eben nicht mehr so leicht von selber wieder her.

Bleibt noch die Hoffnung: »Möge die alles heilende Zeit aus dieser traurigen Krise das Beste hervorbringen; wir dürfen kaum hoffen, von den Schmerzen, die sie uns bringt, geheilt zu

werden« (15. 3. 1799 an Hottinger). Und dennoch: »Nieder-
gedrückt vom entsetzlichen Elend, behauptet der Menschen-
geist doch immer wieder einmal seine Rechte« (am 26. August
1822 an Sternberg).

Und so lassen sich physiologisches Grundwissen, pathologische Erfahrungen und therapeutische Erwartungen in einer
befristeten Existenz kaum trennen. Und selbst im anorgani-
schen Leben werde – so Goethe – »selbst das Unnütze, ja das
Schädliche selbst in den notwendigen Kreis des Daseins aufgenommen«. Alles in der Natur hat ja die Tendenz, »ins Ganze zu
wirken«, alles dient als »wesentliches Bindemittel disparater
Einzelheiten«.

Nur zu schmerzlich erinnern wir uns an dieser Stelle aber
auch der berühmten »Zwischenbetrachtung« in der Geschichte der Farbenlehre[164], wo es vom menschlichen Herzen
heißt, »es sei ein trotzig und verzagtes Wesen«. Vom menschlichen Geiste aber dürfe man wohl ähnliches behaupten, er, der
so »ungeduldig und anmaßlich« sei und »zugleich unsicher
und zaghaft«. Er, der menschliche Geist, er strebe immerfort
nach Erfahrung und in ihr nach einer erweiterten Tätigkeit,
»und dann bebt er wieder davor zurück, und zwar nicht mit
Unrecht. Wie er vorschreitet, fühlt er immer mehr, wie er bedingt sei, daß er verlieren müsse, indem er gewinnt: Denn ans
Wahre wie ans Falsche sind notwendige Bedingungen des Daseins gebunden.«[165]

IV.
GOETHE ALS PATHOLOGE:
ERFAHRUNG MIT KRANKSEIN

Pathologie – der »logos« von »pathos« – Wissen um Leiden, Erfahrungen mit Krisen und Krankheiten –, sie waren es, die Goethe sein Leben lang begleitet und in Unruhe gehalten haben. Weil aber – so wissen es die »Wanderjahre« – »niemand Zweck und Ziel seines Daseins kennt, vielmehr das Gleichnis desselben von höchster Hand verborgen wird, so tastet er nur, greift zu, läßt fahren, steht stille, bewegt sich, zaudert und übereilt sich, und auf wie mancherlei Weise denn alle Irrtümer entstehen, die uns verwirren«.

Im Jahre 1898 bereits hatte Paul Julius Möbius darauf aufmerksam gemacht, daß Goethe bei seiner naturgetreuen Darstellung krankhafter Geisteszustände – man denke nur an Werther, Lila, Tasso, Mignon – ohne jede theoretische Schulung dennoch von der »Bedeutung des Pathologischen« geradezu durchdrungen war und daß er ganz besonders auch die »Zwischenformen zwischen Gesundheit und Krankheit« mit ungewöhnlich scharfem Blick verfolgt habe. Gerade weil hier das Bild des wirklichen Lebens dichterisch erfaßt worden sei, seien seine Linien so reich auch an pathologischen Zügen, wie Goethe überhaupt der Meinung war, daß (so 1805 zu Riemer) »gewisse Operationen des Geistes« nicht anders gelingen »als bei einer zarten Organisation«.

Es sollte uns freilich auch zu denken geben, wenn wir bei einem amerikanischen Psychoanalytiker Goethe als ein Genie charakterisiert finden mit allen Kennzeichen manisch-depressiver, paranoider und epileptoider Störungen und darüber hinaus noch sein Werk: voll von Homosexualität, Fetischismus, Narzismus, Hysterie. Goethes Werk also nichts als das Resultat prägenitaler Fixierung, nicht etwa der Schönheit ge-

widmet oder der Liebe oder sonst einem Ideal. Der große
Goethe also, auch nur ein Neurotiker, wie Viktor Frankl gespottet hat: »ein Neurotiker wie du und ich«!

Gleichwohl will uns Goethe als exemplarisch Chronisch-
Kranker erscheinen, ein typischer Dauerpatient mit zahlrei-
chen inneren und äußeren Leiden, lebensnotwendig: »Wir
leiden alle am Leben. Wer will uns, außer Gott, zur Rechenschaft ziehen?«[1]. Keine vier Wochen eigentlichen Behagens
seien ihm vergönnt gewesen. Und dann will ihm Krankheit
doch wieder erscheinen als der notwendige »Schock, damit die
Natur nicht unterliege«. Von einem solchen Schock soll nun
die Rede sein!

1. »Die Welt – ein grosses Hospital«

Am 8. Januar 1787 hatte Goethe aus Rom an seine Freundin
Charlotte einen begeisterten Brief geschrieben. Der stürmi-
sche Italienfahrer preist darin seine Stadt Rom als den einzigen Ort auf der Welt, wo ein Mensch noch vernünftig zu leben
wisse. Hier habe er gelernt, daß auch der geringste Mensch –
wenn er nur »ganz« sei und damit in seiner Art vollkommen –
glücklich sein könne. Er selber jedenfalls habe sich auf dieser
Reise unsäglich mehr kennengelernt: Hier erst sei er gleichsam sich selbst wiedergeschenkt worden!

Goethe kommt dann auf seine Lieblingsbeschäftigung zu
sprechen, auf die Geheimnisse der pflanzlichen Organisation,
zu der man unter diesem prächtigen Himmel die schönsten
Beobachtungen machen könne. Er rühmt die »Urpflanze« als
das wunderlichste Geschöpf von der Welt, über welches ihn die
Natur selbst eigentlich beneiden sollte. Er erwähnt alsdann die
»Ideen zur Philosophie der Geschichte der Menschheit« seines
Freundes Herder, die soeben angekündigt waren und die uns
»gewiß dem schönen Traumwunsch der Menschheit, daß es
dereinst besser mit ihr werden möge«, näherbringen würden.

An dieser Stelle hält Goethe inne – fast erschrocken –, unterbricht den Gedankengang, um dann zu unserer Überraschung fortzufahren: »Auch muß ich selbst sagen, halt' ich es für wahr, daß die Humanität endlich siegen wird, nur fürcht' ich, daß zu gleicher Zeit die Welt ein großes Hospital und einer des andern humaner Krankenwärter werden wird«.

Mit diesem einen Satz eines verliebten Rom-Reisenden – und die gleiche Notiz steht unter dem 27. Mai 1787 auch im Tagebuch[2] – ist das ganze Dilemma der Neuzeit aufgerissen: Die Humanität auf ihrem aufgeklärten Siegeszug, sie wird sich durchsetzen, ganz gewiß, auch wenn dabei die Erde zu einem einzigen Krankenlager wird, wo einer dem anderen als Krankenpfleger zu dienen hat.

Mit aufgeklärtem Elan war Johann Gottfried Herder in seinen »Ideen« (1784) dem humanen Weg des Menschen durch die Natur und über die Geschichte nachgegangen. Der Mensch – das biologische Mängelwesen, organisiert zu zartester Gesundheit – ist gleichwohl bestimmt zur stärksten Dauer, und mehr noch: Er ist berufen, die Herrschaft über die Erde zu übernehmen. Er, der Mensch, er wird den Weg zur Ausbildung seines vollen Menschentums immer bewußter und konsequenter einschlagen. Denn zur Humanität ward der Mensch angelegt, zur Menschlichkeit sollte er gebildet werden.

Den ersten Teil seiner »Ideen« hatte Herder mit großer Zuversicht wie folgt geschlossen: »Indessen geht die Vernunft und die verstärkte gemeinschaftliche Tätigkeit der Menschen ihren unaufhaltbaren Gang fort und siehet's eben als ein gutes Zeichen an, wenn auch das Beste nicht zu früh reifet«.

Wie wenig es gereift ist – und schon gar nicht zum Besten – das sollte bereits das kommende Jahrhundert erweisen, an dessen Ausgang Friedrich Nietzsche die sarkastische Bemerkung machen konnte: »Wie verwundert blickt man da in die Zukunft! Was würde sich dann auf Erden teurer bezahlt machen als gerade das, was wir mit allen Kräften fordern: die Vermenschlichung, die ›Verbesserung‹, die wachsende ›Zivilisierung‹ des Menschen? Nichts wäre kostspieliger als Tugend; denn am Ende hätte man mit ihr die Erde als Hospital und

›jeder jedermanns Krankenpfleger‹ wäre der Weisheit letzter
Schluß«.

Ein überraschender Gedankenzug, von dem wir nicht mehr
loskommen werden und den wir weiter verfolgen sollten, wobei uns Goethes Briefe, Tagebücher und Gespräche – und
darin eingeborgen all seine erstaunlichen Erfahrungen um
Krankgewordensein – zur Verfügung stehen.

Nicht den klassischen Menschen in einer heilen Welt finden
wir als Resultat der Entwicklung vor, eher sein Gegenteil:
»denn (so am 19. Dezember 1798 an Voigt) von der Vernunft-
höhe herunter sieht das ganze Leben wie eine böse Krankheit
und die Welt einem Tollhaus gleich«[3]. Und noch einmal – am
17. März 1830 zu Eckermann: »Die Welt ist so voller Schwach-
köpfe und Narren, daß man nicht nötig hat, sie im Tollhause
zu suchen«.

Im Jahre 1770 schon zeigte sich auch der Schweizer Ge-
sundheitserzieher Tissot aufs äußerste besorgt, wenn er an-
merkt: »In dem Maße, in dem man in der Ordnung der Stände
aufsteigt und sich um die Individuen das gesellschaftliche Netz
zusammenzieht, scheint die Gesundheit stufenweise abzuneh-
men«. Und 1803 noch glaubte der Hallenser Kliniker Johann
Christian Reil bemerken zu müssen: »Wir rücken Schritt vor
Schritt dem Tollhaus näher, so wie wir auf dem Wege unserer
sinnlichen und intellektuellen Kultur fortschreiten«.

Wie aber geht es zu in diesem »Tollhaus Welt«, wie geht
man wohl um mit der so bösen »Krankheit Leben«? Wie wird
man denn fertig mit seiner eigenen, so »unselig zerrissenen«
Existenz? Wie sollen wir ihm denn Tag für Tag begegnen, diesem Elend unserer Zeit?

»Denkt man sich recht tief in das Elend unserer Zeit hinein,
so kommt es einem vor (so am 12. März 1828 zu Eckermann),
als wäre die Welt nach und nach zum Jüngsten Tage reif. Und
das Übel häuft sich von Generation zu Generation!« Goethe
empfiehlt Eckermann, doch einmal in unsere großen Städte zu
gehen, es würde ihm dann schon anders zumute werden. Und
weiter: »Halten Sie einmal einen Umgang an der Seite eines

zweiten hinkenden Teufels oder eines Arztes von ausgedehnter Praxis, und er wird Ihnen Geschichten zuflüstern, daß Sie über das Elend erschrecken und über die Gebrechen erstaunen, von denen die menschliche Natur heimgesucht ist und an denen die Gesellschaft leidet«.

In einem Schreiben an Schiller (19. Dezember 1803) beschwört er geradezu »diese winternächtlichen Kranken- und Totenbilder«, die sich so schlecht verscheuchen ließen. Vor allem aber die modernen Poeten schrieben so, als wären sie krank und als wäre die ganze Welt ein Lazarett (so am 24. September zu Eckermann), und am liebsten möchte Goethe die ganze Poesie als »Lazarett-Poesie« bezeichnen.

Erinnern dürfen wir gerade hier aber auch an Goethes »Unheilige Weltbibel«, seine Fabel vom Reinecke Fuchs, wo wir wie folgt getröstet werden: »In der Welt geht's immer so zu. Dem Glücklichen sagt man: Bleibet lange gesund! Er findet Freunde die Menge. Aber wem es übel gerät, der mag sich gedulden!« Der ist nur zu bald schon ein Dulder, ein »homo patiens«, geworden, um den sich nunmehr die Ärzte zu kümmern haben.

Aber selbst die Ärzte möchte Goethe angesichts all des Elends bedauern: »Wer würde ein Arzt werden, wenn er alle Unbilden auf einmal vor sich sähe, die seiner warten?«[4]. Leiden und Wissen scheint der liebe Gott mit Bedacht getrennt zu haben. Der Kranke müßte ja verzweifeln, »das Übel kennend, wie der Arzt es kennt«[5].

Und so sei es wohl zu allen Zeiten, in allen Ländern im großen und ganzen »miserabel« gewesen – weiß Goethe dem jungen Professur Luden 1806 zu sagen –; und das bißchen Leben, die Menschen hätten es sich sauer genug gemacht: »Die Gesamtnot und die Gesamtplage des Menschen ist eben Not«. So ist es, so war es, so wird es wohl bleiben: »Das ist nun einmal das Los des Menschen. Was brauchen wir weiter Zeugnis!«[6].

Daraus der resignierende Schluß (so am 23. Oktober 1828 zu Eckermann): »Ich sehe die Zeit kommen, wo Gott keine

Freude mehr an der Menschheit hat und Er abermals alles
zusammenschlagen muß zu einer verjüngten Schöpfung«.

2. »Dem Dämon unterworfen«

»Goethe gefiel mir diesen Abend ganz besonders« – vermerkt
Eckermann beglückt am 11. März 1828: »Das Edelste seiner
Natur schien in ihm rege zu sein. Dabei war der Klang seiner
Stimme und das Feuer seiner Augen von solcher Kraft, als
wäre er von einem frischen Auflodern seiner besten Jugend
durchglüht«. Wovon aber war an diesem denkwürdigen Abend
die Rede? Von großen Menschen, dem Dämon tragisch unterworfen und von ihrer dennoch so vielschichtigen Produktivität!

Goethe hatte sich an diesem gesprächigen Abend vor allem
über »genialen Naturen« geäußert, mit denen es eine eigene
Bewandtnis habe: »Sie erleben eine wiederholte Pubertät«,
während andere Leute nur einmal jung sind. Gerade im höheren Alter könne man bei vorzüglich begabten Menschen noch
»frische Epochen besonderer Produktivität wahrnehmen«.
Eine »temporäre Verjüngung« scheine eingetreten, die man
nicht zu Unrecht eine »wiederholte Pubertät« nennen dürfe.

Eine derartige Produktivität freilich stehe – und jetzt kommt
der springende Punkt – in niemandes Gewalt. Sie sei »über
aller irdischen Macht erhaben«; sie sei als reines »Geschenk
von oben« zu betrachten, wie »Kinder Gottes« zu verehren.
Dies alles aber sei »dem Dämonischen verwandt«. Der
Mensch erscheint hier als »ein Werkzeug« höherer Regierung,
als Gefäß zur Aufnahme eines göttlichen Einflusses.

Daneben aber – fährt Goethe fort – gebe es auch eine »Produktivität anderer Art«; sie sei eher irdischen Einflüssen unterworfen: Der Mensch hat sie eher in der Gewalt, kann sie
gestalten zu einem »sichtbaren Leib«, zum Körper eines wirklichen Kunstwerkes.

»Wissen sie aber – schließt Goethe –, wie ich es mir denke?

Der Mensch muß ruiniert werden!« Hat der Mensch seine Sendung vollbracht, so kann wohl die Vorsehung ihn zu etwas anderem verwenden. »Da aber hienieden alles auf natürlichem Wege geschieht, so stellen ihm die Dämonen ein Bein nach dem andern, bis er zuletzt unterliegt«. Goethe will wohl damit sagen, daß er sie beide erlebt hat, die Gewalten des Dämonischen wie auch das Gestalten eines Lebens als Kunstwerk!

Mit diesen kraftvollen Sätzen ist ein erster Schritt in das gewaltige Reich des Dämonischen getan. Hier haben wir es mit einem Urphänomen zu tun, das uns in eine »Art von Angst« versetzt. »Wir fühlen unsere Unzulänglichkeit; nur durch das Spiel der Empirie belebt, erfreuen sie uns«, diese Urphänomene[7]. Und so wagt Goethe denn auch Eckermann gegenüber (am 2. März 1831) zu behaupten: »Das Dämonische ist dasjenige, was durch Verstand und Vernunft nicht aufzulösen ist. In meiner Natur liegt es nicht, aber ich bin ihm unterworfen«.

Dieses Dämonische äußert sich auf der einen Seite in einer »durchaus positiven Tatkraft« (am 2.3.1831 zu Eckermann). Oft genug will es uns aber auch vorkommen, »als ob ein Genius unser ›hegemonikon‹ verdunkelte, damit wir zu unsrem und andrer Vorteil Fehler machen«[8]. Und so sei es vielleicht doch ein »Geist des Widerspruchs« gewesen, der ihn »von Betrachtung und Schilderung des menschlichen Herzens, des jüngsten, mannigfaltigsten, beweglichsten, veränderlichsten, erschütterlichsten Teiles der Schöpfung zu der Beobachtung des ältesten, festesten, tiefsten, unerschütterlichsten Sohnes der Natur geführt« habe[9].

Was in dieser Betrachtung über den Granit zum Ausdruck kommt, scheint ein innerer Widerspruch unserer Natur zu sein, und wir haben alle Hände voll zu tun, um dieses in uns wachsende Dilemma fruchtbar zu machen. »Der Mensch mag sich wenden, wohin er will, er mag unternehmen, was es auch sei, stets wird er auf jenen Weg wieder zurückkehren, den ihm die Natur einmal vorgezeichnet hat«[10].

Damit sind wir den Strukturen des Dämonischen einige

Schritte näher gekommen. Das Phänomen gewinnt an Profil. Das Dämonische – weder menschlich noch göttlich, eher dem Zufall gleichend – imponiert uns als eine rätselhaft hemmende Gegenkraft, als eine die »moralische Weltordnung« durchkreuzende Macht[11]. Es vermag das Schicksal zu provozieren, aber auch Schicksale umzugestalten: ein »furchtbares Wesen«, und doch wieder auf ein höher bewegtes Leben zustrebend.

Und so erscheint uns denn auch das Daimonion als eine Kraft, die drängt, eine Hand, die hält, eine Stimme, die warnt, aber nicht führt. Es kommt uns wie eine Markierung an einem Wendepunkt vor, wo Wege notwendig sich scheiden, wie ein Hinweis, ohne freilich die Wegweisung selber zu sein oder die Richtung uns vorzugeben –, eine dämonische Macht eben, die sich keineswegs enthüllt, die kaum sich festlegen ließe. Aus den orphischen Urworten klingt sie besonders mächtig hervor, die Idee des Dämonischen: sonnenhaft der Daimon, wechselnd wie Mond die Tyche, unentrinnbares Schicksal die Ananke, weiterweisend allein Elpis, die Hoffnung.

Und schon treten sie uns deutlicher vor Augen, die so geheimnisvollen Kategorien des Dämonischen: ewig im Gesetz, nach dem wir angetreten, nicht aufzulösen durch Verstand und Vernunft, beginnend im Reich des Elementaren, vom Glück gesegnet, im Schmerz verzerrt, reichend bis in den Gipfel des menschlichen Geistes. Und dann auch wieder – trotz allen Geschicks, in allem Scheitern – das beglückende Bad einer Wiedergeburt: Der Mensch vermag zu leben!

Der Dämon bedeutet, sagt Goethe, »die notwendige, bei der Geburt unmittelbar ausgesprochene, begrenzte Individualität der Person, das Charakteristische, wodurch sich der Einzelne von jedem andern bei noch so großer Ähnlichkeit unterscheidet«[12]. Angeborene Kraft und wachsende Eigenheit bestimmen das Schicksal des Menschen. Dieser sein Charakter kann wohl gekränkt und zerstört, aber in seinem Kern nicht zersplittert werden. Wohl tritt er bei seiner Entwicklung in »mancherlei Beziehungen« zu Umwelt und Mitwelt, behält gleichwohl aber seine Rechte.

Da ist er, der Dämon: »die eigentliche Natur, der alte
Adam«, der – wenn ausgetrieben – doch immer wieder zurück-
kehrt. Bei solchem Spiel wird der Dämon erst gewahr, daß er
nicht allein durch die Natur gestempelt sei, sondern auch »sich
selbst bestimmen« könne, daß er gleichsam »ein zweites Wesen« anerkennen und umfassen müsse[13].

Als das Dämonische bezeichnete Goethe denn auch nicht
zuletzt das unaussprechliche Rätsel des eigenen Daseins. Es
komme uns zuweilen zwar vor, »als würden vor gewissen Hin-
tergründen des Lebens die Vorhänge weggezogen. Wir glauben, weiter und deutlicher zu sehen, werden aber bald gewahr,
daß der Gegenstand zu groß und zu mannigfaltig ist und daß
unsere Augen nur bis zu einer gewissen Grenze reichen«. So
Goethe am 28. Februar 1831 zu Eckermann, um dann tröstend zu schließen: »Der Mensch ist überall nur für das Kleine
geboren«!

In diesem Kleinen und Konkreten aber, da ist und bleibt
unser Leben ein »ergiebiger Text zu grenzenloser Ausführung«, ein Text, bei dessen Durchführung erwartet werden:
»Mäßigung im Willkürlichen, Emsigkeit im Notwendigen«[14].
Ist doch unser ganzes Leben gewebt aus »Freiheit und Notwendigkeit«: »Das Was liegt in uns, das Wie hängt selten von uns ab,
nach dem Warum dürfen wir nicht fragen«[15]. Was wir hegen
dürfen, das sind fromme Wünsche: »Liebevolles Annähern an
das Unerreichbare zu versuchen, ist nicht untersagt«[16].

Und so sind es denn alle die Verdüsterungen und Erleuch-
tungen, die des Menschen Schicksal ausmachen. Wobei es
manches Mal nottäte: »daß der Dämon uns täglich am Gän-
gelbande führte und uns sagte und triebe, was immer zu tun
sei. Aber der gute Geist verläßt uns, und wir sind schlaff und
tappen im Dunkeln« (am 11. 3. 1828 zu Eckermann).

Und so treibt man – wie Goethe das gern nannte – »der
Jugend altes Spiel« – bis ins höchste Alter. Und erst »am Ende
des Lebens gehen dem gefaßten Geiste Gedanken auf, bisher
undenkbare; sie sind wie selige Dämonen, die sich auf den
Gipfeln der Vergangenheit glänzend niederlassen«[17].

Und so fortan –, wie der Alte von Weimar zu sagen pflegte: »Wie von unsichtbaren Geistern gepeitscht, gehen die Sonnenpferde der Zeit mit unsers Schicksals leichtem Wagen durch, und uns bleibt nichts als, mutig gefaßt, die Zügel festzuhalten, und bald rechts, bald links, vom Steine hier, vom Sturze dort, die Räder wegzulenken. Wohin es geht, wer weiß es? Erinnert er sich doch kaum, woher er kam«[18].

3. Erfahrungen mit Krankheiten

Der Luzerner Internist Frank Nager hat in seinem Goethe-Buch »Der heilkundige Dichter« (1990) die Stadien und Folgen der einzelnen Erkrankungen Goethes ebenso fachkundig wie umsichtig beschrieben: als eine Biographie, die immer auch Pathographie ist. Wir beschränken uns hier auf das Wesentliche:

Lebensgefährlich erscheint uns schon seine Geburt: Goethe kam scheinbar tot zur Welt. Asphyktisch ins Leben geholt, halb erstickt, blieb er ein Kind der Krisen, das Dahinkümmerns, der »Lebensschwäche«, wie man das damals nannte. »Weder von Masern noch Windblattern, und wie die Quälgeister der Jugend heißen mögen, blieb ich verschont«[19] – und dann sogleich weiter: »Aber diese Dinge vermehrten meinen Hang zum Nachdenken« (so steht das wörtlich bei Friedrich Nietzsche, so bei Karl Jaspers), verstärkten auch wohl den »hypochondrischen Zug« dieser leidenden Jugendzeit.

Wir würden dieses Krankheitsbild als eine exsudativ-lymphatische Diathese mit Neigung zu katarrhalischen Infekten zusammenfassen. Hinzu treten weitere Krankheitskomplexe, so vor allem eine tuberkulöse Infektion, die sich 1764 mit einer trockenen Pleuritis ankündigt, 1768 zu dem berühmten »Blutsturz« führte, 1769 Drüsenschwellungen mit sich brachte und die ab 1770 wohl inaktiv blieb. Gleichwohl hielten sich häufige Infekte bis ins hohe Alter, nicht zuletzt auch eine hartnäckige Dyspnoe. Immer wieder hat Goethe sich »sehr mißvergnügt«

darüber gezeigt, daß seine Lunge »nicht soviel Atem reicht, als meine Zunge zu manchen Zeiten bräucht«[20].

Durch Disharmonie der Lebensführung während der Leipziger Studienzeit sei sein Organismus derart »verhetzt« worden, »daß die darin enthaltenen besonderen Systeme zuletzt in einer Verschwörung und Revolution ausbrechen mußten, um das Ganze zu retten«[21]. Und da er damals keinen »Entschluß zu einer vernünftigeren Lebensart« habe fassen können, hätten seine »körperlichen Zustände« nicht die beste Wendung genommen. Noch schlimmer: »Durch eine unglückliche Diät verdarb ich mir die Kräfte der Verdauung; das schwere Merseburger Bier verdüsterte mein Gehirn; der Kaffee ... paralysierte meine Eingeweide« und so fort[22].

Die Folge dieser verfehlten Lebensart war ein »heftiger Blutsturz«, der ihn mehrere Tage »zwischen Leben und Tod« schwanken ließ, ehe er sich schließlich wieder einer glücklichen Genesung erfreuen konnte. »Genesung ist jedoch immer angenehm und erfreulich, wenn sie auch langsam und kümmerlich vonstatten geht, und da bei mir sich die Natur geholfen, so schien ich auch nunmehr ein anderer Mensch geworden zu sein«[23]. So kommt das bei Goethe häufig vor, kommt es ihm vor, die Tatsachen freilich hatten diesmal eine andere Sprache!

Statt eines »rüstigen tätigen Sohnes« fand der Vater in dem Leipziger Studenten einen »Kränkling« vor, der »noch mehr an der Seele als am Körper« zu leiden schien[24]. Und so fand ihn auch das Fräulein von Klettenberg, wiewohl ihr gerade das Kranksein als notwendiger Bestandteil der irdischen Existenz erschien; die Klettenberg also fand ihn diesmal »weder an Leib noch an Seele ganz gesund«[25].

Weder so richtig krank noch ganz gesund –, so blieb Goethe zeitlebens in einem kritischen Schwebezustand, der ihm übrigens bis in die hohen Jahre hinein nur zu bewußt blieb. Und doch bleibt er davon überzeugt, daß viele Menschen »ungeachtet einer chronischen Kränklichkeit« ein hohes Alter erreichen könnten[26]. Noch der Achtzigjährige konnte (am

19. 12. 1830) an die Willemers schreiben: »Da die Krise einmal vorrüber ist, läßt sich denken, daß ich mich besser befinde als vorher, wo doch immer etwas unbestimmt Bedrohliches im Körper lag. Doch ist mir nicht beschieden, ein meinem Alter und Kräften gemäßes behagliches Leben zu führen. Die äußere Welt fragt nicht, wo man die Kräfte hernimmt, ihre Forderungen bleiben gleich; es täte not, man wäre immer dreißig Jahre alt«.

Was sie alles auch schreiben und von Goethes weltbekanntem »Widerwillen gegen das Leiden« wissen wollen: Hören wir lieber ihn selber!

Stationen eines Leidens

Als ein lebenslang Leidender hätte sich – wie Friedrich Nietzsche, wie Karl Jaspers – auch Goethe verstehen können: als ein nur noch bedingt Gesunder. Schon Carl Gustav Carus hatte (1843) von der »gesunden Krankheit« bei Goethe gesprochen, dann aber auch wieder von seiner »vollkommenen Gesundheit« geschwärmt. Gehen wir den Stadien und Stationen seines Leidens einmal in aller Kürze nach!

Ich bin die meiste Zeit krank, schreibt Goethe, kaum dreißig Jahre alt, am 19. Februar 1781 an Lavater: »krank, meist ohne es zu sagen, daß niemand frage und der Kredit aufrecht bleibe. Ich halte es oft mit den Zähnen, wenn die Hände versagen«. Nur zu unheilvoll sei er aber auch selber schon in jungen Jahren immer wieder in seine »physische Natur« gestürmt, um der »sittlichen etwas zuleide zu tun«. Dies habe sehr zu seinen »körperlichen Übeln« beigetragen, unter denen er »einige der besten Jahre« seines Lebens verloren habe. Ja, er wäre vielleicht in solchen Krisenzeiten völlig zugrunde gegangen, hätte sich auch hier nicht »das poetische Talent mit seinen Heilkräften« als hilfreich erwiesen[27].

Die »Quälgeister der Jugend«, sie ist Goethe sein Leben lang nicht losgeworden: Gichtanfälle und Nierenkoliken, Halsaffektionen und vereiterte Zähne, die lästige Obstipation

und mit zunehmendem Alter offensichtlich auch Hirndurch-
blutungsstörungen und daraus folgende Abbauerscheinungen.
Jahr um Jahr schleichen sich Dezember und Januar trübselig
heran, Goethes »Faulenzermonate«, wie Voß (1804) erzählt,
jene trüben Monate, wo er fast jedes Jahr kränkelt, ohne krank
zu sein[28], wo er sich »fast krank« fühlt, wie er (1792) an Jacobi
schreibt.

Greifen wir einmal ein solches Schmerzensjahr heraus, etwa
das Jahr 1805. Schon im Februar hören wir, wie Goethe »aufs
neue ernstlich krank« sei, erkrankt an einer Lungenentzün-
dung, begleitet von »Brustfieber«. Der Patient geriert sich –
wie so oft – kleinmütig, als ahne er seine letzte Stunde. Goethe
spielt die Rolle eines »ungestümen Kranken«, der es auch seinen mit ihm befreundeten Ärzten zeigen will. »Ich selbst
wußte besser, wie es mit mir stand, als es nur ein Arzt vermuten kann«[29]. Und doch muß er zugeben. »Ich habe da ein
Experiment gemacht, das beinahe schlimm abgelaufen
wäre«[30].

Im April des gleichen Jahres befindet sich Goethe zum dritten Mal seit sechs Wochen »in der größten Gefahr«, so daß
seine Weimarer raunen: »Er wird bald dahin gehen!«[31]. Diesmal sind es »Lokal-Übel in den Eingeweiden«, die berüchtig-
ten »Hämorrhoidalumstände« und die hartnäckige »Nieren-
kolik«. Vor allem »monatliche Anfälle von der güldenen Ader«
erwiesen sich als »höchst schmerzhaft, und er schrie so, daß
ihn die Wachen am Tor hören konnten«[32].

Selbst Christiane glaubte, »die Ärzte kennen seine Krankheit nicht recht, oder es ist ihm nicht mehr zu helfen«[33]. Aber
bereits im August 1805 kann Riemer beruhigend berichten:
»Goethe befindet sich nicht nur leidlich, sondern auf dem
Wege zur völligen Gesundheit. Es sind nicht Hämorrhoiden,
noch was man sonst glaubte; sondern es war eine örtliche
Schwäche des Unterleibs, welche durch das Tuschbad und die
strenge Diät in Absicht des Champagners und des Abend-
essens und durch reichliche Bewegung ganz gehoben
scheint«[34].

Und doch: Goethe ist nicht, wie er sein sollte, klagt wenig später Heinrich Voß (1806): »Seine Nieren sind wahrscheinlich desorganisiert. Er hat täglichen Blutabgang durch den Urin; oft aber stockt dieser, und dann ist er sehr krank. Ich glaube, daß er alt werden kann, aber gesund wird er nie wieder. Neulich sagte er: ›Wenn mir doch der liebe Gott eine von den gesunden Russennieren schenken wollte, die zu Austerlitz gefallen sind!‹«[35].

Die Jahre beginnen an Goethe zu zehren, machen ihn ungeduldig und griesgrämig. Zwar sei er – schreibt Vulpius (1807) an Meyer – »ziemlich wohl, nur sehr krittlich und grämlich; da hat man doch ein wenig seine Not«! »Wegen üblen Befindens etwas länger im Bette«[36] – hören wir aus den nächsten Jahren. »Auch ein gegenwärtiges physisches Leiden, das er mit großer Stärke trägt, hat ihn wohl milder gemacht« (so Reinhard, 1807). Den gleichen Eindruck hatte wohl auch seine alte Freundin Charlotte, wenn sie vermerkt: In seinen alten Tagen fange Goethe wieder an, »auf eine Art interessant zu werden« (so 1808), aber leider traue sie seiner Gesundheit nicht[37]. Man sieht nur zu sehr – vermerkt Wilhelm von Humboldt (1812) – »daß er oft an seinen Körper erinnert wird«[38].

Zwar versauere ein Goethe nicht so leicht, berichtet Humboldt weiter: »aber er verknöchert und verhärtet wirklich und wird auch entsetzlich intolerant und im Gespräch maneriert«[39], Auch Goethe selber spürt, daß sich – wie er am 13. September 1813 an Knebel schreibt – schon wieder allerlei Mängel melden, »und ich muß wieder das Zimmer hüten; doch muß man mit jedem Zustand zufrieden sein, in Betrachtung, daß so viele Menschen in diesem Augenblick leiden und fernerhin auf das Unsäglichste leiden werden«.

Neben ernsthaften Krisen in einer so »verruchten Existenz«[40] melden sich dann auch die kleineren Wehwehchen: »Litt an einem dicken Backen«[41], steht da (1809) zu lesen. Immer wieder die Zähne, über die Goethe schon 1782 gespottet hatte: »Meine Zähne necken mehr als sie schmerzen« (am 18. 8. 1782 an Charlotte v. Stein). Junge gesunde Zahnreihen

neidlos anzusehen, das erachtet er als »die größte Prüfung« für
einen alten Mann[42].

Das »katarrhalische Zeug« schlägt ihm aufs Gemüt, immer
wieder mal: »Es entstand ein Brustweh, das sich fast in Herzweh verwandelt hätte, natürliche Folge der Heidelberger Zugluft und veränderten Schloßtemperatur«, berichtet Goethe am
27. September 1815 an Rosine Städel. Es war die letzte Begegnung mit Marianne von Willemer. Hin und her – von Weimar
zur Gerbermühle – gehen nun »Nachrichten von körperlichen
Übeln, bei denen man, wo nicht als heilender Arzt, doch als
teilnehmender Freund zu wirken wünschte«, schreibt er am
11.7. 1817 an die Willemers, und weiter: »Nun singen aber die
sämtlichen unbarmherzigen Ärzte ihr entscheidendes Prophe-
tenlied: daß in den böhmischen Gebirgen für diesmal allein
Heil zu finden sei!« Da klingt er wieder leise – im Nachklang
zum »West-östlichen Divan« – an: der Islam, »zu dem wir uns
früher oder später alle bekennen müssen« (so am 22.12.1820
an J. Willemer).

Seine Freunde waren da weniger zuversichtlich. »Ich
fürchte für ihn« – schreibt Charlotte von Schiller am 22. Februar 1815 an Knebel: »Er kann das widerliche Leiden des
Lebens nicht ertragen, ohne angegriffen zu werden, und viel
Kräfte hat er nicht mehr«[43]. Knebel schreibt wenige Jahre später (1820) an Charlotte v. Schiller: »Seine Geisteskräfte scheinen nicht abnehmen zu wollen, doch scheint es mir, daß sich
über sein Interesse ein Flor ziehe, der ihm das Leben eben
nicht, wie man sagt, im rosenfarbenen Licht erscheinen
läßt«[44].

Bilder vom rosenfarbenen Morgenrot um den ergrauenden
Schädel häufen sich – und sie werfen eben kein gutes Licht auf
den armen leidenden Goethe: »Auch ist's so tröstend und
schön, wenn ein Greis uns als eine Brücke zur Ewigkeit erscheint und das Morgenrot eines höheren Daseins den ergrau-
ten Schädel umleuchtet«. So Caroline v. Wolzogen am 18. November 1821 an Caroline v. Humboldt, und dann sogleich
weiter: »Von dem ist nichts an ihm zu spüren«[45].

Auch die immer zahlreicher werdenden, oft lästigen Besucher zeigen sich erschrocken über Goethes Aussehen: Die meisten Vorderzähne fehlen, so lesen wir 1817[46]. Man beklagt (1818) seinen undeutlichen Vortrag, »da er fast keine Zähne mehr hat und ziemlich eintönig vorliest«[47]. Heinrich Heine berichtet verstört (1817): »der zahnlose Mund in ängstlicher Bewegung, die ganze Gestalt ein Bild menschlicher Hinfälligkeit«[48] – und dazu noch sein vom Alter leise schwankendes Haupt[49]. Zwar sei der Mund noch lebhaft geschwungen (1815), »aber sehr verfallen durch die fehlenden Oberzähne«[50].

Er sei so ziemlich der Alte geblieben, hören wir 1819, nur »dicker und ältlicher«[51]. Auch kann er bei seinen täglichen Genüssen längst nicht mehr so viel vertragen, wie Adele Schopenhauer (1819) schmerzlich erfahren mußte: »Einige Gläser Punsch und die Frühlingsluft nahmen ihm alle Besinnung. Ich sah ihn in einem furchtbaren Zustande«[52]. Noch weiß man sein »herrliches Auge« zu rühmen (1815), bemerkt aber auch schon »verfallene Züge«[53]. Um 1821 beginnt sich ein »Arcus senilis« in der Hornhaut beider Augen zu bilden[54].

Auch die eigenen Tagebuch-Notizen sind übersät mit Klagen über die Molesten des Alltags: »Abends Promenade nach Haus. Verkältung empfunden« (31.8.1818). »Wuchs das Übel nach schlechtem Schlaf. Vorkehrungen dagegen ... Spiritus Minderei. Fliedertee. Extractum Hyoscyami« (1.9.1818). »Keine Besserung. Die Nacht durchaus schlaflos und sehr schlimm« (2.9.1818). »Früh Blutegel. Schnelle Besserung. Ruhig abgewartet« (3.9.1818). »Abermals Blutegel. Schnelle Besserung. Beste Wirkung derselben« (4.9.1818). »Viel Besserung. Das Nächste bedacht« (5.9.1818).

Was der Geheimrat Goethe aber unter dem 6. Juni 1816 in seinem Tagebuch vermerkt, ist so unglaublich und doch wiederum charakteristisch. Da steht denn trocken zu lesen: »Gut geschlafen und viel besser. Nahes Ende meiner Frau. Letzter fürchterlicher Kampf ihrer Natur. Sie verschied gegen Mittag. Leere und Totenstille in und außer mir. Ankunft und festlicher

Einzug der Prinzessin Ida und Bernhards. Hofrat Meyer. Abends brillante Illumination der Stadt. Meine Frau um 12 nachts ins Leichenhaus. Ich den ganzen Tag im Bett«. Am 8. Juni früh um 4 ward Christiane von Goethe begraben[55].

»Der Tod steht in allen Ecken«

Am 17. Februar 1823 erleidet Goethe einen Herzinfarkt, jene typische Zerstörung des Herzmuskels infolge einer akuten Mangeldurchblutung des Herzens. Das Leiden hatte am 17. Februar mit charakteristischen Symptomen begonnen: Unwohlsein und Kopfschmerz, wachsende Atemnot und Schüttelfrost. Bei zunehmender Beklemmung im gesamten Brustbereich und unter starkem Angstgefühl kam es dann am 17. Februar zu einem klassischen Myokardinfarkt. Die Ärzte behandelten mit Aderlaß und Blutegel, ferner mit Meerrettich-Kompressen auf die Herzgegend sowie mit dem von Goethe so geschätzten Arnika-Tee.

Am 17. Februar bereits darf ihn Kanzler von Müller besuchen, findet ihn in einer ganz dunklen Kammer, vom Fieberfrost geschüttelt. Der Kranke wimmert in einem fort: »Allmächtiger Gott, wie krank ich bin, was muß der arme Teufel leiden; ich bin kränker denn seit vielen Jahren«, und so fort[56]. Am kommenden Tag klagt er über »gesteigertes Übelbefinden. Besonders heftiger Schmerz am Herzen«; am 19. Februar verzeichnet er fortdauernden Schmerz bei heftigem Fieber. Am 20. Februar lesen wir: »Zweimaliger Besuch des Geh. Hofrats Huschke. Hofrat Rehbein fast den ganzen Tag da«[57].

Auch am 23. Februar werden wiederum »heftige Schmerzen in der linken Brust« vermerkt. Die Klagen sind typisch: der stundenlang anhaltende Herzschmerz des akuten Infarktes, begleitet von einem Vernichtungsgefühl mit wachsender Todesangst. Hinzu kommen Hustenanfälle und Atemnot, die den Kranken zwangen, neun Tage und Nächte hindurch in einem Lehnstuhl zu verbringen, im »Großvaterstuhl der Kammerherrin von Egloffstein, dem rasch herbeigeschafften«. Als

Kanzler von Müller ihn am 21. Februar abermals besucht, habe der Kranke immer nur so vor sich hergesagt: »Dieser heftige, dieser unbesiegbare Schmerz wird mich noch bald an die Schwelle des Lebens bringen«[58].

Das Leiden verschlimmert sich in den nächsten Tagen. Gleichwohl bleibe Goethe »gefaßt wie immer«, berichtet Caroline von Egloffstein am 23. Februar 1823: Er betrachte das Treiben seiner Ärzte, als seien es Experimente, die sie an einem Fremden machten. Dabei klage er und spotte: »Probiert nur immer! Der Tod steht in allen Ecken und breitet seine Arme nach mir aus, aber laßt Euch nicht stören!«[59].

An diesem 23. Februar war Goethe besonders schlecht dran: »Früh schon sagte er seinem Sohne: Der Tod steht in allen Ecken um mich herum«. Ein andermal soll er geäußert haben – wie Müller in seinem Tagebuch vermerkt: »O du christlicher Gott! Wie viele Leiden häufst du auf deine armen Menschen!« Auch zu seinem Diener Stadelmann habe er einmal ganz leise gesagt: »Du glaubst nicht, wie elend ich bin, wie sehr krank!« Kanzler von Müller berichtet weiter, wie er über seine Ärzte gespottet habe: »Treibt nur eure Künste! Das ist alles recht gut, aber ihr werdet mich doch nicht retten«. Und ein andermal, nach einer leisen Konsultation der Ärzte: »Da gehen die Jesuiten hin! Beraten können sie sich wohl, aber nicht raten und retten«![60]

Einmal soll er – so Müller im Tagebuch vom 22. Februar – halblaut zu sich selbst gesprochen haben: »Mich soll wundern, ob diese so zerrissene, so gemarterte Einheit wieder als neue Einheit wird auftreten und sich gestalten können?« Gleichwohl erwidert er jede noch so kleine Dienstleistung durch ein dankbares Wort oder einen verbindlichen Gestus, so zu Ottilie: »Nun, ihr Seidenhäschen, wie schleicht ihr so leise herbei«[61].

Ein andermal klagt er: Es lasten solche Mengen von Krankheitsstoff auf mir seit dreitausend Jahren!«[62] Und am 24. Februar äußert sich der Kranke zu Kanzler von Müller: »Es ist ein Hindernis in mir, zu leben wie zu sterben; mich soll nur wundern, wie es enden wird«. Als aber sein Arzt Rehbein ihm gegenüber bemerkt, das Inspirieren gehe wohl leichter als das Exspirieren, da braust Goethe auf und kontert:»Freilich, ich fühle es am besten, ihr Hundsfötter!«[63].

Der Kranke bleibt ungeduldig, kann auch seinen Ärzten gegenüber recht bissig werden, sie gelegentlich auch reizen:»Ihr seid zu furchtsam mit euren Mitteln, ihr schont mich zu sehr! Wenn man einen Kranken vor sich hat, wie ich es bin, so muß man ein wenig napoleonisch mit ihm zu Werke gehn«[64]. Und so wird er abermals sein eigener Arzt, versucht sich zu kurieren wie ein Napoleon: Gegen den Rat der Ärzte läßt er sich seinen »Kreuzbrunnen«, das Karlsbader Quellwasser, bringen und meint:»Wenn ich nun doch sterben soll, so will ich auf meine eigne Weise sterben«[65].

Goethe trank sein Fläschchen Kreuzbrunnen, mit sichtbar gutem Erfolg. Um den 25. Februar 1823 läßt sich eine Krise und Wende erkennen. Die Ödeme bilden sich zurück, der Appetit kommt wieder, und Goethe konnte nach langer Zeit endlich wieder einmal ruhig schlafen.

Ganz Weimar nahm in diesen dramatischen Tagen lebhaften Anteil. Eine Nachricht von Goethes Tod machte die Runde und mußte rasch widerrufen werden.»Goethes Krankheit hat uns alle gebeugt«, schreibt Charlotte v. Schiller am 1. März an Knebel,»und ich war in einer Art stummem Schmerz, wo ich mich gern ganz verborgen hätte«[66]. Goethe selber hat die Anteilnahme immer dankbar vermerkt:»Der erste Aufblick nach einer schwer überstandenen Krankheit ins Leben erregte mir die angenehmste aller Empfindungen; eine allgemeine Teilnahme kam mir entgegen«[67]. Und sogleich weiter:»Die alte Neigung trat hervor, das Gefühl des Zusammenseins auf Erden und des daraus entspringenden Glücks behielt die Oberhand«.

Beglückt meldet Goethe sich seinen Freunden zurück:»Da es scheint, daß aus diesem schweren leiblichen Kampfe mich der Allwaltende hat mit genugsamen Geistes- und Gemütskräften wieder hervorgehen lassen, so ist es meine Pflicht, an sorgfältige Verwendung derselben fortwährend zu denken«[68]. Und am 17. April 1823 kann der Genesende der Gräfin Auguste Luise Bernstorff freudig vermelden, daß er »von einer tödlichen Krankheit ins Leben wieder zurückkehre«, und er schließt mit der Hoffnung: »daß der Allwaltende mir noch gönnt, das schöne Licht seiner Sonne zu schauen«[69].

Zur Nachkur raten seine Ärzte wie immer das Heilbad. Vom 2. Juli bis zum 20. August 1823 besucht Goethe Marienbad, anschließend ein letztes Mal auch Karlsbad. Am 9. September kann er aus Eger an Jakob und Marianne Willemer schreiben: »Nach meiner heftigen Krankheit waren die geistigen Kräfte gar bald wieder hergestellt«, und der Genesende glaubt dazu bemerken zu müssen, daß es sich einfach ergeben habe, »daß man sich eben ganz vergaß, sich weder krank noch gesund, aber behaglich und beinahe glücklich fühlte«.

Viel auszurichten vermochte diesmal die Kur freilich nicht. Unter dem 10. November 1823 muß Eckermann berichten: »Goethe befindet sich seit einigen Tagen nicht zum besten; eine heftige Erkältung scheint in ihm zu stecken. Er hustet viel, obgleich laut und kräftig; doch scheint der Husten schmerzlich zu sein; denn er faßt dabei gewöhnlich mit der Hand nach der Seite des Herzens«. Und so höre man ihn denn auch des öfteren klagen: »Wenn nur der Schmerz von der Seite des Herzens nicht wäre!«

Mitte November 1823 kam es zu erneuerter Krise, mit Husten, auch Nierenschmerzen und Wassersucht. Goethe mußte die Nächte über auf dem Stuhl zubringen. Die Ärzte behaupteten zwar, daß es mit seiner Krankheit diesmal nichts zu sagen habe, schreibt Wilhelm von Humboldt am 21. November 1823 an seine Frau: »Ich kann leider diese Meinung nicht teilen«.

Auch Goethe selbst wird diese Meinung seiner Ärzte kaum geteilt haben. Er bleibt skeptisch und resigniert: »Die Götter halten uns hart in solchen kranken Tagen, und doch auch nicht

sonderlich in den gesunden«[70]. Und es ist sicherlich kein Zufall, daß Goethe sich kurz vor seiner Herzattacke zu Riemer
und Meyer wie folgt geäußert hatte: »Meine Freunde, es ist
mit mir vorbei. Ich fühle etwas in mir, das ich sonst nicht gefühlt habe. Die morsche Hülle kann den Geist nicht mehr
tragen; sie bricht zusammen«[71].

Und im Rückblick auf die fünf Wochen dieser seiner so ern-
sten und lebensbedrohenden Krise muß der gealterte Goethe
seinem Kanzler von Müller am 23. November 1823 bekennen:
»Welch ein Zustand! Welch eine Qual, ohne Morgen und
Abend, ohne Tätigkeit, ohne klare Idee!« Daraus sein Schluß:
»Die Krankheit ist eben auch ein absolutes Übel«[72].

»Ordre zum Abmarsch«

Es war am 14. März 1830, als Goethe dem Kanzler von Müller
gegenüber die resolute Bemerkung machte: Mein Bündel ist
geschnürt, »und ich warte auf Ordre zum Abmarsch«[73]. Die
Ordre ließ freilich auf sich warten. Hofrat Vogel weiß am
29. November 1830 zu vermelden, daß nun alle Funktionen
wieder in Ordnung seien. »Der Schlaf ist gut, der Appetit nicht
unbedeutend, die Verdauung regelmäßig.« Und so ließe des
Kranken vortreffliche Konstitution »eine baldige völlige Wiederherstellung« erhoffen.

In den nächsten Jahren häufen sich auffallend Fachgesprä-
che mit seinen Ärzten. So trug am 14. 3. 1824 Hofrat Rehbein
»verschiedene medizinische Versuche nach mechanischer
Theorie« vor[74]. Rehbein berichtet am 22. 10. 1824 »über Wirkung der warmen Bäder auf Paralysen, entstanden durch
Nervengebrechen und Gicht«[75]. Weiter ein Gespräch mit Hofmedikus Rehbein über »Krankheitsfälle, besonders desorgani-
sierende und fremdes Gewächs hervorbringende«[76].

Mit Hofrat Stark aus Jena führt Goethe am 30. 1. 1826 ein
»höchst interessantes Gespräch über physiologische und pathologische Fälle«[77]. Ähnlich bei Hofrat Vogel (25. 11. 1827):
»mit demselben mannigfache physiologische und pathologi-

sche Gespräche«[78]. Am 22.12.1828 wieder bei Hofrat Vogel: »War von seiner fortschreitenden Arbeit die Rede, die Arzneimittel bei Kinderkrankheiten betreffend«[79]. Und noch einmal am 31.1.1829: »Hofrat Vogel, seine neuere medizinische Ansichten vortragend, die ich an meine allgemeinen Begriffe anzuschließen trachtete«[80].

Die Gespräche mit Hofrat Vogel häufen sich und ziehen immer weitere Kreise. Am 4. September 1831 etwa: »Mittag Hofrat Vogel. Nach Tische wichtige Unterhaltung über Krankheit, Mittel und Heilung, immer mehr Aufklärung über seine Behandlungsweise«[81]. Oder am 1.2.1831: »Schöne Unterhaltung über die Wirkungen der verschiedenstgn Arzeneien bei ähnlich scheinenden Übeln und Forderungen; über Einfachheit der Rezepte, Absonderung alles Überflüssigen und Schädlichen«[82]. Und schließlich am 20.11.1831: »Hofrat Vogel. Die bisherigen Betrachtungen über Krankheit und Heilmittel fortgesetzt«[83].

Aber nicht nur bei den Fachgesprächen, sondern auch aus den ärztlichen Anordnungen weiß Goethe Nutzen zu ziehen. Am 14. April 1825 meldet das Tagebuch: »Einige ärztliche Anordnungen befolgt ... Geschröpft ... Der Katarrh vermehrte sich, ich mußte mich ruhig verhalten und ging zeitig zu Bette«[84]. Ähnlich am 8.9.1825: »Blieb im Bette«; einen Tag später: »Sehr ruhig und, weil ich noch nicht völlig hergestellt war, höchst unbequem«[85].

Als ihm im Jahre 1831 die Cholera in Berlin gemeldet wird, bleibt Goethe gefaßt und äußert sich eher zurückhaltend: »Sie brachten ungefähr so viel mit, als wir schon wußten, besonders den alten sittlichen Satz bestätigt, die Furcht sei größer als das Übel«[86]. Das »asiatische Ungeheuer« – schreibt er am 13. Januar 1832 an Marianne v. Willemer – »entfaltete immer mehr Hälse, Köpfe und Rachen, je näher es heranrückte; man machte, was ich sehr billige, fürchterliche Anstalten dagegen, um die Furcht zu balancieren ... jetzt, da alles leidlich ablief, triumphieren die Ärzte, welche es für nichtansteckend erklärten, obgleich es durch Ansteckung verbreitet worden war«.

Goethe hofft, daß die Menschen nicht von neuem in Furcht gesetzt werden, jene Furcht, »welcher niemand entgeht und die größer ist als das Übel, dem doch nur ein Teil unterliegt«.

Das asiatische Ungeheuer schleiche und drücke sich immer näher, berichtet er in einem letzten Schreiben vom 9. Februar an Marianne: »Besieht man es genauer, so haben sich die Menschen, um sich von der furchtbaren Angst zu befreien, durch einen heilsamen Leichtsinn in den Islam geworden und vertrauen Gottes unerforschlichen Ratschlüssen«. Aber auch bei ihnen – antwortet Marianne Ende Februar 1832 – sei man ganz unbesorgt wegen der Cholera. »Die Ärzte halten wöchentliche Konferenzen, wo sie sich alle Nachrichten gehörig mitteilen, die sie erhalten, und die gewöhnlich so verschieden sind, daß sie niemals wissen, was das rechte Mittel und die beste Methode ist. Sie werden es halt wie immer machen, nämlich so gut sie können«.

Alles in allem aber begegnet Goethe mit der Cholera dem gleichen Phänomen, wie es bei uns die AIDS-Welle ausgelöst hat, nämlich, wie er am 15. März 1832 an Grüner schreibt: »im Anfang Apprehension, allgemeine Aufregung, Furcht, Angst, Sorge, Abwehrungsanstalten, Heilungseinleitung, so war alles horchend, lesend, denkend, zweifelnd in voller Tätigkeit. Diese Anstrengung ging zuletzt in Gleichgültigkeit über, und wir leben wie zuvor völlig sorglos, jeder nach seiner Weise ...«

Das letzte Lebensjahr hatte Goethe – wie uns Hofrat Vogel (1833) berichtet – »ganz ungewöhnlich heiter« durchlebt. Bei allen »Schwächen des Alters« habe er doch noch »eine solche Fülle von Geistes- und Körperkraft« genossen, »daß man sich der frohen Hoffnung, er werde uns noch lange durch seine Gegenwart erfreuen, mit Zuversicht hingeben durfte«.

Aber dann blasen doch wieder die Hörner zum Abmarsch. Immer wieder begegnet uns das Bild von der Dachshöhle, vom einsamen Merlin: »Ich muß mich den Winter durch in meine

Dachshöhle vergraben und zusehen, wie ich mich durch-flicke«[87]. Er fühlt sich in der Tat wie »der alte Merlin in seiner Dachshöhle«[88], und ihm, »dem alten Merlin«, gezieme es sich, »sich mit den Urelementen wieder zu befreunden«[89].

Am 16. März 1832 vermelden die »Tagebücher« ein letztes Mal: »Den ganzen Tag wegen Unwohlseins im Bette zuge-bracht«[90] – und brechen dann abrupt ab. In aller Frühe des gleichen Tages ward Hofrat Vogel zu Goethe beschieden. Er fand ihn schlummernd, schwach, den Unterleib aufgetrieben, mit Ekel vor Speisen[91]. Gegen Abend verbesserte sich das Lei-den, und so hielt sich der labile Zustand einige Tage.

Am 21. März früh wird Vogel abermals eiligst gerufen: »Ein jammervoller Anblick erwartet mich!« – berichtet Vogel[92]. »Fürchterliche Angst und Unruhe trieben den seit langem nur in gemessenster Haltung sich zu bewegen gewohnten, hochbe-jahrten Greis mit jagender Hast bald ins Bett, bald auf den neben dem Bette stehenden Lehnstuhl. Die Zähne klapperten ihm vor Frost. Der Schmerz preßte dem Gefolterten bald Stöh-nen, bald lautes Geschrei aus. Sein Blick drückte die gräßlich-ste Todesangst aus!«

Die »letzte Stunde« war keineswegs ein friedliches Dahin-schlummern, sondern ein Zustand höchster Qual. Ende März war gekommen. Noch einmal rafft sich der Sterbende auf und sagt leise: »Also hat der Frühling begonnen, und wir können uns dann um so eher erholen«. Kurz darauf verlangte er noch, daß man den zweiten Fensterladen aufmache, »damit mehr Licht hereinkomme!« Seine letzten Worte, an Ottilie gewandt, sollen gewesen sein: »Nun, Frauenzimmerchen, gib mir dein gutes Pfötchen!«

Gegen Mittag – berichtet uns Kanzler von Müller (22.3.1832) – »schied er sanft und friedlich von uns, weniger an einem Steckfluß als an gleichzeitiger Erschöpfung aller Le-benssysteme«[93]. So sah es auch Hofrat Vogel: »Um halb zwölf Uhr mittags drückte sich der Sterbende bequem in die linke Seite des Lehnstuhls, und es währte lange, ehe den Umstehen-den einleuchten wollte, daß Goethe ihnen entrissen sei«.

Mit diesen Worten schließt Vogel seine Krankengeschichte und fügt hinzu (am 22. März 1832): »So machte ein ungemein sanfter Tod das Glücksmaß eines reich begabten Daseins voll«[94].

4. ALTERN UND ALTER

»Mein Leben − ein einzig Abenteuer«: wahrhaftig das Abenteuer des Lebens, wenn es ans Altern geht − als Reise in ein fernes Land, ein Land außer Rand und Band, ein Reich ohne Grenzen, ein Fluß ohne Ufer, ein abenteuerliches Gehen und Weitergehen, das auf großer Fahrt erst erfahren wird, unter Weges, um bestanden zu sein, mit allen Gefahren, die einem widerfahren, und dies nicht von ungefähr. Denn: »So viel Neues ich finde, find' ich doch nichts Unerwartetes; es paßt alles und schließt sich an«. Es kommt uns alles entgegen!

Das Abenteuer beginnt sofort: mit dem ersten Atemzug, dem Urschrei, dem ersten bewußten: Ich bin und ich bleibe; ich werde, ich gehe dahin! Man ist unter Weges, auf großer Fahrt, mitten im Trubel, kommt mit den Jahren in die Jahre, und keiner weiß, wie es mal endet. Altern beginnt mit der Geburt − und schon im Mutterleib. Aber es beschleunigt sich dann rasch mit dem Dreißigsten, wird rasant beim »Mann mit fünfzig Jahren«, ist eklatant geworden mit Siebzig! »Nascentes morimur«, wie die Alten wußten. Schon bei der Geburt geht es los mit dem Sterben.

Was aber will man vom Tod schon wissen, solange man nicht weiß, was Leben heißt. Was will man vom Leben wissen, wenn man nicht weiß, was Altern meint. Altern aber meint: in die Jahre kommen, mit der Zeit gehen, in der Zeit stehen und vergehen, sich mit den Jahren ständig wandeln, ohne sein Inbild zu verlieren: ein winziges Stück eigener Erfahrung jeweils von neum hinüberreißen in eine gewaltige Hoffnung.

Für dieses Wachsenlassen im Wandel der Jahre hat Goethe nicht von ungefähr das Prinzip »Metamorphose« gewählt: »Alles ist Metamorphose im Leben«, schreibt er am 12. August 1815 an Boisserée. Mit jedem Tag, mit jeder Stunde werden wir anders im ständigen »Nehmen und Geben, Gewinnen und Verlieren«[95]. Alle lebende Substanz, sie verändert sich irreversibel als eine Funktion der Zeit; wir sind uns selber vorweg zum Ende hin. Wir sind eingeboren, eingeborgen in den Tod. Alles Werdende ist umschlungen von Lust wie von Leid.

Auch das hat Goethe lebenslang erfahren und so lebendig in seinen morphologischen Schriften beschrieben: daß die Erde vom Schößling gebrochen, die Hülle von der Knospe gesprengt wird, daß das Ei vom Samen geschürft wird, der wahrhaft Erzogene geschunden werden muß, wenn Reife und Sinn zutage treten sollen. Davon ist nun immer wieder die Rede: vom leidenden empfindsamen Leben, wo immer neue Hüllen sich bilden: Rinden, Schalen, Häute, »die sterben und sich erneuern«. Wir brauchen zum Leben das Absterben, das Aufopfern, das Entsagen und auch das Vergessen, diesen so heilsamen Schutzschild des Vergessens – und alles dies, je mehr wir mit den Jahren in die Jahre kommen.

In die Jahre kommen

»Von einer tödlichen Krankheit ins Leben wieder zurückkehrend« schreibt Goethe am 12. April 1823 – zwei Monate nach seinem Herzinfarkt – der Gräfin Bernstorff: »Lange leben heißt gar vieles überleben, geliebte, gehaßte, gleichgültige Menschen, Königreiche, Hauptstädte, ja Wälder und Bäume, die wir jugendlich gesäet und gepflanzt.« Unvermerkt sind wir in die Jahre gekommen: »Wir überleben uns selbst und erkennen durchaus noch dankbar, wenn uns auch nur einige Gaben des Leibes und des Geistes übrig bleiben.« Und ganz ähnlich weiß er auch Freund Zelter am 19. März 1827 zu berichten: »Lange leben heißt viele überleben, so klingt das leidige Ritornell unseres hinschludernden Lebensganges. Es kommt immer wieder an die Reihe, ärgert uns und treibt uns doch wieder zu neuem ernstlichem Streben.«

Wir haben im Laufe der Jahre dann allerdings auch unsere Erfahrungen gemacht und gewertet: »Wir sind, denk ich, alle klüger geworden; es ist Zeit, daß man aufs Alter sammelt.« So der kaum Dreißigjährige am 1. September 1780 an Sophie von La Roche. So will es einfach die Gesetzlichkeit des Lebens, die »altern« heißt. Mit diesem Altern sei es freilich schon so eine Sache, schreibt Goethe am 10. Dezember 1816 an Rochlitz: »Die Jahre könnte man allenfalls noch wohl ertragen, wenn sie flüchtig wie die früheren vorüber gingen.« Aber das tun sie nun offensichtlich nicht mehr; im Alter haben wir uns zu sammeln: aufs Alter zu sammeln. Und »so bleibt wohl nichts übrig, als daß man seine Kräfte zusammennehme, um bis ans Ende etwas wert zu sein«. So weit – so gut!

Aber man hat gut reden, gut sich und anderen raten: »Älter werden heißt selbst ein neues Geschäft antreten. Alle Verhältnisse verändern sich, und man muß entweder zu handeln ganz aufhören oder mit Willen und Bewußtsein das neue Rollenfach übernehmen«[96]. Ein neues Rollenfach übernehmen: Das hat Goethe im Laufe eines reifenden Lebens immer wieder – und nicht nur als Theaterdirektor – versucht. Und noch im hohen Alter weiß er Wilhelm von Humboldt (am 1. März 1829) zu bekennen: »daß ich eigentlich auf mehr Jahre als billig Arbeit vor mir sehe und nur immer daran zu denken habe, wie ich jeden Tag das Nötigste vorwärts treibe und beseitige«.

Daß nun aber auch jeder Tag »etwas zu tun und etwas zu sorgen« bringe, das sei – so am 8. März 1824 an Zelter – »dann noch das Beste von der Sache. Stein auf Stein, mit gutem Vorbedacht, gibt zuletzt auch ein Gebäude«. Da ist es wieder, das Bauwerk des Lebens, die Pyramide des Daseins, Leben als Kunst-Werk, das es immer noch zu bauen und neu zu bilden gilt.

Mit Gaben des Leibes und Geistes immer noch reichlich versehen, bleibt auch der alternde Goethe bemüht, jene Pyramide des Daseins höher zu bauen, von welcher er bereits im Jahre 1780 zu Lavater gesprochen hatte, um zu versichern: »Ich darf mich nicht säumen, ich bin schon weit in den Jahren vor, und vielleicht bricht mich das Schicksal in der Mitte, und der Babylonische Turm bleibt stumpf unvollendet. Wenigstens soll man sagen, es war kühn entworfen«.

Kühn in der Jugend entworfen, bleibt sich der alternde Goethe des Erlebten, des Erprobten, des Gemeisterten wohl bewußt: »Das Erlebte weiß jeder zu schätzen, am meisten der Denkende und Nachsinnende im Alter. Er fühlt, mit Zuversicht und Behaglichkeit, daß ihm das niemand rauben kann. So ruhen meine Natur-Studien auf der reinen Basis des Erlebten. Wer kann mir nehmen, daß ich 1749 geboren bin!«[97]

Da ist sie wieder, die erlebte Zeit, der Goethe in seinen »Wanderjahren« den »größten Respekt« gezollt hat. Ist doch die Zeit »die höchste Gabe Gottes und der Natur und die aufmerksamste Begleiterin des Daseins«[98]. Das ist die Zeit als »mein Besitz«, ist der »Acker Zeit«[99], und jeder Tag wird zum »Gefäß, in das sich sehr viel eingießen läßt, wenn man es wirklich ausfüllen will«[100]. In der Tat: Wenn man sie zu füllen hat, hat der Tag tausend Taschen!

Alles hat eben seine Zeit! Dies aber sei »ein Spruch, dessen Bedeutung man bei längerem Leben immer mehr anerkennen lernt«[101]. Das gilt vor allem für die »hohen Jahre«, in denen man »mit der Zeit haushältig umgehen muß« und wo man nur zu oft über »vergeudete Tage höchst ärgerlich wird« (am 29. September 1829 an Caroline v. Wolzogen).

Und so sollte uns wahre Bildung »in lebendigem Wachstum« eigentlich das ganze Leben begleiten, besonders bewußt aber in reifendem Alter. »Wenn man beim Vorrücken in höhere Jahre (schreibt Goethe im Juni 1825 an Großherzog Ludwig von Hessen) so manches hinterbleiben, so manches verschwinden sieht, so ist das Allertröstlichste, daß die wahren menschlichen Gefühle, einmal rein empfangen, durch alle Zeit und Ereignisse durch, in lebendigem Wachstum einer gesegneten Zukunft entgegen reifen.«

Das Vorrücken in höhere Jahre tritt in den Vordergrund und begleitet Erinnerung wie Hoffnung. »Freilich erfahren wir erst im Alter, was uns in der Jugend begegnete. Wir lernen und

begreifen ein für allemal nichts! Alles, was auf uns wirkt, ist
Anregung, und, Gott sei Dank!, wenn sich nur etwas regt und
klingt.« So am 7. November 1816 an Zelter, und es wird dem
Musikus wohl in den Ohren geklungen haben.

So geht es zu mit der Zeit. Und »je älter man wird, desto
mehr verallgemeinert sich alles, und wenn die Welt nicht ganz
und gar verschwinden soll, so muß man sich zu denen halten,
welche sie aufzubauen im Stande sind«. So ein tröstliches Wort
am 16. Januar 1815 an Schelling.

Bei allen schönen Worten weiß aber auch Goethe sehr nüchtern ein Fazit zu ziehen und das lautet: »Die Summa Summarum des Alters ist eigentlich niemals erquicklich«[102]!

»Sollte es uns aber besser gehen als dem heiligen Apostel?
welcher sagt: Als ich jung war, ging ich, wohin ich wollte, jetzt,
da ich alt bin, nötigt man meine Wege« (am 8. Juni 1818 an
Schultz).

Des Alters Last

Seinem Freund Nees von Esenbeck hatte Goethe am 29. Januar
1824 recht trocken mitgeteilt: »Ich bin wirklich in Bezug auf
geistige und körperliche Kräfte mehr als billig gedrängt, fast bedrängt, möcht ich sagen«. Bedrängt vom Verlust seiner Kräfte
bekommt der Fünfundsiebzigjährige sie mehr und mehr zu
spüren, die beschwerliche Last des zunehmenden Alters.

Es sei das schon eine eigene Sache mit dem Altwerden – wie
Goethe weiter schreibt: »Das Alter hat mehr Rücksichten zu
nehmen als man denkt; man geht nicht schnell mehr unge-
straft von einem Interesse zum andern über, Zerstreuung ist
der Tätigkeit gefährlicher und wenn man noch gar sich durch
körperliche Übel durchhalten und durchschlagen muß, so bemerkt man nur allzusehr, daß die äußere Welt noch eben so
viel, ja mehr verlangt als wir hätten leisten können, da noch
unsere Geistes- und Körperkräfte völlig zusammenwirkten«.

Das ist schon eine Last, die da auf uns zukommt. Man muß durchhalten, hat sich durchzuschlagen. »Die Jahre, die erst brachten, fangen an, zu nehmen. Man begnügt sich in seinem Maß und dem Erworbenen und ergötzt sich daran um so mehr im Stillen, als von außen eine aufrichtige, reine, belebende Teilnahme selten ist«[103]. Das Zusammenwirken der Kräfte des Körpers und des Geistes, es läßt notwendig nach, und dann »sieht es freilich anders aus. Die ungelenken Jahre sind eingetreten, und ich darf nur von ferne an so manchem Schönen und Guten in Gedanken teilnehmen« (am 9.5.1824 an Schultz).

Die ungelenken Jahre, sie sind nun eingetreten, unwiderruflich, erbarmungslos, mit jedem Jahre unerbittlicher: »Die Nachteile eines langen Lebens sind gar mannigfaltig; wir sehen, indem wir selbst dahingehn, alles an- und mit uns eilig hinwegfliegen.« Mehr noch: Wir sehen sogar zerstört, »was vor unsern Augen gebaut wurde, die Bäume niedergehauen, die wir gepflanzt«[104].

So treibt es das Leben nun einmal mit uns. Was wir an Wachstum verlieren, gewinnen wir – freilich nicht immer – an Reife. Der Preis für die Reifung aber ist das Altern; das Zahlungsmittel ist der Tod. »Mein Odem ist schwach«, klagte schon Hiob, »und meine Tage sind abgekürzt«. Das Schiff beginnt zu sinken, auch ohne den Wind und die Wellen; es sinkt und ist bald schon versackt. Auf dem strudelnden Strome der Zeit kann man sich »nicht immer im Gleichgewicht haben«, klagt Goethe am 3. Juni 1826 seinem Freund Zelter, »und leider, wenn es einmal ins Schwanken gerät, stellt es sich in meinen Jahren von selbst nicht leicht wieder her«. Und »da man aber eigentlich nicht jünger wird, so fehlt zuletzt das Beste: die Kraft, sich selber herzustellen, und da wisse man sich denn zu bescheiden« (9.8.1822 an Meyer).

Dabei verliert das Alter aber auch »eines der größten Menschenrechte: Es wird nicht mehr von seinesgleichen beurteilt«[105]. So am 3. Januar 1832 noch zu Riemer, und das sei dann schon traurig! Fehler der Jugend seien ja noch erträglich:

»denn man betrachtet sie als Übergänge, als die Säure einer
unreifen Frucht«. Im Alter aber, da bringen solche Fehler einen rein »zur Verzweiflung«[106].

Es wird nicht mehr, das Leben; es wird weniger. Der
Mensch – so äußert sich Goethe im März 1813 zu Falk – sei
dazu gemacht, »im Alter hinzudämmern. Auch ich fühle diese
Bestimmung«[107]. Stück um Stück wird abgetragen, aufgegeben und vergessen. Der träge Fluß der Zeit ebnet die Ufer ein.
Man wird die Wand nicht mehr aufbrechen, um die Dinge
dahinter zu erfassen und zu erfahren.

Immer seltener begegnet nun auch Goethe jenes sorgenlose
Altwerden ohne Gebrechen, das die alten Ärzte »senectus«
nannten; immer häufiger droht das Alter mit Gebrechen, das
»senium«, mit all dem Verlust an Abstraktion und Intuition, an
Kombination und Integration, mit zunehmender Demenz bei
Verfall der Persönlichkeit, dem berühmten Kindischwerden,
ein »senex puer« werden, ein »paidogeron«. Läßt mich das
Alter im Stich? fragt Goethe in den Zahmen Xenien: »Bin ich
wieder ein Kind? Ich weiß nicht, ob ich oder die andern verrückt sind!«[108].

Der Alternde wird immer augenscheinlicher seinem Leib
als Organismus ausgeliefert, statt souverän über ihn zu verfü-
gen. Aus dem existenten Menschen wird man zu einem insi-
stenten und immer kläglicher insistierenden. Nicht von ungefähr vergleicht auch Goethe das Greisenalter mit den
Sibyllinischen Büchern, und er behauptet davon: »Es wird immer kostbarer, je weniger davon übrig bleibt.«

Leider dürfe er sich mit solchen Abstraktionen nicht abgeben, schreibt der greise Goethe noch im April 1830 an Zelter:
»Des Konkreten liegt mir so viel auf, daß es meine Schultern
und Knie fortschleppt.«

Das geht wohl nicht anders. »Wir müssen alle den Schaden
des Alters tragen[109].« Mir persönlich aber – so am 2. Januar
1829 an Loder – bleibt »dabei nichts übrig, als fortzuwirken,
solange es Tag ist, und der früher oder später eintretenden
Nacht getrost entgegen zu leben«.

Einen »alten Hellseher« hat Hans Carossa (1938) Goethe genannt, einen Hellseher, der »noch spät für alle wacht, wenn so mancher nach ihm Geborene schon wieder schlafen gegangen ist«. Goethe habe uns – so Carossa – gleichsam einen neuen Begriff auch des Alterns gegeben: »Seit ihm glauben wir an den Greis, der das Unbefriedigtsein, die Grämlichkeiten, die Verbitterungen, die Erstarrungen, die das männliche Hochalter heimzusuchen pflegen, immer wieder sinnend und schaffend überdauert!«

»Übrigens ist Goethe alt – berichtet uns Varnhagen (1817) – und gerade darin jung, daß er die Wesenheit des Alters mit gleicher Frische und Wahrheit in sich aufnahm. Es ist eine Freude des Lebens, im Hintergrunde der Jahre solche Alte möglich zu sehen!«[110]

Vom Glück des Alters

Nicht mehr von der leidigen Last, sondern vom köstlichen Glück des Alters ist jetzt immer wieder die Rede. »Es ist ein Glück des Alters, daß man größere Lust hat, sich in die Vorstellungen anderer zu finden als sich selbst etwas auszudenken; die historische Neigung nimmt mit den Jahren immer mehr in uns überhand« (so am 20. September 1822 an Nees von Esenbeck).

Seinem Freunde Wilhelm von Humboldt will er (am 1. Dezember 1831) gerne gestehen: »daß in meinen hohen Jahren mir alles mehr und mehr historisch wird«. Und das nur zurecht: »Denn das ist, bei manchem Entbehren, der große Vorteil des hohen Alters, sich ein ganzes Jahrhundert vorführen zu können und es beinahe als persönlich gegenwärtig anzuschauen«[111].

Die historische Neigung nimmt zu und läßt mit den Jahren so manches im Leben relativer erscheinen. Bleibt auch lebenslang die Aufgabe, »den Lebensfaden lang zu spinnen« (28. August 1813 in Ilmenau), so überwiegt doch die souveräne

Einsicht, daß letztlich »jede Jahreszeit des Lebens ihre Vorteile und ihre Nachteile« habe (am 23. November 1801 an Jacobi).

Sicherlich sei das Alter ein »stufenweises Zurücktreten aus der Erscheinung«[112], aber eben wenn man alt sei, müsse man auch zeigen, »daß man noch Lust zu leben hat«[113]. Denn auch »das hohe Alter hat noch seine Blüte«[114]. Wieder ist es das Bild vom Blühen und Wachsen und Reifen, das vor Augen gestellt wird. »Sie sehen, wie wundersam ich hereingeführt wurde, und wenn ich nicht von jeher meine Radien am Mittelpunkt festgehalten hätte, so könnte ich bei so hohen Jahren kaum in der Rolle bleiben. Doch geht es bis jetzt noch bescheidentlich weg, und wir wollen sorgen, daß es fernerhin auch nicht fehle«[115]. Und was auch alles sich an »Energie und Fülle nach und nach verlieren will«, das – so Goethe getrost – haben wir gewonnen »an Übersicht und Geschmack«, und gerade das macht uns »gleichsam wieder jung«.

Es ist bei solchem Jung-Werden in erster Linie jenes »echt pädagogische Verhältnis« gemeint, mit dem Goethe die so spezifische »Wechselneigung« des früheren und späteren Alters charakterisiert hat, ein ungemein zartes Zusammen-Leben in ständiger Bilanzierung, wie es nicht zuletzt zwischen den Generationen in Erscheinung tritt. »Das Alter« – schreibt Goethe (1818) an Carus – »kann kein größeres Glück empfinden, als daß es sich in die Jugend hineingewachsen fühlt und mit ihr nun fortwächst« – dem pädagogischen Eros aufs tiefste verpflichtet. Gerade das aber erfahren wir alle: die Eltern an ihren Kindern, Lehrer mit ihren Schülern, Männer an ihren Frauen, Frauen mit Männern, wir alle an uns selber. Und so sehr auch jedes Alter auf jeder Stufe »den Kreis eines durchlaufenden Lebens« bildet, so bleibt es nicht befangen in diesem Kreise, transzendiert vielmehr ständig über sich hinaus, empfängt eine Botschaft und gibt sie weiter.

»Und dann darf ich dir wohl ins Ohr sagen (schreibt der alte Goethe am 29. April 1830 an Zelter): Ich erfahre das Glück, daß mir in meinem hohen Alter Gedanken aufgehen, welche

zu verfolgen und in Ausübung zu bringen eine Wiederholung
des Lebens gar wohl wert wäre«. Das hohe Alter – und das ist
schon erschütternd! –, es reizt den Greis, sein Leben, ein volles
Leben zu rekapitulieren! »Also wollen wir uns – schließt
Goethe –, so lange es Tag ist, nicht mit Allotrien beschäftigen!«

Kein Allotria mehr, wie nur zu oft in jungen Jahren, sondern
eher die Besinnung auf Wesentliches. »In den hohen Jahren
werden mir alle halben Verhältnisse ganz unmöglich, durchzu-
führen«, schreibt er recht resolut am 3. Oktober 1830 an Boisserée, und weiter: »Das famose Leben und leben lassen,
wodurch wir unsere Tage zu Grunde richten, geht nicht mehr.
Was nicht rein aus der Seele kommt, kann nicht ausgesprochen werden«.

Die reine Seele will sich wieder aussprechen, wie schon in
jungen Jahren, als Goethe (am 29. Oktober 1779) an Lavater
schreiben konnte: »Große Gedanken, die dem Jüngling ganz
fremd sind, füllen jetzt meine Seele, beschäftigen sie in einem
neuen Reiche, und so kam ich nicht als nur geborgt nieder ins
Tal des Taus und der Morgenbegattung lieblicher Turteltau-
ben.«

Welch ein zartes Lob des Alters – von einem gerade Dreißig-
jährigen! Aber das Sichaussprechen der reinen Seele will
bleiben: »Wenn man beim Vorrücken in höhere Jahre so manches hinterbleiben, so manches verschwinden sieht, so ist es
das Allertröstlichste, daß die wahren menschlichen Gefühle,
einmal rein empfangen, durch alle Zeit und Ereignisse durch
in lebendigen Wachstum einer gesegneten Zukunft entgegen
reifen[116].«

Man hat – vielleicht etwas zu voreilig und zu einseitig – von
der Versteifung des alternden Goethe gesprochen, von einem
Rückzug in die Isolation, die manch einen der vielen Besucher
oft frieren machte, von der »Vereisung seines Alters«, wie Thomas Mann feststellen zu müssen geglaubt hat, aber man sollte
doch auch die so lebendigen, die herzerfrischenden Bekenntnisse des von der »Erinnerungswürdenlast« des Alters gepräg-

ten Goethe in Erinnerung rufen, wenn er etwa der Empfindung Ausdruck gibt: »Wahre Überzeugung geht vom Herzen aus; das Gemüt, der eigentliche Sitz des Gewissens, richtet über das Zulässige und Unzulässige weit sicherer als der Verstand, der gar manches einsehen und bestimmen wird, ohne den rechten Punkt zu treffen« (am 14. März 1828 an Carlyle).

Mit seinem Befinden könne er in diesem Punkte durchaus zufrieden sein, schreibt Goethe am 18. November 1821 an Boisserée, allerdings mit einem Einwand: »Nur daß ich mir ein für allemal sagen muß, die strikteste Observanz von Diät sei nötig, mich im Gleichgewicht zu erhalten.« Im Gleichgewicht bleiben, diätetische Bilanzierung, Entgegenreifen –, das wird immer häufiger zur Grundstimmung des alternden Goethe –, und zuletzt ein resolutes »getrost der Nacht entgegen leben«!

»Daß ich in diesem Winter – weiß er am 16. Mai 1821 Alexander von Humboldt zu melden –, durch entschiedenste Einsamkeit und durch diätetische Schonung mich besser befunden habe als seit vielen Jahren und meine Zeit auf mancherlei Weise genutzt habe«. Seine Tage nutzen will Goethe bis zuletzt, um dann aber auch getrost auf »die Ordre zum Abmarsch« zu warten. Denn: »Wenn einer, wie ich, über die achtzig hinaus ist, hat er kaum noch ein Recht zu leben. Er muß jeden Tag darauf gefaßt sein, abgerufen zu werden, und daran denken, sein Haus zu bestellen« (so am 2. Mai 1831 zu Eckermann).

Auch das gehört wohl mit zu jener »zarten Empirie«, die sich – gerade im Alter – mit »dem Gegenstand innigst identisch« macht und dadurch zur eigentlichen Theorie des Lebens wird,[117] zur Kunst auch zu leben!

5. TOD UND UNSTERBLICHKEIT

Mitten im Leben weiß Goethe sich vom Tode umschlungen, ist
sich nur zu wohl bewußt der Weisheit des »media in vita mors«
von Jugend an. »Die Zeit kommt bald – schreibt der kaum
Dreißigjährige (3. 11. 1780) an Lavater –, wo wir zerstreut in
die Elemente zurückkehren werden, aus denen wir genommen
sind«.

Der Tod ist gleichwohl für Goethe etwas so Seltsames, daß
man ihn eigentlich gar nicht für möglich halten sollte. Und so
tritt er ja auch stets an uns heran: »als etwas Unglaubliches
und Unerwartetes«. Der Tod ist gewissermaßen »eine Unmög-
lichkeit, die plötzlich zur Wirklichkeit wird«. Dieser Übergang
aber – vom Bekannten in ein völlig Ungewisses – sei »etwas so
Gewaltsames, daß es für die Zurückbleibenden nicht ohne
tiefste Erschütterung abgeht« (am 15. 2. 1830 zu Eckermann).

Als ein erschütterndes Erlebnis wird der Tod des Sohnes
geschildert, ein »Ereignis, den ganzen sittlichen Menschen er-
greifend« und zu einer völligen Umänderung der gesamten
Lebensweise führend, ein Ereignis auch, welches »der be-
jahrte Organismus« nicht mehr geduldig ertragen konnte. Er
mußte sich vielmehr »durch die furchtbare Krise eines gewalt-
samen Blutsturzes wiederum eine Art von Freiheit erkämpfen«
(am 7. 4. 1831 an Loder).

In tiefer Erschütterung hat Goethe – wie er am 23. 12. 1786
an Charlotte v. Stein schreibt – nur zu oft erfahren, daß er »mit
Tod und Leben« zu kämpfen habe, »und keine Zunge spricht
aus, was in mir vorging. Dieser Sturz hat mich zu mir selbst
gebracht«. Das Wissen um Sterben und Tod mag uns sicherlich helfen, unseren metaphysischen Leichtsinn zu überwinden, wenngleich der Gedanke an den Tod zunächst nur
Denken an Zerstörung, Verwesung, Auflösung bedeutet und
uns nichts läßt, als »das erbärmlich leere Gefühl des Todes«.

Aber dann bäumt man sich wieder auch auf: »Wie man
einen Körper, solange die Verwesung dauert, nicht ganz tot

nennen kann, solange die Kräfte, die vergebens nach ihren
alten Bestimmungen zu wirken suchen, an der Zerstörung der
Teile, die sie sonst belebten, sich abarbeiten; nur dann, wenn
sich alles aufgerieben hat, wenn wir das Ganze in gleichgülti-
gen Staub zerlegt sehen, dann entsteht das erbärmlich leere
Gefühl des Todes in uns, nur durch den Atem des Ewiglebenden
den zu erquicken«[118].

Was aber den Atem des Ewiglebenden angehe, so könne er
uns nur vermittelt werden durch den Begriff des Tätigseins.
Und wie Goethe sich bei einem noch so niedrigen Lebewesen
Gedanken darüber macht, »welche Organisation zerstört«
werde, so geht es ihm mit allem Denken auch an den eigenen
Tod: »Wenn ich an meinen Tod denke, darf ich, kann ich nicht
denken, welche Organisation zerstört wird«[119].

Das Denken an den Tod hat zu allen Zeiten den Menschen
dazu verleitet, auch an ein Leben nach dem Tode zu denken.
Und so kann einem »das Leben nach dem Tode doch immer
wie ein zweites Leben vorkommen, in das man nun im Bilde,
in der Überschrift eintritt und länger darin verweilt als in dem
eigentlichen lebendigen Leben«[120].

Wenige Wochen vor seinem Tode – am 21. Januar 1832 –
schreibt Goethe an Wackenroder: »Ob wir gleich gern der
Natur ihre geheime Encheiresis, wodurch sie Leben schafft
und fördert, zugeben und, wenn auch keine Mystiker, doch
zuletzt ein Unerforschliches eingestehen müssen, so kann der
Mensch, wenn es ihm Ernst ist, doch nicht von dem Versuche
abstehen, das Unerforschliche so in die Enge zu treiben, bis er
sich dabei begnügen und sich willig überwunden geben
muß.«

Was im Denken an den Tod zu überwiegen scheint, ist Resignation, gespielte Gleichgültigkeit, immer wieder auch Angst.
»Und nun ist er zahm geworden, wie alle Halbmenschen,
wenn sie an die Auflösung denken, welcher niemand entgan-
gen ist noch entgehen wird«.[121] Das Sterben des Menschen
erscheint ihm wie der langsam verblassende Purpurglanz der
Abendwolke, der nur das Grau des Stoffes zurückläßt: »Es ist

ein Entweichen, ein Erblassen des Seelenlichtes, das aus dem Stoffe weicht. Daher sehe ich keinen Toten«(am 5. 12. 1808 zu Riemer). Die »Paraden des Todes« sind nicht eben das, was Goethe liebt[122]. Für ihn ist und bleibt der Tod nur »ein sehr mittelmäßiger Porträtmaler«.

Mit seiner so allumfassenden Kunst zu leben ist es Goethe letztlich doch gelungen (wie er am 27. 9. 1826 an Esenbeck schreibt), »das Leben aus dem Tode zu betrachten, und zwar nicht von der Nachtseite, sondern von der ewigen Tagseite her, wo der Tod immer vom Leben verschlungen wird«[123].

Zu der Tagseite des Todes hat sich denn auch Goethes »schöne Seele« mutig bekannt, wenn sie fragt: »Wo ist die Todesfurcht hingekommen, die ich sonst noch wohl empfand? Sollt' ich zu sterben scheuen« Ich habe einen gnädigen Gott, das Grab erweckt mir kein Grauen, ich habe ein ewiges Leben.«[124] Alle Zeiten, sie sind nun dahin; was folgt, wird auch dahin gehen: »Der Körper wird wie ein Kleid zerreißen, aber Ich, das wohlbekannte Ich, Ich bin.«[125]

So ist es! »Das Leben liegt im Tode wie eine kleine grüne Insel im dunklen Meer« – schreibt Ernst Jünger in seinen »Strahlungen«, und dann sogleich weiter: »Dies zu ergründen und sei es auch nur an Säumen und Brandungsgürteln, heißt wahre Wissenschaft, der gegenüber alle Physik und Technik doch nur Lappalie bleibt.«

Gedanken zur Unsterblichkeit

Wenn einer fünfundsiebzig Jahre alt geworden ist – erzählt Goethe am 2. Mai 1824 seinem Eckermann –, dann »kann es nicht fehlen, daß er mitunter an den Tod denke. Mich läßt dieser Gedanke in völliger Ruhe; denn ich habe die feste Überzeugung, daß unser Geist ein Wesen ist ganz unzerstörbarer Natur; es ist ein Fortwirkendes von Ewigkeit zu Ewigkeit«. Es ist der Sonne ähnlich, die bloß unseren irdischen Augen unterzugehen scheint, die aber eigentlich »nie untergeht, sondern unaufhörlich fortleuchtet«.

Nur wenig früher, am 25. Februar 1824, hatte es Goethe
Eckermann verraten: »Ich möchte keineswegs das Glück entbehren, an eine künftige Existenz zu glauben; ja ich möchte...
sagen, daß alle diejenigen auch für dieses Leben tot sind, die
kein anderes hoffen«. Aber dann hält er sogleich auch schon
inne: »Allein solche unbegreiflichen Dinge liegen zu fern, um
Gegenstand täglicher Betrachtung und gedankenzerstörender
Spekulation zu sein.«

Goethe will nur zu gern bei seiner Maxime bleiben, wonach
es das »schönste Glück des denkenden Menschen« sei, »das
Erforschliche erforscht zu haben und das Unerforschliche zu
verehren«[126]. Und wie es sich dem Menschen gar wohl gezieme, »ein Unerforschliches anzunehmen«, so solle er dabei
doch dem eigenen Forschen keine Grenze setzen. Denn wenn
auch die Natur dem Menschen so manches zu verheimlichen
scheint, so steht er gegen sie doch wieder im Vorteil dadurch,
»daß er, wenn auch nicht durch sie durch, doch über sie hinaus
denken kann«[127].

Ein geheimnisvolles Wort! Und was sich im Moment des
Todes auch immer ereignen mag, das ist lediglich eine Auflösung, ist ein Vergehen der uns unbekannten Hauptmonas
unserer Existenz: »An eine Vernichtung ist gar nicht zu denken«.[128] Vom »Untergang solcher hohen Seelenkräfte« könne
daher in der Natur »niemals und unter keinen Umständen die
Rede sein«[129]. *Wie* es freilich fortdauere, das sei »eine andere
Frage und ein Punkt, den wir Gott überlassen müssen«[130].

Hinter allem Wechsel in der Natur weiß Goethe, so 1828 an
Müller, gleichwohl ein Ewiges ruhen[131]. Und noch einmal –
am 29. April 1818 – zu Friedrich von Müller: »Der Mensch,
wie sehr ihn auch die Erde anzieht, mit ihren tausend und
abertausend Erscheinungen, hebt doch den Blick forschend
und sehnend zum Himmel auf, der sich in unermeßlichen
Räumen über ihm wölbt, weil er es tief und klar in sich fühlt,
daß er ein Bürger jenes geistigen Reiches sei, woran wir den
Glauben nicht abzulehnen noch aufzugeben vermögen.«

Einen solchen »Beweis der Unsterblichkeit« müsse freilich

jeder in sich selbst tragen, wie Goethe auch die »Beschäftigung mit Unsterblichkeitsideen« lieber denen überlassen möchte, die nichts Besseres zu tun haben. »Ein tüchtiger Mensch aber, der schon hier etwas Ordentliches zu tun gedenkt, der daher täglich zu streben, zu kämpfen und zu wirken hat, läßt die künftige Welt auf sich beruhen und ist tätig und nützlich in dieser.«[132]

Ein so atemberaubendes Thema, wie es das Sterben ist und das danach, und wie man sich darin zur individuellen Unsterblichkeit durcharbeiten könnte: »darüber spreche ich eigentlich nur mit Gott«[133].

Das Gespräch ist nie zur Ruhe gekommen. Der immer Strebende wird erlöst: im Verein mit der Liebe! Goethe selber sah darin den »Schlüssel zu Faust's Rettung« –, und Eckermann weiß zu vermelden, daß dies wohl Goethes reifstes Bekenntnis war: »Es steht dieses mit unserer religiösen Vorstellung durchaus in Harmonie, nach welcher wir nicht bloß durch eigene Kraft selig werden, sondern durch die hinzukommende göttliche Gnade.«[134]

Es war an einem heiteren Frühlingstag des Jahres 1818 gewesen, als Goethe mit Kanzler von Müller und den beiden Hofdamen Egloffstein in Dornburg weilte und das oben erwähnte Gespräch über das »geistige Reich« des Menschen führte, von dem die Beteiligten so angetan waren, daß jeder es auf seine Art wiederzugeben suchte. Nach heiterer Konversation über den Tag weg hatte das Gespräch gegen Abend eine ernstere Wendung genommen. Goethe, »dem über die heiligsten und wichtigsten Angelegenheiten der Menschheit so selten ein entscheidendes Wort abzugewinnen war«, brachte die Rede auf die Religion, und zwar »mit einer Klarheit und Wärme, wie wir sie noch nie an ihm in gleichem Grade gefunden hatten«. Vom Vermögen, »jedes Sinnliche zu veredeln und auch den totesten Stoff durch Vermählung mit der Idee zu beleben«, sprach Goethe, und er nannte dieses Vermögen »die schönste Bürgschaft unseres übersinnlichen Ursprungs«.

Das Gespräch ging weiter, und so kam man dann auch auf

jenen Menschen zu sprechen, der da den Blick zum Himmel
hebt und sich als Bürger eines geistigen Reiches weiß. Goethe
beharrte darauf, daß man solche Geheimnisse zu ehren habe,
überzeugt von der »Mitgabe einer höheren Macht ins Leben«.

»Doch nur allzurasch entschlüpften so köstliche Stunden«,
da – so schließt der Bericht – sich Goethe plötzlich erhob und
sprach: »Laßt mich, Kinder, einsam zu meinen Steinen dort
unten eilen; denn nach solchen Gesprächen geziemt es dem
alten Merlin, sich mit den Urelementen wieder zu befreunden.«

»Wir sahen ihm lange und frohbewegt nach, als er, in seinen
lichtgrauen Mantel gehüllt, feierlich ins Tal hinabstieg, bald
bei diesem bald bei jenem Mineral oder Pflanze verweilend.
Die Sonne sank. Schon fielen längere Schatten, und wir fuhren unter traulichen Erinnerungsgesprächen durch das blü-
hende Jenaische Tal froh und heiter nach Hause.«[135]

V.
GOETHE DER HEILKUNDIGE:
DAS THERAPEUTISCHE SPEKTRUM

In tiefer Erschütterung verweilt Goethe im Dezember des Jahres 1787 vor dem »herrlichen Bild« Raffaels, das er »Transfiguration« genannt hatte: die Verklärung Christi, und das er mit seinen römischen Kunstfreunden »anzustaunen« erstmals Gelegenheit fand. »Da war denn des Redens viel!«[1] Im Gegensatz zu seinen Freunden bewunderte Goethe in diesem Gemälde die »große Einheit einer solchen Konzeption«, und er will darin nicht weniger erblicken als eine Vision von des Menschen Not und Hilfesuche, und mehr noch: eine wahre »Quelle des Heiles«.

Auf dem Gemälde stellen unten »trostlose Eltern einen besessenen Knaben« dar, auf Hilfe hoffend, »den Geist zu bannen«. Vergebens! In diesem Augenblick erscheint er, der verklärte Heiland, um Hilfe zu bringen. Wie aber – greift Goethe in die aufkommende Diskussion ein: »Wie will man nun das Obere und Untere trennen? Beides ist eins: unten das Leidende, Bedürftige, oben das Wirksame, Hülfreiche, beides aufeinander sich beziehend, ineinander einwirkend.«

Diesen inneren Bezug aber habe er, »der gottbegabte Mann«, mit seiner Darstellung so trefflich erfaßt und sich wieder einmal ausgezeichnet durch »die Richtigkeit seines Denkens«. Er, Raffael, habe, »wie die Natur, jederzeit recht, und da am gründlichsten, wo wir sie am wenigsten begreifen«.

Unten das Leidende, oben das Hilfreiche – damit sind wir der Natur der Sache schon etwas näher gekommen. Immer wieder von neuem stoßen wir auf dieses abgrundtiefe Wissen um die Hilfsbedürftigkeit eines Menschen, der nun einmal nicht sein eigener Hirt sein kann: Er bedarf eines Helfers in seiner Not. In dieser anthropologischen Grundfigur von Not

und Hilfe erfahren wir die sorgende Anteilnahme eines Mitmenschen. Die Sorge-Struktur erscheint gleichsam als Pen-
dant zur pathischen Grundverfassung des Menschen, aus
welcher letztlich doch wieder ein Sinn erwächst aus Elend und
Leid, mit Helfen und Heilen.

Und immer wieder blitzen aus Goethes Werken Begriffe auf
wie »heilsam« und »heil«, heilsame Kräfte auch, Ströme gesunden Lebens, durch das Universum webend – und dann
auch wiederzufinden in der kleinsten Idylle.

So lesen wir in »Die Inschrift von Heilsberg« (1818) den
aufschlußreichen Passus: »Zu den geheiligten Plätzen, wo
Sankt Bonifazius selbst oder seine Gehülfen zuerst das Evangelium den Thüringern angekündigt, rechnen wir billig einen
wohlgelegenen Hügel zwischen Rudolstadt und Remda, wo-
selbst nicht fern von einer Heilquelle ein Gotteshäuslein entstand, woran sich nach und nach das Dorf ansiedelte, Heilsberg benannt, anzudeuten, wie mancher auf dieser Höhe sein
Heil gesucht und gefunden.«[2]

Heilsame Kräfte gesunden Lebens auch hier, die einfach
übergehen wollen auf uns und die uns nun auch vor Augen
treten, wenn wir uns systematischer einer wahren »Heil-
Kunde« zuwenden. Es ist das in allem Krank-Sein immer
wieder von neuem Gesunden, welches das Geheimnis von
Goethes Lebenskunst ausmacht.

Zu allen Gebieten der weitverzweigten Kategorientafel der
Therapeutik hat Goethe überraschend differenziert Stellung
genommen: zur *Chirurgie* als der »ultima ratio« ärztlichen
Eingreifens ebenso wie zum *Arzneimittelschatz*, den man damals noch »Materia medica« nannte, in ganz besonderer
Weise aber zur *Diätetik*, die alles heilsame Handeln zu begründen und zu begleiten hat, damit aus der Heilkunst eine
Lebenskunde werde: eine Theorie der Lebensordnung und
daraus abgeleitet die Praxis der Lebensführung.

1. »Leben zu hegen und zu pflegen«

Als die »Stimme des großen Arztes in einem erkrankenden Jahrhundert« hat Ernst Bertram Goethe vernehmen wollen. Als ein »therapeutisches Gebet« wußte Friedrich Husemann die »Harzreise im Winter« aufzufassen. »Wilhelm Meister« haben Generationen wie einen »Arzt-Roman« gelesen. Als »heilkundigen Dichter« hat uns Frank Nager in seiner so vortrefflichen Pathographie Goethe vor Augen geführt. Und Carl Gustav Carus sah schon (1849) in Goethe einer jener begnadeten großen Persönlichkeiten, welche dazu verhelfen, »Zerreißungen zu verhüten, Verletzungen zu heilen und zum Frieden zu leiten«. »Ich bin ein Kind des Friedens« — hat Goethe (1787 in Castel Gandolfo) selber bekannt — »und will Friede halten für und für, mit der ganzen Welt«.

Einen »Arzt zu jeder Stunde«[3] hat Goethe sich jederzeit gewünscht, in früher Jugend (1770) bereits, wo er dankbar registriert: »Des Himmels Arzt hat das Feuer des Lebens in meinem Körper wieder gestärkt.« Krankheiten der Jugend freilich überwindet man rasch, »weil ein gesundes System des organischen Lebens für ein krankes einstehen und ihm Zeit lassen kann, auch wieder zu gesunden[4]. Sein ganzer Wunsch sei es damals gewesen, »von dieser Krankheit und dieser Anlage zur Krankheit erlöst zu werden, und ich war gewiß, daß mir der große Arzt seine Hilfe nicht versagen würde«[5].

»Goethe liebt die Leidenden« — schreibt 1795 Friederike Brun — »und gesellt sich sanft und teilend zu ihnen«[6]. Durch »anhaltende eigene und fremde Leiden« könnte man, so glaubt Goethe, auf die Dauer »ein halber Arzt« werden. Hinzu kämen dann noch die Kenntnisse des menschlichen Körpers und der Spezereien sowie »die übrigen nachbarlichen Gegenstände der Schöpfung«[7].

»Goethe wäre der Segen Weimars« (so Voß 1804), »alles brächte er ins Geleis, und er sei der Wohltäter aller Hilfsbedürftigen«[8]. Dem in Rom verunglückten Karl Philipp Moritz erwies Goethe sich (1786) als ein wahrer Therapeut, in einer für beide Teile schwierigen Zeit, über die wir lesen: »Was ich diese vierzig Tage bei diesem Leidenden als Wächter, Beichtvater und Vertrauter, als Finanzminister und geheimer Sekretär erfahren und gelernt, mag uns in der Folge zugute kommen.«[9]

Und es kam ihm zugute, in der Kampagne in Frankreich etwa, wo er sich in Verdun niedergelassen hatte »und hoffte, einige Tage auszuruhen, mich zu trocknen und die Kranken zu pflegen, die ich mit mir hatte« (am 15.10.1792 aus Luxemburg an Voigt). Manchesmal mag auch er sich vorgekommen sein wie jener Arzt, »dem alle Kuren gelangen, die er um Gottes willen an Armen tat, der aber selten einen Reichen heilen konnte, der es gut bezahlen wollte«[10]. Und da kein Mensch eine Faser seines Wesens ändern kann, obgleich vieles an einem zu bilden bleibt, kann er seinem Freund Jacobi (am 31.3.1784) raten: »Wir sollten alle mit einander Mitleiden haben.«

Zur Rolle des Arztes

Wie geht es denn wohl zu bei Euch Ärzten? »Wie nennt Ihr das Übel, Doctor, das unsern Freund angefallen hat? Paßt hier keiner von den dreitausend Namen, mit denen Ihr Eure Unwissenheit ausputzt?«[11] Eine lange Liste müßte man anlegen, um der Arzt-Schelte Goethes Genüge zu tun. »Die Ärzte sind alle patres misericordiae und das eine wie das andre. Sie begünstigen immer nur das Individuum, ohne sich ums Geschäft, um das gemeine Wesen oder die Familie zu kümmern« (am 4.10.1812 an Hendrich).

Aber auch die meisten Menschen sehen in einem Geistlichen oder einem Sittenlehrer »nur einen Arzt, den man nicht geschwind genug aus dem Hause loswerden kann«[12]. Und läßt sich die Krankheit nicht kurieren, »muß man sie eben mit Hoffnung schmieren. Die Kranken sind wie Schwamm und Zunder; ein neuer Arzt tut immer Wunder«[13].

Wunderkuren aber behagen dem oft so wiederborstigen kranken Goethe keineswegs. »Ich will nicht hoffen und fürch-

ten wie ein gemeiner Philister« (so am 5. 4. 1824 zu Müller):
»Das Geschwätz der Ärzte und ihr Trösten ist mir zuwider.«[14]
Auf der anderen Seite sei man aber auch oft »sehr übel dran,
daß man den Ärzten nicht recht vertraut und doch ohne sie
sich gar nicht zu helfen weiß« (zu Riemer, 1807)[15]. Allein
schon »das Vertrauen zum Arzte« könne oft genug als »Arznei«
betrachtet werden[16]. Und in »Zahme Xenien« vermutet
Goethe: »Vornehm schaut ihr im Glück auf den blinden Em-
piriker nieder; aber seid ihr in Not, ist er der delphische
Gott!«

Was freilich den Ärzten am meisten zu fehlen scheint, ist ein
gewisses politisches Moment und auch Engagement, zumal
die Arzneikunde als solche schon in jeder Hinsicht politischer
sei als irgend eine andere Disziplin. Daher die mutige Rede an
Riemer (im Mai 1807): »Man muß auf die Krankheit losgehen
wie auf einen großen Herrn oder ein hübsches Mädchen, die
man be... will, wie ein Diplomat den andern durch einen Pfiff,
um ihr etwas abzugewinnen. Nur en tant daß er pfiffig ist, ist
einer ein guter Arzt.«[17]

Was indes – alles in allem – jede andere Betrachtung über-
wand, war die »Begierde zu retten«. Heilkunst will nun einmal
bessern, lindern, etwas Verletztes genesen lassen, ganz machen, heilen. Als »höchste Pflicht« gilt Goethe daher »die
Linderung der Leiden«[18]. Jederzeit sei Goethe (so Schlosser,
1772), ernstlich bemüht gewesen, »seine Seele zu reinigen,
ohne sie zu entnerven«[19].

Nur so haben wir auch sein reichlich trotziges Bekenntnis zu
verstehen: »Da mag rechts und links fallen, was da will, ich
werde mich darüber nicht entsetzen, sondern nur auf's ge-
naueste aufmerken, welche Aussicht ich gewinne, wenn das
alte Gehege zusammenstürzt. Manches der Art ist mir in meinem langen Leben schon geworden« (am 10. 1. 1829 an
Schultz).

Ein halbes Jahr vor seinem Tod noch kann Goethe an Graf
Brühl schreiben: »Im hohen Alter, wo uns die Jahre nach und
nach wieder entziehen, was sie uns früher so freundlich und

reichlich gebracht haben, halte ich für die erste Pflicht gegen
uns selbst und gegen die Welt, genau zu bemerken und zu
schätzen, was uns noch übrig bleibt.«

Was übrig bleibt – als Pflicht gegen sich selbst wie gegen die
Welt –, was ist es anders als dieser allgegenwärtige Trieb, »das
Leben zu hegen und zu pflegen«![20]

2. »Ohne Worte Wunder tun«

»Unser Leben kann sicherlich durch die Ärzte um keinen Tag
verlängert werden; wir leben, so lange es Gott bestimmt hat«.
Also sprach Goethe am 12. August 1827 zu Kanzler von Müller. Aber – so fährt er fort – »es ist ein großer Unterschied, ob
wir jämmerlich wie arme Hunde leben oder wohl und frisch,
und darauf vermag ein kluger Arzt viel«[21].

Unwillkürlich denken wir hier an all das, was Goethe in
seinem Drama »Die Aufgeregten« über einen klugen Chirurgen berichtet hat: »Ein Chirurgus ist der verehrungswürdigste
Mann auf dem ganzen Erdboden. Der Theologe befreit dich
von der Sünde, die er selbst erfunden hat; der Jurist gewinnt
dir deinen Prozeß und bringt deinen Gegner, der gleiches
Recht hat, an den Bettelstab. Der Medikus kuriert dir eine
Krankheit weg, die andere herbei, und du kannst nie recht
wissen, ob er dir genutzt oder geschadet hat. Der Chirurgus
aber befreit dich von einem reellen Übel; er nutzt dir, schadet
keinem Menschen, und du kannst dich unwidersprechlich
überzeugen, daß seine Kur gelungen ist.«[22]

Bei diesem allgemeinen Vergleich mit dem Theologen und
dem Juristen mag Goethe aber auch an den Orientalisten Johann David Michaelis gedacht haben, den er im September
1783 in Göttingen besucht hatte und der zu seiner Überraschung im »Verfasser des Werther einen soliden hochachtungswürdigen Mann« kennenlernte. Michaelis hatte in seinem »Raisonnement über die Universitäten in Deutschland«
(1776) den berühmten Satz geschrieben: »Der Doctor Juris

mag schlecht sein, das schadet dem Publico wenig. Der Doctor
Theologiae tut noch weniger Schaden. Aber der Doctor Medi-
cinae geht gleich auf Leben und Tod.«

Nun war zu dieser Zeit gerade der Chirurgus in der Regel
noch ein elender Handwerks-Bursch, der sich gerade anschickte, im Kampf gegen die akademischen Mundwerks-
Burschen die Lehrstühle zu stürmen. Ein gemütliches Zeitalter war es, da die Chirurgen noch im Gehrock und Stehkragen
auf dem Plüschsofa operierten, eine biedermeierliche Wund-
arzneikunst, aus der dann in wenigen Jahrzehnten die Chirurgie der großen und kleinen Geheimräte wurde.

Angesichts dieser dramatischen Entwicklung wundert es
Goethe nicht, daß sich gerade unter den Ärzten so erstaunliche
Multitalente entwickeln konnten: »Wir haben Ärzte, die mit
Leidenschaft bauen, Gärten und Fabriken anlegen, Wund-
ärzte als Münzenkenner und Besitzer köstlicher Sammlungen.
Astruc, Ludwig des Vierzehnten Leibchirurg, legte zuerst
Messer und Sonde an den Pentateuch.« Und so wiederholt sich
gerade hier die ewige Wahrheit: »daß das Menschenleben aus
Ernst und Spiel zusammengesetzt sei«. Und glücklich, wer
sich zwischen beiden »im Gleichgewicht zu bewegen ver-
steht«[23].

Erste Hilfe aber zu leisten, das sei das oberste Gebot eines
praktizierenden Arztes, eines fachkundigen Helfers. Nichts
mehr ist ja der Mühe wert, »als dem Gesunden zu helfen, wenn
er durch irgendeinen Zufall verletzt sei«. Niemand bedürfe daher »eines Wundarztes mehr als der Gesunde«. Überall sei er
willkommen: »in den süßesten Augenblicken wie in den bittersten und gräßlichsten«[24]. Und so brauche man denn auch
»Leibärzte« nur selten, »Wundärzte« hingegen jeden Augenblick[25].

Was sich Goethe wünscht, ist »ein derber Wundarzt, der in
bedenklichen Fällen, wo Entschluß und körperliche Kraft gefordert wird, seinem Meister trefflich an der Seite zu stehen
bereit ist«[26]. Und mögen seine Manieren öfter auch »mehr
rauh als einnehmend« sein, so bleibt seine Hand doch »leicht

und seine Hilfe willkommen«[27]. Niemand wie er weiß sie auch zu benutzen, die gute alte »vis medicatrix naturae«. Der Chirurgus ließ einfach »die Natur walten, und so war der Patient bald auf dem Wege der Besserung«[28].

Aber auch der Metapher bedient sich Goethe allzugern, am liebsten bei seiner Polemik gegen Newton's Farbentheorie, so auch hier, wo Goethe die »Polarisation des Lichts« geradezu als einen »pathologischen Fall« betrachtet. Es sei dabei so, als ob ein ungeschickter Chirurg, statt einen Splitter »zu augenblicklicher Heilung« herauszuziehen, die größte Sorgfalt auf die Geschwulst selbst verwende, die sich dann rasch als ein Geschwür »bis zur Unheilbarkeit« entwickle[29]. »Man wird wirklich krank über ein solches Verfahren«, ärgert sich Goethe (1820); dergleichen Theorien seien »wahrhafte Nekrosen, gegen welche die lebendigste Organisation sich nicht herstellen kann«[30].

Zum Studium der Wundarzneikunst

Mit großem Bedacht suchte »Wilhelm Meister« seine »Studien als Wundarzt« in einer großen Anstalt zu fördern. Der »Anatomie als Grundstudium« wendet er sich mit Eifer zu. Dabei erfährt er viel »auch von körperlichen Mängeln«[31], lernt die ganze Szenerie der Leiden kennen, wird zum Zeugen der großen und kleinen Szenen des Lebens, Zeuge von Geborenwerden und Sterben und allen kritischen Phasen eines befristeten Daseins.

Von den natürlichen Voraussetzungen einer menschlichen Existenz will er ausgehen und studiert zunächst einmal gründlich die klassische Morphologie und Physiologie. Da wird freilich sofort zwischen einer »toten« und einer »lebendigen« Anatomie unterschieden; da war gar die Rede von einer »guten« und einer »bösen« Physiologie. Der toten Natur soll ein lebendiges Wissen um die Natur gegenübergestellt werden, eine wirkliche Physiologie, wahres Wissen um das Gesunde. »Dieser Konflikt, den ich ankündige, zwischen Totem und

Lebendigem, er wird auf Leben und Tod gehen, man wird
erschrecken, man wird untersuchen, Gesetze geben und nichts
ausrichten«[32].

Bei einer solchen Obduktion mußte Wilhelm Meister erleben, wie die Anatomie sich der Leiche eines »sehr schönen
Mädchens« bemächtigt hatte, das, »verwirrt durch unglückliche Liebe«, den »Tod im Wasser« gesucht hatte. In ihm wächst
nun der Widerwille, »dieses herrliche Naturerzeugnis noch
weiter zu entstellen«[33]. Er fragt sich, ob es nicht auch andere
Methoden geben könne, etwa statt der anatomischen Zerglie-
derung Wachsmodelle herzustellen oder ähnliche plastische
Präparate. Daher der Vorschlag: Ärzte und Wundärzte sollten
sich Modelle bauen, in denen sich »die zartesten Resultate der
Zergliederungskunst nachbilden lassen«[34]. Man habe zu lernen, »daß Aufbauen mehr belebt als Einreißen, Verbinden
mehr als Trennen, Totes beleben mehr als das Getötete noch
weiter zu töten«[35].

Man habe dann besonders aufmerksam zu sein, wenn die
Schule stockt und sollte wissen: »Das Lebendige muß man
ergreifen, aber im Stillen, sonst wird man gehindert und hindert andere.« Und noch einmal: »Verbinden ist mehr als Trennen, Nachbilden mehr als Ansehen.«[36]

Die Erfahrungen seiner Lehrjahre faßt Wilhelm Meister
noch einmal zusammen: Jeder Arzt ist nichts »ohne die ge-
naueste Kenntnis der äußern und innern Glieder des Menschen«. Täglich müsse ein Arzt sich im Anschauen dieses
»lebendigen Wunders« üben. Er solle, wo nötig, »einen Anatomen in Sold nehmen«, aber keinen Leichenzergliederer, sondern einen »plastischen Anatomen«, der sich seine Modelle
selber bildet[37]. In schönster Ordnung könnten uns auf diese
Weise »die Wunder des menschlichen Baues« gezeigt werden;
dazu aber brauche man weniger »Prosektoren« als vielmehr
»Proplastiker«[38].

Aber Goethe hat nicht nur die Chirurgie – als eine der pragmatischen Heilmethoden – gekannt und gelobt; er hat sie auch
als Maßnahmen erster Hilfe an sich selber erfahren und über

sich ergehen lassen. »Ich sitze (schreibt er im Mai 1791 an Carl August) mit dem höllischen Feuer einer spanischen Fliege im Nacken. Was tut man nicht, um an sich die edle Menschengestalt wiederherzustellen«! Schnupfen und Pechpflaster hätten sich bei ihm eingestellt, schreibt er am 10. Januar 1799 an Voigt: »und es scheint, als wenn meine Geduld in diesen Wintermonaten noch geprüft werden sollt«.

In seiner Frankfurter Jugendzeit (1768) hatte Goethe sich beim Radieren und Ätzen ein wundes Zäpfchen geholt mit heftigen Schluckbeschwerden, bei denen die Ärzte nicht wußten, »was sie daraus machen sollten«. Also quälten sie ihn mit Gurgeln und Pinseln, ohne daß es viel half.[39] Eher schon half ein Chirurgus, der eine Geschwulst am Hals durch »Betupfen mit Höllenstein und andern ätzenden Dingen« behandelte[40]. Einmal schnitt Goethe sich in den Finger und band ihn – wie er am 7. 6. 1819 Müller berichtet – lediglich naß zu, »um ihn prima intentione zu heilen«.[41]

Ein Leibarzt müsse eben zu allem taugen: »Wir fingen bei den Sternen an und endigen mit Hühneraugen.«[42] Dagegen nun der Chirurg, ein wirklich guter Medikus: Er richtet seinen hellen Blick nur »auf die nächsten Dinge«. Sein Handeln gleicht dem »guten Wirtschaften«; sein Wissen ist beständiges Sammeln und Ausspenden, »ein Nehmen und Mitteilen im kleinen«.[43]

Vor allen anderen Heiltechniken aber sucht Wilhelm Meister sich früh schon im Aderlaß zu üben, und der Aderlaß ist es schließlich, mit dem er die Ader des verunglückten Felix öffnet: »Das Blut sprang reichlich hervor ... Das Leben kehrte wieder.«[44] Erschüttert durch rasche Heilung ruft er aus: »Wirst du doch immer aufs neue hervorgebracht, herrlich Ebenbild Gottes!« – und doch »sogleich wieder beschädigt, verletzt von innen oder von außen«. Doch bald schon war Felix glücklich wiederhergestellt: »Eine gemäßigte Sonne durchwärmte die Glieder sanft und innigst, seine Wangen röteten sich gesund.«[45]

Kein Wunder, daß Goethe seinen »Meister« Wundarzt wer-

den ließ. Das Schicksal des reifenden Meisters offenbart uns in
der Tat einen anthropologischen Grundbestand und eines reifen Menschen höchste Bestimmung. Widmet sich doch der
Chirurg dem göttlichsten aller Geschäfte: »ohne Wunder zu
heilen und ohne Worte Wunder zu tun.«[46]

3. »Hilfe von Kräutern und Wurzeln«

Heilsame Pflanzen mit ihrer natürlichen Heilkraft waren
Goethe zeitlebens als wahre Wunder des Daseins erschienen,
als organische Wesen, als ein Urphänomen. Gerühmt und gepriesen wird daher »der Arzt, der jede Pflanze nennt, die
Wurzeln bis ins Tiefste kennt, dem Kranken Heil, dem Wunden Lindrung schafft«[47].

Heilpflanzen spielen denn auch im Arzneimittelschatz
Goethes eine besondere Rolle. Am 9. Juli 1786 schrieb er an
Charlotte von Stein: »Am meisten freut mich jetzo das Pflan-
zenwesen, das mich verfolgt, und das ists recht wie einem eine
Sache zu eigen wird. Es zwingt sich mir alles auf, ich sinne
nicht mehr darüber, es kommt mir alles entgegen, und das
ungeheure Reich simplifiziert sich mir in der Seele, daß ich
bald die schwerste Aufgabe gleich weglesen kann.«

Aus Einzelphänomen bildet sich bald schon ein System, da
alle Einzelheiten untereinander ähnlich sind und doch wieder
»dem Ganzen gleich«[48], ein System, das nicht genug erforscht
und bewundert werden kann, wie es denn auch seit jeher dem
ärztlichen Eingriff dienend zur Verfügung stand. Neben dem
reinen Erfahrungsschatz pflanzlicher Heilmittel haben Goethe
freilich am meisten die Möglichkeiten chemiatrischer Prozeduren imponiert.

Als »Halbadept« hatte er vor dem Apothekenwesen seiner
Zeit zunächst recht wenig Respekt. Die »Aurea Catena Ho-
meri« und andere hermetische Schriften konnten ihm nur
wenig behagen. Auch versuchte er sich in seiner Frankfurter
Zeit vergeblich mit alchymischen Prozeduren am »Windöf-

chen« und mit »Glaskolben«. Einblick in die Arznei-Wissenschaft erhielt er erst durch seinen Umgang mit chemisch experimentierenden Apothekern wie Spielmann in Straßburg, in Weimar später mit Buchholz, Göttling und Hoffmann, in Jena mit Döbereiner. »Und wie der gerühmte Doktor Buchholz von seinem Dispensatorium sich in die höhere Chemie wagte, so schritt er auch aus den engen Gewürzbeeten in die freie Pflanzenwelt.« Sein enger Umgang mit Apothekern führte nicht zuletzt dazu, daß Goethe – auf Betreiben des Apothekers Rudolph Brandes – im Jahre 1822 seiner großen naturwissenschaftlichen Verdienste wegen zum Ehrenmitglied des »Apotheker-Vereines für das nördliche Teutschland« gewählt wurde.

Was ihn indes am meisten begeisterte, waren die dramatischen Veränderungen in der Chemie und durch die Chemie: »Sie zerlegte die natürlichen Körper und setzte daraus künstliche auf mancherlei Weise wieder zusammen; sie zerstörte eine wirkliche Welt, um eine neue, bisher unbekannte, kaum möglich geschienene, nicht geahndete, wieder hervorzubauen.«[49] Und was die Chemie im allgemeinen betraf, das sollte nun auch die praktische Medizin beanspruchen. Denn auch sie sei so lebendig geworden – schreibt Goethe am 16. Dezember 1817 an Zelter –, »daß man auf die angenehmste Weise wieder jung wird«.

Die in seiner Jugendzeit üblichen Bemühungen um ein »Universalmittel« wurden Goethe bereits aus der mystisch-alchymischen Literatur seiner Zeit vertraut, so aus Wellings »Opus magicocabbalisticum« und ähnlichen universalistischen Bestrebungen. Man müsse eben die Geheimnisse der Natur in ihrem Zusammenhange kennen lernen. Auch sei das Heil des Körpers zu nahe dem Heil der Seele verwandt: »Und könnte je eine größere Wohltat, eine größre Barmherzigkeit auch an andern ausgeübt werden, als wenn man sich ein Mittel zu eigen machte, wodurch so manches Leiden gestillt, so manche Gefahr abgelehnt werden könnte?«[50]

»Heilige Musen, reicht mir das ›Aurum potabile, Elixir Vi-

tae‹ aus euren Schalen, ich verschmachte« – schreit der junge
Goethe (im Juli 1773 an Kestner) geradezu auf, und fügt
hinzu: »Was das kostet, in Wüsten Brunnen zu graben und
eine Hütte zu zimmern! Und meine Papageien, die ich erzogen
habe, die schwätzen mit mir, wie ich, werden krank, lassen die
Flügel hängen.«

In manchen Waldgegenden hätten sich, geheimnisvoll,
»nach Rezepten arbeitende Laboranten« angesiedelt, welche
mancherlei Arten von Extrakten bearbeiteten, deren Ruf von
»vorzüglicher Heilsamkeit« durch emsige »Balsamträger« verbreitet, erneuert, aber auch abgenutzt werde.[51] Und was den
»Balsam-Trank« selber angeht, so weiß Goethe: »Es ist eine
Seele in diesen Tropfen, die mit der unsrigen nahe verwandt
ist, freundlich zu ihr gesellt und schwesterlich ihr in den
Augenblicken aushilft, wo sie schaffen und wirken soll und
eben ermangeln will.«[52]

Denn es ist schon so eine Sache bei all diesem Balsam. Und
wenn dem Mephisto eine Blondine klagt, daß da »hundert
bräunlich rote Flecken« ihr »zum Verdruß die weiße Haut be-
decken«, dann weiß der Tausendsassa sofort auch Rat für so
»ein leuchtend Schätzchen«, im Mai »getupft wie Panther-
kätzchen«, mit einem Rezept nämlich aus der alten Dreckapo-
theke, das empfiehlt: »Nehmt Froschlaich, Krötenzungen,
kohobiert, im volsten Mondlicht sorglich distilliert, und, wenn
er abnimmt, reinlich aufgestrichen, der Frühling kommt, die
Tupfen sind entwichen.«

Wenn einer jedoch ein »positives Übel«, wie Zahnweh oder
auch Unfrieden im Hause hat, »der frage keinen Arzt und kein
Orakel! Ihr Wissen und ihre Kunst fällt zu kurz: dies und jenes
Mittelchen, und vorzüglich Geduld ist, was sie euch empfeh-
len«[53].

Sorgfältig beobachtet Goethe indes neuere Arzneien, die zunächst als universelle Heilmittel angepriesen wurden, dann
aber sogleich Widerspruch erregen. »So ging es früher mit
Einimpfung der natürlichen Blattern; jetzt sehen wir die Vac-
cination mit gleichem Schicksale bedroht.«[54] Aber auch un-

sere Konstitutionen seien nur zu oft »wie die Kuhpocken, sie
führen eine einmal grassierende Krankheit leichter hinweg,
wenn man sie zeitig einimpft« (1822 zu Müller).[55]

Überzeugt davon, »daß nach vorübergegangener Krise eine
frische Gesundheit« sich offenbaren werde, suchte Goethe (so
am 7. 1. 1826 an Fritsch) stetig und ständig, »in stiller Milde
das verlorene Gleichgewicht wieder herzustellen«. Daraus
seine Forderung: »zu rechter Zeit dienliche Heilmittel anwenden«!

Dienliche Heilmittel

Dienliche Heilmittel findet der Mensch – und jeder Mensch –
zunächst bei Mutter Natur. »Großen Dank verdient die Natur,
daß sie in die Existenz eines jeden lebendigen Wesens auch so
viel Heilungskraft gelegt hat, daß es sich, wenn es an dem
einen oder dem andern Ende zerreißen wird, selbst wieder zu-
sammenflicken kann«, sucht Goethe am 4. Oktober 1782
Freund Lavater zu trösten, um dann fortzufahren: »und was
sind die tausendfältigen Religionen anders als tausendfache
Äußerungen dieser Heilungskraft.« Daher der klar distanzie-
rende Rat: »Mein Pflaster schlägt bei dir nicht an, deines nicht
bei mir, in unsers Vaters Apotheke sind viel Rezepte.«

Aus seines Vaters Apotheke rezipiert er immerhin Kräutermilch wie Räucherwerk, warme Socken und im Ernstfall auch
Opium. »Alles ist wohl« – versichert er am 6. 9. 1797 seiner
Charlotte: »Nur ich habe mir ein Monster von dicken Backen
ganz wider allen Sinn meiner dürren Konstitution geholt ...
und muß nun inne sitzen und warme Kräutermilch im Mund
haben.« Hofmedicus Rehbein verschreibt ihm (1817) »ein
Räucherwerk und zum Einreiben; auch Socken von Wachstaf-
fet wurden gemacht«[56].

In Pempelfort bei Düsseldorf war es im November 1792, als
»ein gewaltiges rheumatisches Übel«, das er sich »durch Verkältung zugezogen« habe, Goethe »beinahe unbeweglich fest-
hielt«. Ein tüchtiger Arzt, Schüler des berühmten Hoffmann,

eilte herbei, »verfuhr sogleich mit Kampfer, welcher fast als Universalmedizin galt. Löschpapier, Kreide darauf gerieben, sodann mit Kampfer bestreut, ward äußerlich, Kampfer gleichfalls, in kleinen Dosen, innerlich angewandt. Dem sei nun, wie ihm wolle; ich war in einigen Tagen hergestellt«[57].

In der Regel sei es ihm freilich so ergangen »wie Kranken, die keine Arznei haben und sich mit der Diät zu helfen suchen. Es tut etwas, aber lange nicht genug«[58]. Wo Diät nicht hilft, müssen eben schärfere Mittel her. Und wird es gar zu ernst, hilft als Talisman immer noch das Opium. Es ermöglicht, große Schmerzen auf ewig aufzuheben; es gibt Kraft, Schmerzen zu ertragen –, und so wird man gerade durch die Nähe des Todes oft wieder ins Leben zurückgedrängt.[59]

Goethes »schöne Seele« weiß von ihrem Krankenlager zu berichten, wie »getrocknete Pflanzen und Insekten und manche Art von anatomischen Präparaten, Menschenhaut, Knochen, Mumien und dergleichen« an ihr Krankenbett gebracht wurden. Sie bemerkt dazu recht kritisch: »Ich nahm nicht leicht eine Arznei, ohne zu fragen, wo wachsen die Dinge, aus denen sie gemacht ist? Wie sehen sie aus? Wie heißen sie?«[60] Während ihres neunmonatlichen Krankenlagers konnte aber auch der Grund zu einer neuen Denkungsart gelegt werden, insofern dem Geiste »die ersten Hilfsmittel« gereicht wurden, nunmehr »sich nach seiner eigenen Art zu entwickeln«[61].

Hilfe zur Selbsthilfe war Goethe ebenso geläufig wie die alte Paracelsische Maxime, daß es allein auf die Dosis ankomme: »Alles kommt auf die Dosis an. Auch Champagner kann Gift werden.«[62]

Es waren seine Ärzte gewesen, die Goethe davon überzeugen konnten, daß alle Arzneien »Gift und Gegengift zugleich« seien. Sie konnten ihn aber auch an die Weisheit des alten Hippokrates erinnern: daß es für den Patienten manchmal gut sei, auch einmal nichts zu tun. »Wenn Goethe sich in den sechs letzten Jahren seines Lebens auffallend viel gesünder fand als selbst kurze Zeit vorher« – erinnert sich Vogel, 1833 –, »so rührte dies zum großen Teile gewiß mit daher, daß es mir bald

gelang, seinem unangemessenen, eigenmächtigen Medizinie-
ren ein Ende zu machen«. Goethe habe, als Vogel sein Arzt
wurde, »jahraus, jahrein und Tag für Tag Kreuzbrunnen, und
zwar jedes Jahr über vierhundert Flaschen«, getrunken[63].
Auch hier war es wiederum die Dosis. Über die »Theorie des
Doktor Hahnemann in Leipzig«, eines in der ganzen Welt berühmten Arztes, weiß Goethe allerdings eher belustigt den
Willemers (am 2. 9. 1820) zu vermelden: »Dieser lehrt nämlich: daß der millionste Teil einer angedeuteten kräftigen
Arznei gerade die vollkommenste Wirkung hervorbringe und
jeden Menschen zur höchsten Vollkommenheit sogleich wieder herstelle.«

Als der fröhliche Friedrich im »Wilhelm Meister« seine »lä-
cherliche Lobrede auf die Medizin« hielt, da greift er darin
zunächst einmal den »Pfuscher von Arzt« an, und er fragt verwundert, warum ihm denn nicht ein Licht aufgegangen sei,
um endlich einmal »ein vernünftiges Rezept zu verordnen,
eine Arznei zu reichen, die aus dem Grunde kuriert und die
eben so wohlschmeckend als heilsam ist«![64]

Wenn Rousseau es zu seiner Zeit noch als ein Unglück beklagt hatte, daß die Botanik in eine so enge Beziehung zur
Medizin getreten sei, dann kontert Goethe recht resolut gegen
diese rein theoretische Einstellung mit seiner pragmatischen
Feststellung: »daß der hilfsbedürftige Mensch mehr auf Rettung als auf Belehrung gestellt« sei. Goethe will – gerade als
Naturforscher – wissen, »daß man uns andeute, wo wir gesunde Nahrung und Heilung suchen dürfen«[65].

Aus dieser Haltung heraus, die niemals den kurz nach
Goethes Tod aufkommenden »therapeutischen Nihilismus«
geduldet hätte, bekennt Goethe sich denn auch eindeutig zu
einer »Erfahrungs-Kräuterkunde«, die – »wie alles menschliche Bestreben« – vom Nützlichen ausgeht: »Sie sucht Nahrung
vor den Früchten, ärztliche Hilfe von Kräutern und Wurzeln«.
Hier, wie nirgendwo anders, entdeckt man »die Idee aufs
Nützliche gerichtet«, findet alles in einem unmittelbaren Bezug der Gegenstände zum Menschen gestellt, und so kommt

man nach und nach zu dem »Vorgefühl jener stolzen Anmaßung, daß der Mensch die Welt zu beherrschen habe«[66].

4. »Diät zur Lebensregel machen«

Von der »Kunst zu leben« hatte Friedrich von Hardenberg, der
sich später Novalis nannte, erstmals bewußt gesprochen und
damit zurückgegriffen auf den Begriff der »Lebenskunst«, den
wir wiederum Goethe verdanken. Wohin man auch schaue,
überall sei dieser »sonderbare Mann der Natur auf die Spur
gekommen« und habe ihr »einen artigen Kunstgriff abge-
merkt«. Goethe habe jenen »geheimnisvollen Pulsschlag« der
Natur wirklich gefühlt, der bei Plotin, bei Spinoza, bei Leibniz
nur geahnt worden sei. Was sich hingegen hier so einmalig
manifestiert habe, das sei »der heilige Weg zur Physik«, sei das
»Lebendigwerden« der Natur. Goethe sollte daher – wie Novalis am 20. Januar 1799 an Caroline Schlegel schreibt – »der
Liturg dieser Physik werden – er versteht vollkommen den
Dienst im Tempel«. Er, Goethe, sei daher unbezweifelbar »der
wahre Statthalter des poetischen Geistes auf Erden«.

Im April des Jahres 1797 bereits hatte Novalis den Plan gefaßt, einmal eine grundsätzliche Kritik am »Wilhelm Meister«
zu schreiben, an jenen »Lehrjahren«, die ihm dann doch immer wieder zum Wegweiser wurden, so wenn er aus dem
»Meister« lernt: daß man im Leben so selten die rechten Mittel
wählt, so selten den rechten Weg einschlägt, immer noch viel
zu wenig versteht von dieser Kunst, endlich einmal vernünftig
zu leben. Seine »Lehrjahre der Kunst zu leben« sollten daher
nichts anderes sein als Vorspiele einer durch und durch philosophischen Lebensordnung, einer Lebenskunst sicherlich, die
man nicht lernen und auch nicht lehren kann, die einfach gelebt sein will.

»Der Zweck des Lebens ist das Leben selbst«, schreibt
Goethe (1796) sehr souverän seinem Freund Meyer. Daher
erachte er auch das Leben »höher als die Kunst, die es mir

verschöne«. Gerade rechtzeitig ist auch Goethe klargeworden, »daß die Muse das Leben zwar gern begleitet, aber es keineswegs zu leiten versteht«[67]. Im tätigen – »mitunter unerfreulichen« – Leben, da entfernt sich die Muse denn auch und sucht eher »die Gesellschaft des heiter Entsagenden«, der jeder Jahreszeit etwas abzugewinnen weiß – »der Eisbahn wie dem Rosengarten« –, der »seine eignen Leiden beschwichtigt« und emsig sucht, »wo er irgendwie Leiden zu lindern, Freude zu fördern Gelegenheit findet«[68].

Man müsse schon lange Umgang mit seinem Gesundsein, Krankwerden, Genesen gehabt haben, um »eine gesunde Vollständigkeit« sein eigen nennen zu können. »Das müßte gar eine schlechte Kunst sein, die sich auf einmal fassen ließe, deren Letztes von demjenigen gleich geschaut werden könnte, der zuerst hereintritt.«[69] Und so dürfe wohl ein jeder Mensch nach seiner Weise denken und handeln: »nur darf er sich nicht gehen lassen; er muß sich kontrollieren; der bloße nackte Instinkt ziemt nicht dem Menschen«[70].

Ein klares, mutiges Wort! Und so wird alle Mühe der Welt »keinen Schwächling zu einem Lastträger machen. Die Natur muß das Ihrige getan haben, wenn die Erziehung gelingen soll«[71]. Eins folgt auf das andere; beides gehört zusammen: »Die Natur ist eine Gans, man muß erst sie zu etwas machen.« So am 25. April 1829 zu Kanzler von Müller. Das geht wohl nicht anders. Denn »nicht allein das Angeborene, sondern auch das Erworbene ist der Mensch«.

Der Mensch kann und soll seine Eigenschaften weder ablegen noch verleugnen. »Aber er kann sie bilden und ihnen eine Richtung geben«. Da haben wir sie wieder, die klassischen »res non naturales« der antiken Hygiene und Diätetik, jene Lebensregeln, die alle auf natürlichen Bedingungen der »res naturales« beruhen, um dann aber aus zu sein auf eine kulturelle Stilisierung, Bildung gleichsam zu einer zweiten Natur. Die zentralen Elemente der Diätetik aber, sie sind dort zu finden, wo das Wort als Droge fungiert, wo die Heilkraft der Natur als Selbstheilungstendenz erscheint, wo der »inwendige

Arzt« des Paracelsus am Werke ist, der »Archaeus«, gesteuert durch das »Ens spirituale« im heilenden Umgang eben mit sich selbst und mit anderen.

Nur zu gern erinnern wir uns an dieser Stelle an das alte Hippokratische Diktum, das im Grunde das ganze therapeutische Spektrum strukturiert und die Hierarchie der Eingriffe begründet hat, und das lautet: »Was das Wort nicht heilt, heilt das Kraut, wo Kräuter nicht heilen, heilt das Messer.« Vor allem schneidigen Eingreifen und dem kaum auszuschöpfenden Arzneimittelschatz liegen die Regelkreise der Diätetik und zunächst einmal das heilende Wort.

Wobei sich die Frage erhebt, ob sich das nicht einmal wesentlich systematischer herausarbeiten ließe, was Goethe alles über die so modernen, die Heiltechnik ergänzenden Disziplinen wie Logotherapie, Bibliotherapie, Musiktherapie, Kunsttherapie gesagt hat? Was die Heilkräfte des Schönen angeht, so hat Goethe sie alle gekannt, geschätzt und geliebt: die heilenden Kräfte der Dichtkunst, das heilsame Wort und die heilenden Wirkungen des Buches, die Künste als solche, die heilenden Mächte der Musik, die Heilkraft der Sakramente nicht zuletzt.

Was die sieben Sakramente angeht, so hat Goethe sie als einen inneren, in sich geschlossenen »Lebenszyklus« auffassen wollen, »den man nicht zerreißen solle«[72]. Zu preisen seien die Sakramente als »Heilmittel für das ganze Leben«, heilsame Kräfte noch »an der Pforte des Todes«[73]. Immer und überall begegnen sie uns: »von oben begünstigt, gesegnet und geheiligt«[74].

Es sind die Heilkräfte des Schönen wie des Guten, in welchen Natur und Kunst zur Einheit finden: »als die volle und reine Natur, und doch nie die bloße Natur«[75].

Heilkraft des Schönen

Herrlicher als Gold ist das Licht –, lesen wir im »Märchen«. Was aber ist erquicklicher als Licht? Das Gespräch! Wenn auch alles versagt, »bleibet heilsam fort und fort immer noch ein freundliches Wort«[76]. Als der junge Goethe »Werthers Leiden« beendigt sah, fühlte er sich erleichtert und erlöst, »wie nach einer Generalbeichte«; er fühlt sich wieder »froh und frei und zu einem neuen Leben berechtigt«.

Mit dem Worte aufs innigste verbunden ist das Buch, in welchem »die edle Dichtkunst« dann auch ihre »heilenden Kräfte« erweisen konnte. »Innig verschmolzen mit Musik heilt sie alle Seelenleiden aus dem Grunde«.[77] Mozarts Musik vor allem berge in sich eine »zeugende« Kraft. Und so kann Goethe am 14. 2. 1779 an Frau von Stein schreiben: »Musik hab ich mir kommen lassen, die Seele zu lindern und die Glieder zu entbinden.« Die »ungeheure Gewalt der Musik«, sie hat Goethe – wie er am 24. 8. 1823 an Zelter schreibt – eigentlich selten, dann aber um so kraftvoller erlebt: die Stimme, das Klangreiche, der Chor –, sie »falten mich auseinander, wie man eine geballte Faust freundlich flach läßt«. Ein Genuß sei damit verbunden, »der wie alle höheren Genüsse den Menschen aus und über sich selbst, zugleich auch aus der Welt und über sie hinaus hebt«.

Aber auch die Grenzen aller Kunsttherapie, ihr Maß möchte Goethe erkannt wissen. Vermag doch die Musik ebenso wenig wie andere Künste »auf Moralität zu wirken. Es ist falsch, von den Künsten solche Leistungen zu verlangen. Dies vermögen einzig und allein Philosophie und Religion«. Was sie aber, die Künste, vermögen und wirken, das sei »eine Milderung roher Sitten«[78]. Unter diesem Aspekt könne die Musik durchaus gelten als belebendes »Element unserer Erziehung«[79].

Nicht übersehen werden sollte Goethes große Freude an der Farbe: »Daß man den farbigen Edelsteinen Heilkräfte zuschrieb, mag aus dem tiefen Gefühl dieses unaussprechlichen Behagens entstanden sein.«[80] Vor allem der Smaragd galt ihm als »ein wahrer Augentrost«! »Denn wenn der Smaragd durch seine herrliche Farbe dem Gesicht wohltut, ja sogar Heilkraft an diesem edlen Sinn ausübt, so wirkt die unendliche Schönheit noch mit weit größerer Gewalt auf den äußern und innern Sinn. Wer sie erblickt, den kann nichts Übles anwehen; er fühlt sich mit sich selbst und mit der Welt in Übereinstimmung.«[81]

Sie alle, die Heilkräfte des Schönen, sie begegnen uns nun noch einmal in »Lila«, einem diätetischen Kabinettstück ersten Ranges: mit Musiktherapie, Tanztherapie, Kunsttherapie in einem geschlossenen Ensemble.

Das Stück beginnt mit einer furiosen Polemik gegen die schon damals vorherrschende Apparate-Medizin: »O ja, wenn sie nur was zu sezieren, klistieren, elektrisieren haben, sind sie bei der Hand!«[82] Enttäuscht über das mechanisierte Therapieren wird nun alle Hoffnung auf einen »neuen Arzt« gesetzt, der nun nicht so wie die anderen »unser Übel heilen« sollte. Denn hier, bei der gemütskranken Baronin Lila, geht es darum, »die Gesundheit ihrer Seele wiederherzustellen« oder »ihr wenigstens ein leidlich Leben« zu garantieren. »Mein Freund! versetzte der Arzt, wo wir nicht helfen können, sind wir doch schuldig, zu lindern.«[83] Die Wiederherstellung sollte gelingen, diesmal nicht mit Apparaten und Rezepten, sondern durch den Versuch, »Phantasie durch Phantasie« zu kurieren[84].

Musik, Tanz und Vergnügen, sie alle kommen zu Wort als Elemente eines erholsamen Lebens, als die »goldene Wolke«, die den Menschen seinem Elend entrückt, als Fluidum einer Freude, »die in einer vaterländischen Luft sich von Mühseligkeit und Krankheit auf einmal erholt«[85]. Denn »wer Hilfe begehrt, muß nicht auf seinem Sinne bleiben«, er muß sich von seinem Eigensinn freimachen, sollte Selbstvertrauen gewinnen: »Der Mensch hilft sich selbst am besten.«[86]

Goethe ist sich aber auch im Falle »Lila« nur zu gut bewußt, daß bei psychischen Alterationen leicht auch Rückfälle in Kauf genommen werden müssen. »Diese Rückfälle müssen uns nicht erschrecken. Jede Natur, die sich aus einem gesunkenen Zustand erheben will, muß oft wieder nachlassen, um sich von der neuen, ungewohnten Anstrengung zu erholen.« Man muß viel Geduld aufbringen, so auch bei Lila. Wir haben uns zu hüten, »daß wir sie nicht zu geschwinde geheilt glauben«[87]. Nur so könne man hoffen, daß »die Gewalt des Dämons« bald überwunden sei – und dann endgültig!

»Geistliche und leibliche Diätetik«

Was wir bei unserem diätetischen Rondo gefunden haben, das ist zu unserer Überraschung nicht mehr und nicht weniger als das komplette Programm einer dreitausendjährigen Hygiene und Diätetik, der klassischen Gesundheitslehre eben als einer Kunst, vernünftig zu leben. In dieser Lebenskunst hat Goethe es selber gesucht und schließlich auch gefunden, sein »Heiligtum« für die »letzten Tage«, von dem es in den »Wanderjahren« heißt[88]: »Hier erhol' ich mich von allen Fehlern, die mich die Gesellschaft begehen läßt, hier bring' ich meine Diätfehler wieder ins Gleichgewicht.«

Durch innere Gemütsruhe wie auch einen entschiedenen Willen sei der Mensch durchaus in der Lage, mancherlei kritische Phasen zu überwinden, manche, selbst fieberhafte Erkrankung abzuwehren. »Es ist unglaublich (schreibt Goethe am 5. 9. 1830 an Zelter), was in solchen Fällen der moralische Wille vermag! Er durchdringt gleichsam den Körper und setzt ihn in einen aktiven Zustand, der alle schädlichen Einflüsse zurückschlägt.« An sich selbst will Goethe beobachtet haben – wie er am 16. 5. 1821 Alexander von Humboldt berichtet: »daß ich diesen Winter durch entschiedene Einsamkeit und durch diäteste Schonung mich besser befunden habe als seit vielen Jahren.«

Solche Lebenskunst ist alles andere als ein ästhetischer Lebensschmuck. Und selbst die »schönen Künste« seien ja keineswegs aus dem Hang entstanden, die Dinge rings um uns zu verschönern. In all diesen Lebensregeln verkörpert sich vielmehr eine durch und durch gesunde Lebenshaltung, auf die Goethe denn auch immer großen Wert gelegt hat. Tabak zum Beispiel galt ihm als abscheulich, während Wein zur Gesundheit gehört und Kaffee als neutral toleriert wird. Die Brille mag er nicht und schon gar nicht Mikroskope und Teleskope, da beide doch nur den »eigentlichen Standpunkt« verrücken. Bei all seinen Fehlern und Gebrechen: Undankbarkeit gegen »schöne Augen« und rohe Gefräßigkeit seien nie seine Fehler gewesen! Und man könnte noch viel mehr, ja das Unglaubliche tun – schreibt der Dreißigjährige in sein Tagebuch: »wenn man mäßiger wäre«.

»Viele Leidende sind vor mir hingegangen« schreibt Goethe (am 21. 10. 1827) an Rauch, »mir aber war die Pflicht auferlegt, auszudauern und eine Folge von Freude und Schmerz zu ertragen, wovon das Einzelne wohl schon hätte tödlich sein können«. In kritischen Situationen zieht er sich aber auch wieder zurück, läßt die Dinge laufen, verordnet sich Bettruhe, gönnt sich Zeit, übt sich in Geduld. Mit »Geduld und Vorsicht« müsse man sich pflegen, schreibt er 1807 an Meyer, und bemüht bleiben um »äußerste Mäßigung und Langsamkeit«. Nur so konnte man von Goethe behaupten – wie Jean Paul am 2. 9. 1798 an Otto berichtet –, »er könne sechs Monate seiner Arbeit voraussagen, weil er sich zu einer solchen Stimmung der Stimmung durch geistliche und leibliche Diätetik vorbereite«[89].

Von der leiblichen wie auch geistlichen Diätetik wissen bereits die Briefe des Romreisenden zu berichten. »Mit jedem Tag (so am 14. 7. 1797 an Kayser) scheint die Gesundheit des Leibes und der Seele zu wachsen, und ich habe bald nichts, als die Dauer meines Zustandes zu wünschen.« Am Leib und Seele gehe es ihm immer gleich gut, schreibt er am 6. 9. 1787 ins Römische Tagebuch – »und fast kann ich hoffen, radikaliter kuriert zu werden. Alles geht mir leicht von der Hand, und manchmal kommt ein Hauch der Jugendzeit, mich anzuwehen«[90].

Eine Summe von Leben – sicherlich –, aber auch eine von

Leiden – notwendig und notwendend: »Wenn Gott Unglück
über uns sendet, gleicht er einem erfahrenen Landmann, der
den Busen seines Ackers mit der schärfsten Pflugschar zer-
reißt, um es himmlischen Samen und Einflüssen zu öffnen.«[91]
Seinem Freund Zelter weiß er am 28. 12. 1830 zu melden: daß
er sich unter den gegebenen Verhältnissen »wundersam wohl
befinde«, allerdings nur »unter der Bedingung einer ganz eigenen diätetischen Selbstverleugnung«, wozu er sich jedoch
verpflichtet fühle, »um die vielfachen Obliegenheiten, die sich
mir aufdringen, geziemend zu bestehen«. Und doch – so
schließt er – »doch wollen wir uns durchhelfen und allenfalls
durchwürgen«!

Mit »Wilhelm Meister« bleibt Goethe denn auch letztlich
davon überzeugt, »daß dem Menschen in seinem zerbrechlichen Kahn eben deshalb das Ruder in die Hand gegeben ist,
damit er nicht der Willkür der Wellen, sondern dem Willen
seiner Einsicht Folge leiste«[92].

Und auch die »Weissagungen des Bakis« nennen jene »die
Klügsten, die leicht sich vom Tage belehren lassen; es bringt
wohl der Tag Rätsel und Lösung zugleich«[93]. Ist uns doch zeitlebens als »Heiliges Vermächtnis« gegeben: »schwerer Dienste
tägliche Bewahrung«[94]. Aus dieser Gesinnung heraus konnte
Goethe schon in jungen Jahren bekennen: »Ich habe vom Sittlichen den Begriff als von einer Diät, die eben dadurch nur
Diät ist, wenn ich sie zur Lebensregel mache, wenn ich sie das
ganze Jahr nicht außer Augen lasse.«[95]

Sie im alltäglichen Tun zur Lebensregel machen, das war
und ist und bleibt der eigentliche Sinn aller Diätetik, aller Lebensführung von Tag zu Tag. Denn »die zehen Gesetze schlie-
fen und wurden vergessen, die Lebensregeln hatte jeder im
Herzen«[96].

Trachtet also danach, »daß ihr Lebenskenntnis erlanget,
euch und eure Brüder aufzubauen, das ist euer Weinberg, und
jeder Abend reicht dem Tage seinen Lohn«[97]!

PSYCHOLOGISCHES INTERMEZZO

Beim Durchblättern alter Tagebücher fand ich kürzlich eine vergilbte Skizze über ein »Gespräch mit Goethe«, aufgezeichnet von einem Medizinstudenten im Jahre 1948. Und so lautet die Geschichte:

Wir hatten soeben in der Mensa unsere karge »Schwedensuppe« mit einem Schatten von irischem Speck eingenommen und waren auf dem Heimweg, als uns am Schwarzen Brett ein Plakat zu bedenken gab: »Welches Gespräch würden Sie mit Goethe führen, wenn Ihnen dies möglich wäre?« »Ja, wenn –«, sagte mein Freund Harry und betonte es im Weitergehen: »Wenn –, wenn –!« Und damit hätte er das uns so leichtfertig gestellte Thema am liebsten gleich totgeritten! »Wie absurd auch, aus unserer heutigen verfahrenen Situation heraus mit Goethe anzuspinnen! Goethe – wer ist dies denn? Welchem System aus diesem Kosmos sollten wir uns denn mit ihm wohl verpflichten? Und überhaupt: Ich mag dieses olympische Gewitter schon lange nicht mehr! Was also sollte ich wohl mit Goethe?« – Und dann folgte eine ganze Passage von möglichen Partnerschaften – über alles und mit jedem – nur nicht mit Goethe! »Über das Schicksal Europas spräche ich heute lieber mit Napoleon oder meinetwegen mit Thomas Mann. Über Existentialismus würde ich lieber was von Sokrates hören oder mit dem Geiste des Herrn Jedermann einen Austausch pflegen. Um das geistige Problem der Medizin zu diskutieren, wäre mir Nietzsche interessanter und faszinierender, zumal unser guter Geheimrat es ja jedesmal trefflich verstand, seinem eigenen Dämon auszuweichen.« Immer mehr geriet er in Eifer und ging dazu über, unsere spezifische Armseligkeit auszumalen: Ja, als Germanist würde er schon sein Thema wissen, auch als Genosse jeder anderen Fakultät fände er Gelegenheit genug: »Aber wir armen Mediziner!«

Während wir also hinausgingen, zwischen dem abbröckelnden Gerümpel der Trümmerstadt Bonn und über die spärlichen Felder zum Rhein hin, erinnerte ich ihn daran, mit welch einer merkwürdigen Vorlesung doch dieser Tag und diese Woche begonnen habe. In der Frauenklinik nämlich war heute erstmals das Wort »Seele« gefallen, das gerade hier in Bonn einen eigentümlichen Beigeschmack genießt. »Glauben Sie ja nicht, meine Herren« – rief der Professor uns zu –, »glauben Sie doch nicht diesen psychogenen Übersteigerungen, diesen schleimigen Seelenkratzern! Wir haben Realeres vor uns. Wir haben keine Psyche zu untersuchen, sondern wir wissen, daß diese Frau hier vor uns ein Kind bekommt. Was hat das mit der Seele zu tun?«

Ich will es gerne – nein: nicht gerne! – gestehen, daß ich an diesem Morgen sehr traurig war. So platzte es denn aus mir heraus, unterwegs, unwillkürlich, nicht ganz bedacht: »Ich würde also mit Goethe am liebsten ein Gespräch über die Seele führen! Bitte, mißverstehe mich nicht zu früh: Ich sehe ein, daß wir uns an das Empirische, an das Exakte zu halten haben, daß wir unser Handwerk ernsthaft betreiben müssen und – mit Goethe – alles übrige lustig nehmen sollen!«

So also begann unser kleiner Spaziergang! Ich wollte mit Goethe keinerlei philosophische Auseinandersetzung, keine kulturgeschichtliche Untersuchung, wollte auch keine psychologische Analyse, keinerlei Tiefentechnik und Schichtenprobleme aufwerfen, auf keinen Fall Goethes dichterische Art zu einer Art Wissenschaftlichkeit verwässern –; wenn ich aber schon Goethe da hätte und er nun brüderlich neben uns herschritte oder kollegial, oder auch straßbürgerlich, stolbergisch, wertherisch, meinetwegen auch eckermännlich: Ich würde ihn einfach zu einer Stellungnahme, zu einer Aussage auffordern, ob es mit der Realität der Seele etwas auf sich habe oder ob wir nur in die Seife spinnen, was es mit dem Herzen des Menschen denn im Grunde sei, ob all unser Studieren einen Sinn in sich trage und wie ein Bild vom Menschen daraus werde! Hatte er selber doch deutlich genug zu erkennen gegeben, daß er Dinge »wie Leib und Seele« einfach nicht auseinanderbringen könne. Leib und Seele standen einfach in einem Nicht-Ohne-Verhältnis, und in einem solchen Verhältnis hatte er sie nur zu gut gekannt, die so erstaunliche Variationsbreite menschlicher Existenz. Und schon drängten sich weitere Fragen auf: Ob er, Goethe, wohl heute noch aus seiner »höheren Welt« alles das aufrechthalten wolle, was er in so eindringlichen Dokumenten uns hinterlassen und aufgetragen hatte und wie er wohl dieses für die »heutige Zeit« zu fassen und zu verkünden und zu verdichten gedenke? Ob er schließlich dem ganzen akademischen Zauber überhaupt noch Würde beimessen könne oder nicht lieber unsere Einsicht teilen würde, jene traurige Einsicht und die alte trübe Frage: Was nützt es einem Menschen, wenn er sein Staatsexamen macht und dabei Schaden nimmt an seiner Seele!

Unterdes waren wir am Rhein angelangt und saßen auf den Steinen und überließen uns eine Weile der Ruhe und der Sonne und dem Wind, der über den Strom herkam. Wir hatten ja jetzt ein Thema: Goethe und die Seele! Wir empfanden dabei aber auch sogleich, wie wenig der Alte uns gerade darin entgegenkommen würde. Über diese Dinge hätte er nur mit Gott geredet, pflegte er zu sagen: Was ginge das denn die Welt an, da doch die ganze Menschheit hier nicht weiterhelfen könne! Und doch hätte ein solches Gespräch zum Umgang mit Goethe selber werden können, mit jenem Goethe, der uns so oft, uns und so vielen, gefällt, weil wir uns in ihm spiegeln und uns beständig wiederfinden – »und zwar klarer und deutlicher und gefälliger als in uns selber«. So ist Goethe eine Welt: Das erfuhren wir in allen Katastrophen der letzten Jahre, oft zum Trost, oft auch zum Verzweifeln, immer aber als Hilfe und Ansporn: zu wachsen gegen die Welt und zu gewinnen, was sie uns mit »Feuer und Schwert« nicht zu nehmen vermocht hatte. Was sie uns mit Feuer und Schwert nicht haben nehmen können, das hatten wir noch allzufrisch im Gedächtnis, mit jahrelangen Erfahrungen bei der Karawane Kaukasus über den Osterspaziergang durch Bessarabien bis zum bitteren Ende im letzten Gefecht.

Auf der anderen Rheinseite stiegen schlanke Pappelalleen in den Horizont, Wolken schlugen große Zelte auf und zogen

vorüber. Aus dem Gebüsch rief ein Kuckuck. Später kamen
Kinder und spielten und plätscherten in den Wellen. Schwere
schwarzrote Schlepper fuhren die Ruhrkohle in die Schweiz,
trugen das schwarze Gold! Herrlicher als Gold war das Licht,
das über den Strom flimmert, eine Welt, durchaus lieblich anzuschauen, belebend und erquickend. Erquicklicher aber als
Licht sei das Gespräch? Und Goethe wäre ein Gespräch: reiche, volle, gesunde Welt, auch ganz Mensch, ganz Seele! So
leicht also kann man sich im Gespräch mit Goethe verlieren,
verlieben! Doch darüber wollte ich eigentlich nicht sprechen;
etwas anderes lag mir am Herzen, etwas, das mir nun wirklich
zum Problem geworden war. Was nämlich würde Goethe über
die seelische Not des Menschen unserer Tage zu sagen haben,
all die Nöte, die uns in den letzten Jahren dieses unseligen
Krieges befallen hatten: die Angst des Geistes, die Schuld des
Herzens, die Traurigkeit der Seele, all dieses Morbide und Pathologische einer Zeit, aus deren Sumpf die Krankheiten und
Neigungen des Menschen erblüht sind wie böse Blumen. Ich
möchte ihn mitnehmen, um ihm von Fall zu Fall die kritische
Nahtstelle der Seele aufzuweisen, den Riß im Menschen, jene
Spur, aus der ein Mensch begnadeter scheint zum Auf-
schwung in jene »höhere Welt«, auf die der Weise von Weimar
uns hingewiesen hat, deren Konsequenz er aber niemals selber
zu ziehen vermochte.

Bei diesem rhetorischen Geplänkel waren wir nach und
nach doch in ein Gespräch gekommen – über Goethe, wenn
auch noch lange nicht mit Goethe. Freund Harry hatte während der ganzen Zeit mißmutig im Sand gespielt; jetzt aber
sprang er plötzlich auf, setzte sich in Positur und rief mit spöt-
tischem Pathos: »Gut! Also schön! So schlage ich vor, wir
schleppen Deinen Goethe einmal eine Woche lang durch unsere Kliniken und führen darüber getreulich Buch! Da stünde
dann zum Exempel nach dem morgigen Tag (er veränderte
seine Stimme und deklamierte): Heute mit Goethe in der
Psychiatrie. Seine Exzellenz verfolgte höchst aufmerksam die
Vorstellungen aus dem Kreis der Manisch-Depressiven und ei-

niger Schizophrener. Bald jedoch war ein steigendes Unbehagen an ihm zu beobachten, wie es sich in ihm des öfteren zu kumulieren pflegte, und er rief, sobald sich Gelegenheit bot, uns heftig zu: Ihr guten Kinder! Treibt nur Eure Künste! Mit allen Deskriptionen und Definitionen erhaltet Ihr Euch wohl mühsam eine Distanz und schafft scheinbare Kriterien, mit denen Ihr jedoch nicht einmal approximativ auf die Struktur jener wirklichen Verfassungen hinweisen konntet. Zudem brauche ich beim Gang durch dieses Narrenhaus Welt gar nicht erst die auch noch zu sehen, die man da einsperrt. Vor allem aber sehe man sich vor, daß man nicht gänzlich ins Phänomen hineingerissen werde. Wenn der Mensch nachdenkt, findet er sich für gewöhnlich krank. Wir alle leiden am Leben. Außerdem (wandte er sich uns vertraulicher zu) sah ich nichts, was ich nicht, gemäßigter und gebändigter wohl, auch schon an mir selber erfahren und aus meiner Umgebung je und je gekannt hätte. Die Krankheit gehört zur Individualisierung. So habt mir denn Ehrfurcht auch vor dem, was unter Euch scheint und der Verfallenheit preisgegeben ist, oder aber Eure ganze Bildung ist nichts als Narrenpossen und elende Heuchelei«.

Ich hatte mich bequem ins Gras zurückgelegt und lauschte begeistert seinem pathetischen Redeschwall: Ja, im Ernst, das wäre doch was: Goethe in der Nervenklinik! Er rast mit uns heute – wie weiland in Straßburg – durch das klinische Laboratorium. Wir schleppen ihn durch all die flachen Unbedeutendheiten. Er gehört ins Psychologische Seminar! Er ist geduldig und steht immer wieder auf: Darin war er ja Meister – durchhalten – ausharren – dabei sein –, den Forderungen des Tages sich stellen in schwerer Dienste täglicher Bewahrung! Wäre dies nicht auch die einzige Chance: »Daß ich das über meine Kräfte Ergriffene durchzuarbeiten, das über meinen Verdienst Erhaltene zu verdienen suchte, dadurch unterschied ich mich bloß von einem wahrhaft Wahnsinnigen!« All das Improvisatorische unserer Theorien, ihm würde das wenig behagt haben; er wollte positive Meinungen: Problematisches habe er an sich selber genug. Allenfalls würde er uns vielleicht noch ein kleines kollegiales Wörtchen gegönnt haben: So schaut Euch doch um! Denn wenn man es recht bedenket, singt das Seelchen immer wieder!

Unter dem Torbogen zur Akademie beendeten wir resigniert unser Thema, wie Goethe wohl das Gespräch über die Seele geführt haben würde, ohne es recht angefangen zu haben – und wandten uns entschieden dem Nächsten zu, dem Endlichen nach allen Seiten. Es klang mir nämlich noch – »edlen Seelen vorzufühlen« – deutlich genug im Ohr: »Meine Herren! Wir haben hier Realeres vor uns. Wir haben keine Psyche zu untersuchen, sondern wissen, daß diese Frau ein Kind bekommt.« Zum Teufel! Wie schlicht und einfach das ist und wie wahr! Und wahrhaftig: »Und der wird einfach eins über den Schädel bekommen, der das Leben stört durch Psychologie. Wir leben in Zeiten hinein, mein Lieber, die nicht schikaniert sein wollen von Psychologie« (aus dem »Doktor Faustus«, aber nicht dem von Goethe!).

Wir dachten kaum noch daran, wie notwendig ein Gespräch doch sei, als wir schließlich im Lärm des Hörsaals untergetaucht waren, um beim Geburtshilflichen Operationskurs unser Zangen-Sprüchlein abzusingen: »Der vorangehende Teil ist der Kopf. Er steht auf dem Beckenboden. Die Pfeilnaht verläuft quer ...«

5. »Seelenleiden zu heilen«

Mit Goethe in der Psychiatrie

Man könnte glauben, in der Praxis eines modernen Psychotherapeuten zu hospitieren, wenn man sich in das Schreiben vertieft, das der kaum dreißigjährige Goethe am 2. November 1778 an den jungen Johann Friedrich Krafft gesandt hat. Da steht denn zu lesen: »Dem, der sich mit den Wellen herumarbeitet, ist's wohl der schlimmste Herzensstoß, wenn der Willige am Ufer nicht Kräfte genug hat, alle zu retten, die der Sturm gegen seine Küste treibt. Wenn der, dem ein Menschengeschöpf die reichste Beute des Strandrechts wäre, mit wenigen sich begnügen und die andern untergehen sehn muß. In der Vorstellung, die ich mir von Ihnen mache, glaub' ich mich nicht zu betrügen, und was mir am wehsten tut, ist, daß ich einem Manne, der so genügsam verlangt, weder Hülfe noch Hoffnung geben kann.«

Dies sind nur die Präliminarien, die um das Phänomen kreisen, dem alsdann weiter nachgegangen wird: »Um diesen Teich, den ein Engel nur selten bewegt, harren Hunderte viele Jahre her, nur wenige können genesen, und ich bin der Mann nicht, zwischen der Zeit zu sagen: Steh' auf und wandle! Nehmen Sie das wenige, das ich Ihnen geben kann, als ein Brett, das ich Ihnen in dem Augenblicke zuwerfe, um Zeit zu gewinnen ... Nehmen Sie diese Tropfen Balsams aus der kompendiosen Reiseapotheke des dienstfertigen Samariters, wie ich sie gebe.«

Die behutsamen therapeutischen Schritte werden entschiedener, wenn es wenig später heißt: »Und fassen Sie wieder Fuß auf der Erde! Man lebt nur einmal. Ich weiß im ganzen Umfang, was das heißt: sich das Schicksal eines Menschen mehr zu den übrigen Lasten auf den Hals zu binden, aber Sie sollen nicht zu Grunde gehen.« Doch weiß ich auch – so einen Monat später –, »daß den Menschen von zitternder Nerve eine Mücke irren kann und daß dagegen kein Reden hilft«. So am 11. Dezember 1778 an Krafft, dem Goethe im gleichen Schreiben auch klarzumachen versucht, daß sich eine »hypochondrische Ängstlichkeit« wohl kaum jemals »wegraissonieren« lasse.

»Der Wunsch, Gutes zu tun, ist ein kühner stolzer Wunsch; man muß schon sehr dankbar sein, wenn einem ein kleiner Teil davon gewährt wird.« Möchte ich doch imstande sein – so schließt der Brief vom 13. Juli 1779 –, »Ihren trüben Zustand nach und nach aufzuhellen und Ihnen eine beständige Heiterkeit zu erhalten!« Schränken Sie sich ein! – empfiehlt Goethe

am 31. Januar 1781 seinem Schützling Krafft ein letztes Mal:
»Das Muß ist hart, aber beim Muß kann der Mensch allein
zeigen, wie's inwendig mit ihm steht. Willkürlich leben kann
jeder.«

Ein zweiter Fall! Bei der »Kampagne in Frankreich« (1792)
erinnert sich Goethe an die »Harzreise im Winter« des Jahres
1776, wo er den gemütskranken Plessing besucht und mit
»einer zu unternehmenden Kur« zu therapieren versucht
hatte. Seine »krankhaften Symptome« seien so zu erklären,
daß er »den Wert einer klaren Wirklichkeit gegen ein trübes
Phantom seiner düsteren Einbildungskraft« eingetauscht
habe. Was in einer solchen Lage allein zu helfen vermöge, das
sei »herzliche Teilnahme an der äußeren Welt« sowie eine
»gläubige Wendung gegen die Natur und ihre grenzenlose
Mannigfaltigkeit«. Dies allein sei in solchen Fällen »das beste
Heilmittel«[98].

Auch bei diesem so aufschlußreichen Heilplan wird express-
sis verbis das Studium der Natur empfohlen, »das eine solche
Krankheit nicht aufkommen läßt«; ist sie aber einmal eingetreten, sogleich auch »eine wohltätige Heilung« verspricht.
Auch in hohen Jahren noch war sich Goethe – wie er am
10. 10. 1827 zu Eckermann sagt – »gewiß, daß mancher dialektisch Kranke im Studium der Natur eine wohltätige Heilung finden könnte«.

Plessing's Depression wurde offensichtlich erfolglos betreut.
Darüber klagt die »Harzreise im Winter«: »Ach, wer heilet die
Schmerzen des, dem Balsam zu Gift ward? Der sich Men-
schenhaß aus der Fülle der Liebe trank?«[99] Der Mensch
jedoch, jeder Mensch habe viele Häute abzuwerfen, bis er sich
seiner selbst und der weltlichen Dinge nur einigermaßen sicher werde – so hatte Goethe am 26. Juli 1782 Plessing geschrieben, und weiter: »So viel kann ich Sie versichern, daß ich
mitten im Glück in einem anhaltenden Entsagen lebe und täg-

lich bei aller Mühe und Arbeit sehe, daß nicht mein Wille, sondern der Wille einer höhern Macht geschieht, deren Gedanken nicht meine Gedanken sind.«

Und noch ein dritter, ein besonders dramatischer Fall aus der psychotherapeutischen Praxis: Wilhelm Meisters Seelenleiden!

Das Seelenleben des psychisch Erkrankten wird sogleich auf den Punkt gebracht: Im Grunde zerriß er sich selbst! Er sah die Welt nicht mehr vor Augen und blickte nur rückwärts auf den »erschröcklichen Abgrund«. Er »labte sein Aug' an dem Sturz«; er warf sich hinunter »und erzwang von der Natur die bittersten Schmerzen«. Mit Entsetzen blickte er hinab »in den ausgebrannten hohlen Becher eines Vulkans«. Er »verachtete sein eigen Herz und sehnte sich nach dem Labsal der Tränen und des Jammers«. Jeden Trost tat er mit Abscheu ab: »Jeder freudige, sonst teilnehmende Ader haßt' er an sich und nährte dagegen jene stillstehende, schleichende, in sich gekehrte Empfindung, die heimlich den Kern des Lebens aushöhlt«.[100]

Soweit die Schilderung der vorherrschenden Symptome! Ein solch unerträglicher Zustand aber würde von den meisten leider so mißverstanden, als ob hier »außerordentliche physische und moralische Phänomene« am Werk seien, die man der Gewalt des Herzens oder der Kraft des Geistes zuschreiben könne, wo solche Neurotiker in Wirklichkeit doch »mit etwas mehr Ordnung in ihrer Diät, mit etwas mehr Natur in ihrem Genusse zu ihrer eigenen und zu der Ihrigen Zufriedenheit recht ordentliche und recht natürliche Menschen werden würden«.

Und Wilhelm Meister wäre in der Tat auch untergegangen, »hätte ihn nicht die Kraft seiner Natur, die wieder zum Geraden und Rechten strebt, gerettet«. Die Natur war es, welche die »körperlichen Fesseln« zerbrach, um nun das ganze Gebäude des Organismus zu durchwühlen. »Mit der Weisheit einer verständigen Zuchtmeisterin griff sie durch, faßte jedes Übel in

der Wurzel, kehrte das Oberste zu unterst, warf aus, was zu
grob war, verzehrte das Feinere«, brachte aber mit dieser
wahrhaft unbarmherzigen therapeutischen Revolution den
Kranken »etlichemale an die Pforten des Todes«.

»Nachhälle seiner Krankheit« schlichen sich ein, und sie
wurden leider auch wieder »durch eine falsche Diät Leibes
und der Seele« länger unterhalten, als es nötig gewesen wäre.
Kaffee, Tee und Tabak entwickelten zudem verhängnisvolle
Nebenwirkungen, scheinbar als Arznei, in Wirklichkeit aber
nur das leidige »Gift des Körpers und des Beutels«. Was auch
hier wiederum half, war die Natur, die »schnellheilende Kraft,
die in der Jugend ist«. Und selbst die ewig in sich wiederkehrenden Schmerzen, sie seien im Grunde doch auch als »eine
Gnade der Natur« zu erachten.[101]

Auf dem Höhepunkt der seelischen Krise lesen wir dann
auch den so erstaunlichen Satz: »daß die Natur, die doch ihren
Liebling nicht wollte zu Grunde gehen lassen, ihn mit Krankheit anfiel, um ihm auf der andern Seite Luft zu machen.«[102]

Die so radikale Katharsis, eine solche Kur allein »war aus
dem Grunde«, hatte eine gründliche und nun auch grundlegende Heilwirkung: »Alles Fremde und Falsche ward vertrie-
ben und der wohlgebaute Körper zu seinem künftigen Glücke
in seinen innersten Verhältnissen wieder hergestellt.« Eine innere Ruhe stellte sich ein »wie ein freundliches Klima«, aus
welchem der Genesende »gelinde Lebenssäfte« zog. Dankbar
nahm er sie an von der Quelle des Lebens. »Und so ward er wie
ein Kind zum zweitenmal wieder ins Leben zurückge-
führt.«[103]

Wie in einer Epikrise der seelischen Krankheitsbilder zeigen
uns die Phasen der Pathogenese noch einmal das eindrucks-
volle Gesamtbild psychischer Leiden: Elementare Störungen
machen sich bemerkbar, die zunächst rein physisch in Erscheinung treten. »Die zerrissenen Lebensgefäße geben sogleich ihre Funktion auf, im Augenblick wirken die Säfte
chemisch, die elementaren Eigenschaften treten hervor.« Das

gestörte organische Gleichgewicht widersetzt sich sogleich
»und sucht sich herzustellen«; jedoch bleibt zunächst noch alles »psychisch« zerrüttet. Der Kranke fühlt sich auf die Dauer
auch »ethisch im tiefsten verletzt«, beklagt seine »gestörte Tätigkeit« und ergibt sich nur ungern der Geduld. Religiös sein
Leiden betrachtend wird es ihm schon leichter, das Ganze zu
verstehen, zumal sein Geschick ihn vielleicht sogar von größerem Übel bewahrt haben könnte und nun zum Guten hin leite.
Endlich erhebt der Genesende sich wieder, »vertraut Gott und
sich selbst und fühlt sich gerettet«. Er nimmt sein Schicksal in
die Hand und wendet es »zu seinem Vorteil, um einen ewig
frischen Lebenskreis zu beginnen«[104].

Seelenleiden seiner Zeit

Drei exemplarische Fälle aus der Praxis des Seelenarztes, die
uns wiederum verweisen auf das Allgemeine, auf die modischen Leiden der Zeit. Goethe hat jede Gelegenheit wahrgenommen, sich mit einzelnen psychischen Störungen und
seelischen Krankheitsbildern vertraut zu machen. Zum nähe-
ren Studium hatte ihm Max Jacobi am 5. Mai 1825 den ge-
meinsam mit Friedrich Nasse herausgegebenen zweiten Band
der »Sammlungen für die Heilkunde der Gemüthskrankhei-
ten« übersandt –, ein guter Überblick zugleich über den Stand
der damaligen Psychiatrie.
    Energisch wendet Goethe sich gegen die »Lehre von den
unteren und oberen Seelenkräften«, indem er argumentiert:
»In dem menschlichen Geiste sowie im Universum ist nichts
oben noch unten, alles fordert gleiche Rechte an einem ge-
meinsamen Mittelpunkt, der sein geheimes Dasein eben durch
das harmonische Verhältnis aller Teile zu ihm manifestiert.«[105]
    Gewohnt, »das Gehirn von der vergleichenden Anatomie
her zu betrachten«, läßt sich Goethe im Jahre 1805 mit Gall
und seiner dynamischen Schädellehre näher bekanntmachen.
Er möchte gern Galls Theorie anerkennen als »Gipfel der ver-

gleichenden Anatomie«[106], zumal auch er alles derart mit dem
Rückenmark in Verbindung gebracht habe, »daß dem Geist
vollkommene Freiheit blieb, sich nach seiner Art diese Geheimnisse auszulegen«. Goethe gab Willemer bereits am
24. 1. 1803 einen zarten Hinweis auf »die neue Theorie der
Heilkunde«, das ist »die Gallische wunderliche Lehre«, die er
aber keineswegs »dem Gelächter preisgeben« möchte, obschon es ihr doch anscheinend an einem Fundamente fehle.

Wie allerdings die Beziehungen zwischen der Anatomie des
Gehirns und der Lokalisation der Seelenfunktionen aufzudek-
ken seien, das blieb für Goethe ein großes Problem. Er hat es
jedenfalls aufzuhellen versucht durch seine Auseinandersetzung mit der Gall'schen Schädellehre[107], vor allem aber auch
durch das Studium von Soemmerrings »Organ der Seele«
(1796). Von größerer Bedeutung noch wurden ihm Heinroths
»Lehrbuch der Anthropologie« (1822), nicht zuletzt auch der
lebhafte Austausch mit dem befreundeten Carl Gustav Carus.

Alle »Introspektion« der damaligen Seelenforscher aber und
ihr eifriges Herumsuchen im Unbewußten mußte für Goethe
ein Problem bleiben. »Gesundes Hineinblicken in sich selbst,
ohne sich zu untergraben . . ., mit reinem Schauen in die uner-
forschte Tiefe sich wagen, ist eine seltene Gabe.« Man müsse
schon tüchtig geboren sein, »um ohne Kränklichkeit auf sein
Inneres zurückzugehen«[108].

Goethe hielt es überhaupt für ein Unglück, wenn sich eine
Idee festsetzt, »die keinen Einfluß ins tätige Leben« nimmt
oder die ihn »wohl gar vom tätigen Leben« abzieht. Am liebsten möchte hier der Arzt vom Fach den Fall dem Fache des
Seelsorgers überlassen[109], zumal sich beider Aufgabenberei-
che oft genug einfach nicht trennen ließen. Und so beachtet
man auch nie genug »die moralische Wirkung krankhafter
Zustände und beurteilt daher manche Charaktere sehr unge-
recht, weil man alle Menschen für gesund nimmt und von
ihnen verlangt, daß sie sich auch in solchem Maße betragen
sollen«[110].

Unter solchen Vorbehalten kann Goethe sich nunmehr einzelnen »Geisteskrankheiten« konkreter zuwenden, wobei ihm
zunächst ein besonders modisches Syndrom vor Augen tritt:
die »Hypochondrie«. Auch er sah Hypochondrie als eine Mo-
dekrankheit an, die vor allem die Gelehrten und die Beamten
anfalle. »Der dritte Teil der an den Schreibtisch gefesselten
Gelehrten und Staatsdiener ist körperlich anbrüchig und dem
Dämon der Hypochondrie verfallen«[111]. Hier hat Goethe sicherlich an Tissot gedacht und seinen 1768 in Zürich erschie-
nenen Traktat »Von der Gesundheit der Gelehrten«, der
damals europaweit Furore machte.

Und dann liefert uns Goethe das erstaunlich treffende Por-
trät eines Depressiven wie folgt: »Bloß in sich gekehrt, betrach-
tete er sein hohles leeres Ich, das ihm als ein unermeßlicher
Abgrund erschien.« Nichts vor sich, nichts hinter sich sieht er
als eine »unendliche Nacht«, allein mit sich »in der schreck-
lichsten Einsamkeit«. Denn »da ist keine Höhe, keine Tiefe,
kein Vor noch Zurück, kein Wort drückt diesen immer gleichen Zustand aus«. Ein solcher Kranker hat sich selbst isoliert:
Seine Tränen alle weint er nur um sich selbst. Nichts ist ihm
»grausamer als Freundschaft und Liebe«[112].

In dieser Form ist Hypochondrie »ein partieller Wahnsinn,
ein fortdauerndes moralisches Morden«, in der Regel zudem
nicht ohne »Leibesschaden«[113]. Leib und Seele verwickeln
sich zunehmend in ein unheilbares Leiden, in einen »traurigen Zustand«, in welchem einem »nichts mehr wünschens-
wert, nichts mehr begehrenswert« erscheinen will[114].

Von einem solchen Leiden künden nicht zuletzt auch die
»Wahlverwandtschaften«, in denen wir sie ja auch gefunden
haben, jene »tief leidenschaftliche Wunde, die im Heilen sich
zu schließen scheut, ein Herz, das zu genesen fürchtet« (Tag-
und Jahreshefte, Dezember 1822/Januar 1823). Wobei die
Frage verzweifelt offen bleibt, ob nicht ein Genie sich »selbst
retten, die Wunden, die es sich geschlagen, selbst heilen«
könne[115]?

Hypochondrische Verfassungen dieser Art waren es, die den

jungen Goethe des öfteren in solche Unruhe und Ermattung gestürzt hatten, daß er sich »zuletzt glücklich fühlte, als eine körperliche Erkrankung« mit ziemlicher Heftigkeit eintrat und ihn aus diesem unglücklichen Zustand herauszureißen vermochte[116].

Was hier allein hilft, ist eine gewisse innere Erregung, die – wie Goethe am 6. März 1828 zu Kanzler Müller bemerkt – man einfach einsetzen sollte, »um gegen die Drepression anzukämpfen. Das ist auch bei jetziger deprimierender Witterung der beste medizinische Rat«[117]. Mehr noch als die gemüthafte Erregung aber rettet die poetische Produktion. Was ihn bei seinem »Werther« gerettet habe, das sei sein altes »Hausmittel« gewesen, jede dramatische Krise zu verwandeln in höhere Poesie. Und so habe er sich auch damals »wie nach einer Generalbeichte wieder froh und frei« gefühlt und »zu einem neuen Leben berechtigt. Das alte Hausmittel war mir diesmal trefflich zustatten gekommen«[118].

Nicht übersehen sollten wir freilich auch Goethes angeborene Sensibilität, die oft schon – bei aller Beherrschung – ans Pathologische grenzt, die ihn denn auch mit »Werther« bekennen ließ: »Meine Leidenschaften waren nie weit vom Wahnsinn!« Tasso-Gestalten wie Hölderlin oder Kleist ist er tunlichst aus dem Wege gegangen.

»Der arme Heinrich« war ihm ein Buch, das ihm einen geradezu »physisch-ästhetischen Schmerz« eintrug. »Den Ekel gegen einen aussätzigen Herrn, für den sich das wackerste Mädchen aufopfert, wird man schwerlich los.« Goethe geht noch weiter, wenn er nun seinen Ekel gegen das mittelalterliche Gedicht auf das ganze Jahrhundert ausweitet, ein Jahrhundert, das uns »mit Abscheu« erfüllen müsse, wenn »die widerwärtigste Krankheit« zum Motiv für »leidenschaftliche Liebes- und Rittertaten« hochstilisiert werde. Ja, Goethe steigert sich zu dem Bekenntnis, daß diese »einem Heroismus zum Grunde liegende schreckliche Krankheit« auf ihn persönlich so gewaltsam wirke, daß er sich »vom bloßen Berühren eines solchen Buches schon angesteckt glaube«[119].

Angesichts eines solchen ungemein sensiblen Sensoriums glaubte Charlotte von Schiller (wie sie am 27. 1. 1811 an Prinzessin Caroline schreibt) zuweilen »in seiner Seele« erkannt zu haben, daß Goethe selber »in sich irre« sei, um dann – recht boshaft – auf Christiane anzuspielen mit der Bemerkung: »Welcher Dämon hat ihm diese Hälfte angeschmiedet? Es gehört zu den Rätseln der Menschenbestimmung.«

Seine erste Reaktion auf Schillers Tod war ein: »O nein! die Zerstörung!«[120] »Unleidlicher Schmerz ergriff mich, und da mich körperliche Leiden von jeglicher Gesellschaft trennten, so war ich in traurigster Einsamkeit befangen.« Seine Freunde berichten: »Goethe war kränklich und im tiefsten Schmerz«[121]. Und Heinrich Voß bemerkte: »In sanftem Schmerz bringt er den Tag zu, und am Abend schon soll er gefaßt gewesen sein.«[122]

Aber auch dieser sein scheinbar so natürlicher »Abscheu gegen die Kranken« nimmt mehr und mehr ab. Goethe lernt, die krankhaften Zustände in höhere Begriffe zu verwandeln, »durch welche die Heilung, die Wiederherstellung menschlicher Gestalt und Wesens als möglich erschien«. Wie oft hatte auch er erfahren müssen: »Arzt, hilf dir selber!« Wie schmerzlich und wie häufig wurde ihm diese Erfahrung: »Ich trete die Kelter allein!«[123]

Aller Ekel vor dem Leiden hat denn auch seine physische wie eine sittliche Ursache: »Jene wollen wir dem Arzt, diese dem Moralisten zu erforschen überlassen.«[124] Beide Aspekte wollen gleichrangig beachtet werden: Es sei unglaublich – so am 21. März 1830 zu Eckermann –, »wie viel der Geist zur Erhaltung des Körpers vermag. Ich leide oft an Beschwerden des Unterleibs, allein der geistige Wille und die Käfte des oberen Teiles halten mich im Gange. Der Geist muß nur dem Körper nicht nachgeben«.

Welch ein edles Vergnügen sei es nicht auch: »die Menschen von ihren Torheiten zu heilen!«[125] Goethe weiß daher auch

genug über so manchen psychisch labilen Schwärmer zu spotten: »der sein lustig Gespinst mit der soliden Natur ewigem
Teppich vergleicht, die echten, reinen Gesunden krank nennt,
daß ja nur er heiße, der Kranke, gesund« (am 30.10.1796 an
Meyer). All diese seelischen Verbiegungen bestünden ja in der
Regel darin, daß man »von der wahren Beschaffenheit der Gegenstände und Verhältnisse, mit denen man es zu tun habe,
weder Kenntnis habe noch nehmen wolle« (zu Müller,
1825).[126]

Außer dem Physischen gäbe es aber nun doch auch ganz
einfache »Mittel, vom Wahnsinne zu heilen«. Und dann gibt
Goethe sein Rezept: »Man errege ihre Selbsttätigkeit, man gewöhne sie an Ordnung, man gebe ihnen einen Begriff, daß sie
ihr Sein und Schicksal mit so vielen gemein haben!« Man
zeige ihnen, daß ihr Leiden lediglich eine Abweichung vom
Normalen sei! Man gehe dabei sachte zu Werke, suche, »im
allgemeinen Sinne mit vielen Menschen zu leben«[127].

Die Natur reagiere ja nicht nur – wie er (1820) Lobe gegenüber erwähnt – »gegen die leibliche Krankheit, sondern auch
gegen die geistigen Schwächen, sie sendet in der steigenden
Gefahr stärkern Mut«[128]. Daher sein Rat: Seelenleiden zu heilen, dazu »vermag der Verstand nichts, die Vernunft wenig, die
Zeit viel, entschlossene Tätigkeit hingegen alles. Hier wirke
jeder mit und auf sich selbst!«[129] Will man doch durch liebe-
volle Behandlung »wo nicht geheilt, doch getröstet werden«[130]

Und so schließen wir die psychotherapeutische Sprechstunde
mit Ottiliens Tagebuch[131]:

»Das Jahr klingt ab. Der Wind geht über die Stoppeln und
findet nichts mehr zu bewegen. Nur die roten Beeren jener
schlanken Bäume scheinen uns noch an etwas Munteres erinnern zu wollen, so wie uns der Taktschlag des Dreschers den
Gedanken erweckt, daß in der abgesichelten Ähre so viel Näh-
rendes und Lebendiges verborgen liegt.«

VI.
WEGWEISER ZU GESUNDER
LEBENSFÜHRUNG

Im Jahre des Heiles 1792 traf sich zu Weimar im Hause Goethe ein kleiner gelehrter Zirkel, der sich die »Freitags-Gesellschaft« nannte, unter ihnen Herder, Wieland, Knebel, die Frau von Stein natürlich – und diesmal auch ein junger Arzt, der seine Antrittsrede hielt über das schöne Thema »Die Kunst, das menschliche Leben zu verlängern«.

In dieser so »unglückseligen Vielgeschäftigkeit« unserer »traurigen und menschenverschlingenden Zeit« müsse – so der junge Doktor – der Mensch einfach wieder mehr der guten alten Naturkraft vertrauen, der »vis medicatrix naturae«. Alle Kräfte aber auch der eigenen Natur seien aufzubieten, um aus »Kulturzerfall« und »Lebensverlust« herauszukommen und endlich einmal ein vernünftiges Leben zu führen.

Der junge Mediziner – damals noch keine dreißig – war Christoph Wilhelm Hufeland, und nicht nur Goethe zeigte sich begeistert, sondern auch der Großherzog Carl August war von seinem Vortrag derart angetan, daß er ihn ein Jahr später zum Professor der Heilkunde in Jena ernannte.

Man gewöhne sich – hatte der Hofmedikus Hufeland gefordert – nicht nur in der Jugend und Reifezeit, sondern auch und gerade »mit zunehmendem Alter« an eine »gewisse Ordnung in allen Lebensverrichtungen«. Alle unsere Beschäftigungen, sie müßten »ihre bestimmte Zeit und Sukzession haben und behalten«, eine gewisse Rhythmik des Alltags. Denn »der Halbgeborene muß ganz geboren werden«. Aus dem bloßen Naturwesen, einem biologischen Mängelwesen, wird ein Kulturwesen, und dazu verhilft uns die Heilkunde, die Lehre von der Gesundheit!

Als oberste Regel aber bei allen Gesundheitslehren gilt bei

Hufeland die Maxime: Spielräume lassen; regulieren, nicht reglementieren; nicht alles über einen Kamm scheren. »Man binde sich nicht zu ängstlich an gewisse Gewohnheiten und Gesetze, sondern lasse einen mäßigen Spielraum«. Und selbst eine kleine Unordnung könne oftmals auch eine Chance bedeuten für das Gesundsein und Gesundbleiben und sei durchaus in der Lage, »der Gesundheit mehr Weite zu geben«.

Wie schön das gesagt ist: seiner Gesundheit mehr Weite geben! Gesundheit ist ja nun einmal die stets labile Balance zwischen Chaos und Ordnung. Wir haben es ständig mit Risiken zu tun, haben aber auch die Chance, uns an die positiven Kräfte zu halten, die unser Leben erhalten und es bereichern. Hufeland brachte das damals auf den schlichten Satz: »Wir sind beständig von Freunden und Feinden des Lebens umgeben. Wer es mit den Freunden des Lebens hält, wird alt; wer hingegen die Feinde vorzieht, verkürzt sein Leben«.

Der damalige Weimarer Kreis um Goethe war schon erstaunlich: Wieland, Herder, Musäus, Herzog Carl August oder die Herzoginmutter Anna Amalia, später dann Schiller, auch Jean Paul, wenngleich nur am Rande. »Dieser junge 27jährige feurige Herr Doktor – hatte Hufeland schon 1776 vermerkt – brachte eine wunderbare Revolution in diesem Orte hervor, der bisher ziemlich philisterhaft gewesen war und nun plötzlich genialisiert wurde[1].«

Weimar hatte damals wenig mehr als 6000 Einwohner, ein Kosmetikgeschäft am Markt und einen Tuchladen vor der Stadtkirche, und es schuf ein Ambiente, das »mit Porzellan und Fayencen, mit Aquarell und Silhouette« scheinbar »nichts als Poesie atmete«. Der Stadthirte trieb des Abends die Kühe von der Weide vor der Stadt heim, und zu nächtlicher Stunde hörte man die Stimme des Nachtwächters.

Ein dörfliches Weimar, das sich unter Goethe allerdings rasch verändern sollte. In seinem Nachruf auf Goethe hat der Prinzenerzieher Soret die Wandlungen des Stadtlebens lebhaft geschildert: »In wenigen Jahren hat sich der Anblick Weimars verändert. Überall sind neue Schulen gebaut worden, überall ist der Grundunterricht verbessert, sind gute Hospize geschaffen anstelle der traurigen Löcher, in denen die Armen vernachlässigt und schmutzig seufzten«. Alles kommt durch Goethe in Schwung: Landwirtschaft wie Bergbau, Gefangenenfürsorge wie allgemeines Wohlfahrtswesen.

Auffallend rasch in die steife Administration bei Hofe verstrickt, nicht zu vergessen die reichlich provinziellen Hofhändel, will Goethe gleichwohl gerade an diesem Weimar einmal versuchen, »wie einem die Weltrolle zu Gesicht stünde«, obschon er wiederum gerade darin – wie er Freund Merck (am 22. Januar 1776) schreibt – »das durchaus Scheißige dieser zeitlichen Herrlichkeit« durchschaut hatte, wie dies auch sein höchst ambivalentes Bekenntnis bekundet: »Bin Weltbewohner, bin Weimaraner«[2] –, beides zugleich war ja Weimar: ein Dorf und eine Welt!

Dankbar erwähnt Goethe immer wieder diese seine »Freitags-Gesellschaft«, auf daß – wie er am 3. Dezember 1795 an Wilhelm von Humboldt schreibt – »das Licht der Kenntnisse, das übrigens ziemlich unter dem Scheffel steht, wenigstens einmal die Woche in meinem Hause leuchtet«. Dr. Buchholz legte hier »physisch-chemische Erfahrungen« vor wie auch Dr. Hufeland sprach über die »Kunst, das Leben zu verlängern«[3]. Mit einem Wort: »Eine Gesellschaft hochgebildeter Männer, welche sich jeden Freitag bei mir versammelte, bestätigte sich mehr und mehr«.

Bedürfnisse dieser Art zu stillen, seien »die Bemühungen der Ärzte von der größten Bedeutung«[4]. Und gerade eine ideelle Denkweise – wie die des Doktor Hufeland – führe uns »auf den rechten Standpunkt, wo Menschenverstand und Philosophie sich vereinigen«[5].

Das Thema einer vernünftigen Lebensführung sollte Goethe ein Leben lang nicht mehr loslassen. In seinem Hause kamen sie denn auch nicht von ungefähr so trefflich zum Leuchten, jene Gesundheitsregeln des Arztes Hufeland, die er später unter dem Titel »Makrobiotik« veröffentlichen sollte, der »Kunst, lange zu leben«.

Es nimmt uns nicht wunder, daß auch Goethe selber, der
große Lebenskünstler und aufmerksame Heilkundige, zu allen Bereichen dieser diätetischen Lebensführung Stellung genommen hat: zum Umgang mit Licht und Luft ebenso wie zur
Kultur des Essens und Trinkens, zum Rhythmus von Bewegung und Ruhe wie zum Wechsel von Wachen und Schlafen,
zum Haushalt des Stoffwechsels wie auch zu den menschlichen, allzumenschlichen Leidenschaften und natürlich auch
Freudenschaften.

Seit Jahrtausenden war in diesem Sinne die Heilkunst auch
als Lebenskunde aufgefaßt, gelehrt und traktiert worden. Als
Kunst zu leben aber hat sie bei Goethe einen überraschend
geschlossenen Horizont gefunden und ein wahrhaft philoso-
phisches Niveau erreicht, und dies nirgendwo in abstrakter
Spekulation, sondern in einer erfrischend konkreten Form.

Als eigentliche Weisheit galt ja nicht von ungefähr bei den
alten Philosophen, daß man sich die Dinge dieser Welt so
»schmecken« läßt, wie sie wirklich sind, daß man ihnen auf
den »Geschmack« kommt, sie aufspürt, um sie dann leibhaftig
zu spüren. Das allein meint wohl »sapere«, was schmecken
meint, wovon die »sapientia« kommt, jene Weisheit, von der
die alte Diätetik mit ihren so vernünftigen Regeln zu gesunder
Lebensführung noch so viel gewußt hat.

Wie das wohl gemeint sein könnte, seinem Leben eine Linie
und der Lebensführung eine Richtung zu geben, das erfahren
wir immer wieder bei Goethe, der bereits als Dreißigjähriger in
sein Tagebuch schrieb: »Gott helfe weiter und gebe Lichter,
daß wir uns nicht zuviel im Wege stehen«. Goethe schließt
diese seine Gewissenserforschung mit dem Wunsch: »Möge
die Idee des Reinen, die sich bis auf den Bissen erstreckt, den
ich in den Mund nehme, immer lichter in mir werden!«

Naturanschauung und Menschenkunde gipfeln in der
Kunst zu leben: in der Theorie der Lebensordnung und der
Praxis der Lebensführung. In diesem Sinne hat die »Lebens-
lehre« als Hauptdisziplin der klassischen Heilkunde zu gelten.
Heilkunst und Lebenskunde waren in allen alten Heilkulturen

ganz und gar eins. Sie wurden nicht von ungefähr zum Element einer verbindlichen Daseinsphilosophie: so in der antiken Paideia, so bei den arabischen Arztphilosophen, so noch bei den aufgeklärten Gesundheits-Katechismen, wo die Medizin bezeichnet wird als die Elementarwissenschaft eines jeden gebildeten Menschen.

Durch alle Ordnungen des Lebens hindurch stellt sich uns die Forderung, dem Alltag konkret gewachsen zu sein. Eine solche Alltagsstilisierung freilich bieten uns die Wissenschaften nicht. Sie sind recht hilflos vor der Frage: wie wir wohl unser täglich Leben einzurichten haben. Goethe war daher der resoluten Ansicht, daß man einfach jede Gelegenheit wahrnehmen müsse, um »die Dinge im Alle tags ganz von unten auf zu sehen«[6]. Wird uns doch gerade hier sehr deutlich gemacht, daß wir einfach achtzugeben haben auf die tausendfältigen Signale des Alltags, bei Tag und bei Nacht, in jedem Atemzug, mit jedem Bissen, bei allem Tun, in beschaulicher Muße, in einem gebildeten Umgang mit sich selbst und mit anderen. Hier erweist sich denn auch, daß gerade »das Allernächste« immer noch »das Lebendigste« bleibt[7].

Alle diese Signale des Alltags, sie sind von innen wie außen unmittelbar miteinander verflochten: Atmen und Wachen und Wohlbefinden, Ruhen und Lassen und Heiterkeit, sie alle stehen in einer Wahlverwandtschaft. Sie vermögen sich zu steigern wie in einer hermeneutischen Spirale, begegnen sich jeweils wieder auf je gehobenerem Niveau, in wachsenden Spannungskreisen –, und so ist des inneren Lebens kein Ende.

Gerade diese so ungemein konkreten Dinge des Alltags gehören zur »Bildungswelt« des Menschen. Wir haben uns in dieser Welt »auf die nächste klarste Gegenwart«[8] zu beschränken. Goethe hat die denn auch alle noch von der Basis her gekannt, diese Urmuster der »Kunst zu leben«. Er war sich aber auch bewußt, daß wir nie »das reine Phänomen« vor Augen haben, sondern immerzu abhängig bleiben von der Stimmung des Augenblicks, »von Licht, Luft, Witterung, Körpern, Behandlung und tausend anderen Umständen«, die uns gerade bei der täglichen Daseinsstilisierung begegnen, so daß es gälte, »ein Meer auszutrinken«, wenn man sich an die »Individualität des Phänomens« halten wolle.

Nirgendwo kräftiger als in diesen Regelkreisen der Lebensführung gestaltet sich aber auch die Vitalität zur Produktivität, werden – wie die Alten sagten – die »res naturales« zu den »res non naturales«, zur Kunst zu leben, und dies in ihren alten klassischen sechs Lebensbereichen.

Wir wären daher gut beraten, wenn wir diesen Leitbildern zu gesunder Lebensweise einmal systematischer nachgehen würden – Punkt für Punkt – an Texten aus Goethes Briefen und Schriften, an wenigen Beispielen freilich nur, die immerhin als ein Hinweis dienen könnten auf das Ganze der Lebenskunst!

1. Vom Umgang mit der Natur

Der erste gewaltige Lebenskreis von Goethes »Lebenskunst« befaßt sich mit einem Problem, das die alten Ärzte als »Umgang mit Licht und Luft« bezeichneten und zu kultivieren suchten: gebildeter Umgang eben mit der »Umwelt« im weitesten Sinne des Wortes, mit der »Natur« im Goethe'schen Weltverständnis.

Eine ganze Welt tritt uns mit einem Male vor Augen: die weite Welt voller Licht und Luft, mit Wasser und Wärme, als Boden und Landschaft, im Klima, die runde Erde mit ihrer vollen Atmosphäre! Licht und Luft sind nun einmal das Fluidum unserer Existenz, das Atmosphärische des Daseins, unser Medium –, ein schlagender Beweis dafür, daß der Mensch – mit seinem Wasserhaushalt, in seinem Wärmemantel – in einer ganz bestimmten Umwelt zu Hause ist, vom ersten bis zum letzten Atemzug, in einer Welt, die hier an der Haut beginnt und da draußen im Weltall endet.

Hier rühren wir wirklich ans All, streifen den Kosmos, tangieren das Universum. Der Mensch als Lufttier und Lichtpflanze ist kosmisch wie biologisch eindeutig verankert. Licht und Luft und Wasser werden unser natürlicher Lebensraum bleiben, der ständig einer Kultur aller Lebenshüllen bedarf: von der Hauptpflege über die Kleidung zum Gehäuse unserer Wohnungen, über den Witterungsschutz bis zur äußersten Hülle des Weltalls: ein gigantischer, ein so natürlicher Lebensraum!

Alle einzelnen Faktoren – Örtlichkeit und Umgebungen, Richtung wie Neigung –, sie alle »bilden zusammen ein Ganzes, in welchem jeder Mensch wie in einem Elemente, in einer Atmosphäre schwimmt«, sagt Goethe[9]. Mehr noch: »Wir sind von einer Atmosphäre umgeben, von der wir noch gar nicht wissen, was sich alles in ihr regt und wie es mit unserem Geiste in Verbindung steht«. Und so bildet denn auch alles Lebendige »eine Atmosphäre um sich«[10].

In einer solchen geheimnisvollen Umgebung aber – schreibt Goethe (1829) an Zelter –, mit all ihrem Rätselhaften, all ihrem Widerspenstigen auch, müsse man »nach und nach aufhören, für das Verständige und Nützliche zu wirken, wenn uns nicht die Notwendigkeit eingeboren wäre, auf unseren Wegen unverrückt fortzuwandeln« – Tag für Tag, Stunde um Stunde, mit jedem Atemzug. Goethe nennt es »die Summe aller Weisheit«, daß sich Denken und Tun, Tun und Denken wie auch Aus- und Einatmen, beide sich ständig »im Leben ewig fort hin und her bewegen«. Das sei so wie »Frage und Antwort«: eins sollte ohne das andere nicht stattfinden«[11]. Leben ist nun einmal das große Gespräch mit der Welt, Umgang mit der Natur, in jener geistigen Atmosphäre, wie sie alles Lebendige um sich bildet.

Das sind sie, die »zweierlei Gnaden«, bedrängend im »die Luft einziehen« und beim »sich ihrer entladen« so erfrischend![12] »Es ist immerfort Systole und Diastole, Einatmen und Ausatmen des lebendigen Wesens; kann man es auch nicht aussprechen, so beobachte man es genau und merke darauf.«[13] Wir merken sie mit jedem Atemzug, jene »Systole und

Diastole des menschlichen Geistes«, die uns schon zu einem
»zweiten Atemholen« geworden ist:»niemals getrennt, immer
pulsierend«[14]: das Klima geistigen Lebens.

Vom Klima geistigen Lebens

Klima –, das war in den alten Hochkulturen der Ort des Sich-
selbst-Findens und dann auch die Stätte des Sich-wohl-Befin-
dens. Indem die Menschen sich klimatisieren, sagt Herder,
haben sie sich schon in die Natur eingewohnt; sie haben ihr
Zuhause gefunden. Es sind die Landschaften, die uns in schöner Folge das Ganze der Natur zu bieten vermögen, zu vermitteln, zu schenken. Es sind die uns umgebenden Elemente, die
»das Dasein und die Macht Gottes verkündigen. Daher die
heilige Scheu, das Wasser, die Luft, die Erde zu besudeln«[15].

Das Klima bestimmt denn auch unsere irdische Daseins-
weise mehr als wir wissen; es bestimmt auch unsere geistige
Existenz. Goethe nennt es nicht von ungefähr eine »erste poetische Idee«, daß die Menschen »meist unter freiem Himmel
lebten und sich gelegentlich manchmal aus Not in Höhlen zu-
rückzogen«[16]. Die frische Luft des freien Feldes, das sei »der
eigentliche Ort, wo wir hingehören. Es ist, als ob der Geist
Gottes dort den Menschen unmittelbarer anwehte und eine
göttliche Kraft ihren Einfluß ausübte« (am 11. März 1828 zu
Eckermann).

Nicht von ungefähr schenkte ihm gerade das Klima Italiens
einen so wunderbaren »Hauch der leichten Existenz«, ein seli-
ges Dasein, »wo man den ganzen Tag nicht an seinen Körper
denkt, sondern wo es einem gleich wohl ist«. Unter diesem
Himmel könne man »die schönsten Beobachtungen machen«[17], während einem – so fürchtet Goethe 1787 in Neapel –
das nördliche Klima nach wie vor allen Lebensgenuß rauben
werde. Goethe haßte »das katarrhalische Zeug«, das ihm das
Klima immer wieder – im Norden wie im Süden – in den Weg
warf.

Und so hält Goethe denn auch eine »physisch-klimatische Einwirkung auf Bildung menschlicher Gestalt und körperlicher Eigenschaften« für ganz selbstverständlich[18]. Und genau so hätte auch wieder jedes Klima, jede Lage, seine eigenen Tücken. »Nimm dich vor dem Heidelbergischen ja so gut in acht als es gehen will«, mahnt Goethe am 5. Dezember 1808 seinen Studiosus August in Heidelberg. Hier in Heidelberg war es denn auch, wo es – September 1815 – zum Abschied von seiner Suleika kam. Sein Bericht ist typisch! Goethe fühlt sich unpäßlich: »Die bisher nur drohenden Übel fingen an, förmlich auszubrechen; es entstand Brustweh, das sich fast in Herzweh verwandelt hätte –, natürliche Folge der Heidelberger Zugluft und veränderlichen Schloßtemperatur«.

So in seinem Schreiben an Rosine Städel, und ähnlich an anderer Stelle, in einem Schreiben vom Oktober 1779 an Charlotte von Stein etwa, wo wir hören: »Hätte mich nur das Schicksal in irgend eine große Gegend heißen wohnen, ich wollte mit jedem Morgen Nahrung der Großheit aus ihr saugen, wie aus meinem lieblichen Tal Geduld und Stille«. Und noch einmal, im März 1781, wieder an Charlotte: »Wenn wir in einem besseren Klima wohnten, so wäre viel anders; ich bin der dezidierteste Barometer, der existiert«.

Goethes Arzt Vogel hat (1833) diese außerordentliche Sensibilität für das Diätetikum »Luft« nur bestätigen können: »Licht und Wärme waren für ihn die unentbehrlichen Lebensreize; bei hohem Barometer fand er sich am wohlsten[19].« Die Bestimmung der atmosphärischen Zustände werde freilich vom normalen Tagesmenschen kaum bemerkt. Es gehöre schon »eine kränkliche Natur dazu, um gewahr zu werden, es gehört schon eine höhere Bildung dazu, um diejenige atmosphärische Veränderung zu beobachten, die uns das Barometer anzeigt«[20]. Und vielleicht hätte auch Goethe, wie sein Freund, der spöttisch-geistreiche Physiker Lichtenberg, die Hälfte seines Lebens darum gegeben, wenn er gewußt hätte, wie wohl der mittlere Barometerstand im Paradiese gewesen!

»Das Wetter ertötet meinen Geist«, klagt Goethe 1788 Her-

der: »Wenn das Barometer tief steht und die Landschaft keine
Farben hat, wie kann man leben?« Und weiter[21]. »Alles wollt
ich gerne übertragen, wenn es nur immer heiter wäre«. Und so
fänden wir der Zeugnisse ein gutes Dutzend: »Heute haben
wir hohen Barometerstand, kongruierenden Ostwind, erhei-
terten Himmel, Sonnenschein, und so regt sich wieder Glaube
und Hoffnung an und auf die Natur, da denn die Liebe nicht
ausbleiben will«. So am 7. März 1830 an Zelter: Und so
»schöpf' ich nun frischen Atem«. Und noch einmal – 1816 an
die Willemers: »Meine Tage gehen, ich weiß nicht wohin...
Wenn nur der Sommerwind günstig in die Segel bläst!«

»Freilich unter freiem Himmel kann man's nicht immer so
temperiert haben, wie man wünscht«, klagt Goethe in seinem
»Triumph der Empfindsamkeit«, und weiter: »Die Feuchtigkeit des Morgen- und Abendtaues halten die Leibärzte für
höchst schädlich, den Duft des Mooses und die Quellen bei
heißen Sommertagen für nicht minder gefährlich. Die Aus-
dünstungen der Täler, wie leicht geben sie einen Schnupfen!
Und in den schönsten, wärmsten Mondnächten sind die Mük-
ken just am unerträglichsten«[22].

Klimatische Mißbefindlichkeiten

Das »düstere Wetter« will sich Goethe nur zu oft »um die Seele
wie um die Augen« ziehen (am 19. Dezember 1798 an Knebel). »Das Wetter hält uns alle gefangen an Katarrhen, Zahnweh und Unbehaglichkeit«. So am 1. Juli 1777 an Charlotte
von Stein, und noch einmal – am 21. September 1780: »Ich
sehne mich nach Hause wie ein Kranker nach dem Bette.
Wenn die Wolken über der Erde liegen, sehnt man sich nicht
hinaus«. Und so häufen sich die Klagen, Jahr für Jahr und zu
allen Jahreszeiten.

Unter einem »bösen Himmel« leidend[23], unter einem »bösen Himmel« duldend[24] kommt Goethe nicht mehr los vom
»bösen Klima«[25]. Denn was »Tag« wirklich sei, das »wissen wir
Kimmerier kaum. In ewigem Nebel und Trübe ist es uns

einerlei, ob es Tag oder Nacht ist; denn wieviel Zeit können wir uns unter freiem Himmel wahrhaft ergehen und ergötzen?« So die alte, leidige Klage vom 17. September 1786 aus Verona[26]!

Goethe will erfahren haben, »daß Witterung, in der ich immer lebe, auch so den immediatsten Einfluß auf mich hat und die große Welt meine kleine immer mit ihrer Stimmung durchschauert« (am 1. Mai 1777 an Charlotte v. Stein). Er bedauert uns alle, »die wir auf einem bald schmutzigkotigen, bald staubigen, farblosen, die Widerscheine verdüsternden Boden, und vielleicht gar in engen Gemächern leben«[27]. Seiner Vorstellung nach sei es das Schlimmste – wie er am 21. Juni 1797 an Schiller schreibt: »daß bei Regenwetter und kurzen Tagen an gar keine Kommunikation mit anderen Menschen zu denken ist«.

Selbst die Kommunikation mit der geliebten Charlotte wird ständig von klimatischen Mißbefindlichkeiten überschattet: »Das schöne Wetter ist mit Wolken und Nebeln auf einmal überzogen worden, die Berge brauen, und es ist kein Heil mehr. Meine Natur schließt sich wie eine Blume, wenn die Sonne sich wegwendet« (am 18. 9. 1780 an Charlotte v. Stein). Er bittet um Verzeihung, wenn er unter solchen Verhältnissen manchmal »ein bißchen stumpf« sei. So am 8. März 1808 an Charlotte, und weiter: »Manchmal komme ich mir vor wie eine magische Auster, über die seltsame Wellen weggehen«.

Aber auch jene alte Wahrheit will Goethe bestätigt finden, daß eigentlich kein Ort auf der ganzen Welt für einen gesunden Aufenthalt anzusprechen sei: »Jedes Klima, jede Lage haben ihre Tücken« (am 5. 12. 1808 an August v. Goethe). Und wieder die beschwörende Wendung: »O daß doch mein Beruf wäre, immer in Bewegung und freier Luft zu sein; ich wollte gerne jede Beschwerlichkeit mitnehmen, die diese Lebensart auch ausdauern muß« (7. 9. 80 an Charlotte von Stein).

Und so machte Goethe ständig und stetig und immer wieder von neuem ganz bestimmte »Anforderungen an eine reine Existenz in freier Luft« (so am 27. Juni 1797 an Schiller) – was immer das sein mag!

»Reine Existenz in freier Luft«

Den von den antiken Ärzten bereits geforderten gebildeten Umgang mit Licht und Luft, mit Wasser und Wärme, mit Boden und Klima hat wohl kein anderer wie Goethe lebenslang geübt und erprobt. Am 16. November 1795 schreibt er an Meyer: »Ich sehe schon die Möglichkeit vor mir einer Darstellung der physikalischen Lage, im allgemeinen und besonderen, des Bodens und der Kultur, von den ältesten bis zur neuesten Zeit, und des Menschen in seine nächsten Verhältnissen zu diesen Naturumgebungen«. Das ist genau der Zeitraum, wo er – wieder an Meyer – erklärt: »Ich habe auch diese Zeit die berühmte Abhandlung des Hippokrates: De aere, aquis et locis gelesen und mich über die Aussprüche der reinen Erfahrung herzlich gefreut.«

Gelesen hat Goethe zur gleichen Zeit auch Finkes grandiosen »Versuch einer allgemeinen medizinisch-praktischen Geographie« (1792 bis 1795), ein Werk, »in dem er aus allen Reisebeschreibungen, was Klima, Nahrung, gesunden Zustand und Krankheiten betrifft, gesammelt hat« (am 3. Januar 1796 an Meyer) und das »allen Anthropologen und wahren Verehrern« des Hippokrates gewidmet war und insbesondere seiner »Schrift von der Umwelt«.

Die Luft zum reinen Atmen, sie wird zum Träger des höheren Lebens. Im Atmen wird nicht nur das stetig belebende Kontinuum gesehen, sondern auch ein mäßigendes geistiges Prinzip. In seinen Gesprächen mit Eckermann hat Goethe sich immer wieder in diesem Sinne geäußert. Denn: »Was ist im Grunde aller Verkehr mit der Natur, wenn wir auf analytischem Wege bloß mit einzelnen materiellen Teilen uns zu schaffen machen, und wir nicht das Atmen des Geistes empfinden, der jedem Teil die Richtung zuschreibt und jede Ausschweifung durch ein innewohnendes Gesetz bändigt oder sanktioniert.«

Wie Ein- und Ausatmen, so wechseln sie allerdings auch, das Licht und die Schatten. Wir müssen uns auch diesem

Rhythmus beugen, wollen uns die Wünsche nicht über den Kopf wachsen. Selbst die Bäume und Sträucher – vor zwanzig Jahren gesetzt – hätten »dem Boden und dem Hause Licht und Luft fast weggenommen«, bemerkt er 1799 zu Knebel: »So kommt es wohl manchmal, daß uns unsere eigne Wünsche über den Kopf wachsen.«

Wie man sieht, haben ihm selbst die banalen einzelnen materiellen Teile genug bei ihrer geistigen Bändigung zu schaffen gemacht. Das Klima, die Atmosphäre, die Gegend – alles scheint sich uns in den Weg zu werfen und reizt doch wieder zu größerem Einsatz: »Und so fahr' ich auch hier fort bei niederm und hohen Barometerstand der Lebensatmosphäre.« Dankbar sein will Goethe – so 1823 an Gräfin Bernstorff – für »das schöne Licht seiner Sonne«, das uns der Allwaltende schauen zu lassen vergönnt.

Im Innersten seines Wesens ist Goethe sich »geheimnisvoll selbst getreu« geblieben, wie er am 21. November 1782 seinem Freund Knebel schrieb. Unwillkürlich denkt man hier an das »Habitavit secum« der Benediktus-Vita Gregors des Großen: Er wohnte bei sich selbst; er konnte es – bei reiner Luft in freier Existenz – aushalten mit sich selbst und so auch mit seinesgleichen! Er wußte gut genug, »daß man nur wohl lebe, indem man verborgen lebt« (1809).

Seine »Garteneinsamkeit und die Stille des Grüns« bildeten für ihn einen rechten Gelehrtengarten: »damit das Auge sich erquicke, der Geist sich ausruhe«. Dort gelingt es – wie Goethe 1830 an Zelter schreibt: sich zu sammeln, sich »zu einigen und zu innigen«. Und am 14. Januar 1831 kann Goethe über solche Gartenfreude in seinem Tagebuch notieren: »Wo ein tiefer Friede den Menschen Mittel und Muße gab, mit ihrer Umgebung zu spielen.« Da ist es wieder: »Nur Luft und Licht und Freundeslieb! Ermüde nicht, wem dies noch blieb!«

»Lust, Freude, Teilnahme an den Dingen ist das einzige Reelle und was wieder Realität hervorbringt«, schreibt Goethe am 14. Juni 1796 an Schiller. Anteilnahme und Mitteilung, wie Ein- und Ausatmen, Teilgabe und Teilnahme! Es sind die zweierlei Gaben, die so wundervolle Mischung von Pressen und Entlassen, das feurige Stirb und Werde des Lebensprozesses –, und alles das will seiner Natur nach sich mitteilen; es aber aufzunehmen wie es gegeben, das und nichts anderes ist Bildung.

Wie die Hippokratiker bedient auch Goethe sich mit Vorliebe der Lebensflamme als Beispiel für den Sinn des Lebens. In den »Wanderjahren« lernt er es am Kohlenmeiler, den man angezündet wieder zudeckt –, nicht um ihn auszulöschen, sondern um die Flamme zu dämpfen und ihr Leben zu hüten. »Und also läßt man ihr so viel Luft als nötig, daß sich alles mit Glut durchziehe, damit alles recht gar werde«: damit alles reif werde und fruchtbar und nicht um seiner selbst willen verbrenne!

Man bedenke, schreibt er am 15. 2. 1830 an Zelter: »daß mit jedem Atemzug ein ätherischer Lethestrom unser ganzes Wesen durchdringt, so daß wir uns der Freude nur mäßig, der Leiden kaum erinnern. Diese hohe Gottesgabe habe ich von jeher zu schätzen, zu nützen und zu steigern gewußt«. Der diätetische Stromkreis, von der Luft bis zu den Affekten, von den Leidenschaften wieder zurück zum Atemgang des Lebens, er ist gleich zu Anfang unserer Lebenskreise bereits geschlossen.

Zu einem rhythmischen Ereignis wird jetzt jeder Atemzug, der uns einbindet in die Umwelt, unserem Eigenleben neue Impulse verleiht, Signale sendet für die Rhythmik des gesamten Lebens. Jeder Atemzug begleitet den Appetit, motiviert zur Arbeit, läßt nicht locker im Schlaf, ist stetig präsent beim Stoffwechsel, stabilisiert das seelische Gleichgewicht. Hier schon zeigt sich sehr deutlich, daß alle Wegweiser unserer Lebensführung in die gleiche Richtung deuten.

Mit den Wegweisern unserer Atemwelt sind wir zeitlebens eingewoben in die Umwelt, die ganze volle Natur da draußen, die ihrerseits wieder voller Signale steckt: Wir haben ihre Zeichen nur zu deuten: Hinweisschilder, aber auch Warnungstafeln. Denn nur zu oft führt uns diese wilde Natur auch in die

Irre. Zwar suchen wir allenthalben in reizenden Bildern jene gütige »Mutter Natur«, an deren Busen wir zu liegen vermeinen, sollten aber auch die Kehrseite dieser Dame nicht vergessen, vor welcher der junge Goethe schon erschauerte, als er sie, die Natur, unaufhörlich mit uns sprechen hörte –, und doch verrät sie ihr Geheimnis nicht.

Das ist von Anfang an jene Natur, die zu kultivieren unser Auftrag ist, unser Amt an der Welt. »Betrachten wir uns in jeder Lage des Lebens – schreibt Goethe am 23. Oktober 1828 an Brühl –, so finden wir, daß wir äußerlich bedingt sind, vom ersten Atemzug bis zum letzten; daß uns aber jedoch die höchste Freiheit übrig geblieben ist, uns innerhalb unsrer selbst dergestalt auszubilden, daß wir uns mit der sittlichen Weltordnung in Einklang setzen und, was auch für Hindernisse sich hervortun, dadurch mit uns selbst zum Frieden gelangen können.«

Bei solchem gebildetem Umgang erscheint uns nicht mehr jene Natur, die uns drohend gegenübersteht. Das ist nun kein Gegen-Stand mehr, eher ein Gegen-Über, auf das wir uns einlassen, Weltinnenraum in dem ich mich rhythmisch ereigne, ein atmosphärisch wogendes Fluidum, das wir zeitlebens zu kultivieren haben, auf daß die Welt da draußen nach und nach unser und unser Zuhause werde.

»Da ich jetzt so rein und still bin wie die Luft – schreibt Goethe am 29. September 1779 an Charlotte v. Stein –, so ist mir der Atem guter und stiller Menschen sehr willkommen.« Und noch einmal – am 11. März 1781 an Charlotte: »So still bin ich lang nicht gewesen, und wenn das Auge Licht ist, wird der ganze Körper licht sein et vice versa.« Da ist er wieder, der Atem, der Geist, der uns bewegt, uns teilnehmen läßt am Lebendigen: jedes Objekt »so rein, als nur zu tun wäre, in mich aufnehmen«, zu assimilieren, jedes Lebensmittel und so nun auch das Essen und Trinken!

So ist es mit der Natur! »Es ist ein erhabenes, wundervolles Schauspiel, wenn ich nun über Berge und Felder reite, da mir die Entstehung und Bildung der Oberfläche unserer Erde und die Nahrung, welche Menschen daraus ziehen, zu gleicher Zeit deutlich und anschaulich wird.« So schreibt Goethe am 12. April 1782 an Charlotte von Stein.

2. Zur Kultur von Speise und Trank

Der zweite Bereich vernünftiger Lebensführung betrifft nicht von ungefähr den kultivierten Umgang mit Essen und Trinken, mit den Lebensmitteln im engeren Sinne. Und er gehört auch bei Goethe nicht ohne Bedacht zur großen »Kunst zu leben«. Mit »Wilhelm Meister« gesteht Goethe ganz im Sinne der Alten: »Ich habe vom Sittlichen den Begriff einer Diät, die eben nur dadurch Diät ist, wenn ich sie zur Lebensregel mache, wenn ich sie das ganze Jahr hindurch nicht außer Augen lasse«[28]. Oder an anderer Stelle: »Ich lebe diät, damit die Gegenstände keine erhöhte Seele finden, sondern die Seele erhöhen.«

»Diät« hat hier nur wenig zu tun mit dem modischen Kalorienrummel unserer Tage. Hier wird man auch nicht »auf Diät gesetzt«, hier geht es um die »Lebensregel« im ganzen, mehr noch: um ein sittliches Prinzip, ein ganz elementares Lebensbedürfnis, das in zivilisierter Weise zu befriedigen den Menschen erst zu einem Kulturwesen macht.

»Es ist nichts gemeiner und gewöhnlicher als Essen und Trinken; außerordentlich dagegen, einen Trank zu veredeln, eine Speise zu vervielfältigen, daß sie für eine Unzahl hinreiche.« So lesen wir in »Wilhelm Meisters Wanderjahren«[29] und dann sogleich weiter: »Es ist nichts gewöhnlicher als Krankheit und körperliches Gebrechen, aber diese durch geistige oder geistigen ähnliche Mittel aufheben, lindern, ist außerordentlich!«

In seinen »Wanderjahren« hat denn auch Goethe den feinen Unterschied herausgearbeitet zwischen »Bedürfnissen« und

»Gelüsten«, so am Beispiel von Tabak und Branntwein: »Diese seien keine Bedürfnisse sagt er, sondern Gelüste, und da würden sich schon Unterhändler genug finden«[30] –, wie wir dies ja auch heute noch mehr als genug wissen von der Schnapssteuer und beim Tabakhandel. Bei all seinen Bedürfnissen aber gehört der Mensch – wie Goethe 1831 seinem Freund Zelter schreibt – einfach »mit zur Natur, und er ist es, der die zartesten Bezüge der sämtlichen elementaren Erscheinungen in sich aufnehmen, zu regeln und zu modifzieren weiß«.

Die zarte Regelung in der Aufnahme und Abgabe des Elementaren: Das ist das Prinzip aller Ökonomik und auch der Diätetik! Goethe schreibt aus Rom, er lebe »diät«, damit die Dinge möglichst rein auf ihn wirken könnten. Das unmittelbar sittlich Sinnliche dürften wir dabei keineswegs verschmähen, sonst führen wir ohne Ballast. Die ganze Last des Alltags, auch die alltägliche Belästigung durch die banalen Lebensbedingungen, alles das müsse anerkannt und wolle fruchtbar gemacht werden. »Mit entschiedener Diät und Fassung« will auch der kranke Goethe sich noch »einigermaßen brauchbar« erhalten.

In allen alten Hochkulturen spielten Essen und Trinken eine eminent wichtige Rolle, weil sie nie allein der biologischen Bilanzierung dienten, sondern immer auch ein Element kultivierter Gemeinsamkeit darstellten. Ausdruck dafür war das Gast-Mahl!

Ein Gastmahl bereiten

Was alles gehört nicht dazu, ein Gastmahl zu bereiten! Auch Goethe muß den Prozessen einer solchen tagtäglichen Kultivierung, deren man sich normalerweise nur selten bewußt wird, nachsinnen, wenn er daran erinnert: »Wie viele Jahre muß der Hirsch im Walde, der Fisch im Fluß oder Meere zubringen, bis er unsre Tafel zu besetzen würdig ist, und was hat die Hausfrau, die Köchin nicht alles in der Küche zu tun! Mit welcher Nachlässigkeit schlürft man die Sorge des entferntesten Winzers, des Schiffers, des Kellermeisters beim Nachtisch hinunter, als müsse es nur so sein![31].«

Bei jedem Mahle aber zeigt sich uns, wie sehr Natur einer Steigerung bedarf, um Kultur zu werden. Und so sei man denn in Küche und Keller stets darauf aus,»ein Gesteigertes« zu suchen. So Goethe 1807 zu Riemer, und ein jeder Koch wisse das wohl, wenn er seine Brühe appetitlicher macht[32].

Gekonnte Zubereitung aber will ergänzt werden durch gebildeten Genuß.»Was hilft das kostbarste Essen mit seltsamen Zutaten und Zubereitungen, wenn man es nicht genießen kann[33].« Und so lobte Goethe in einem Gespräch mit Riemer (1810) beim Essen ganz besonders den »guten Appetit, das Wohlschmecken, das Innewerden des Genusses. Ohne diesen frißt man sich nur voll wie das Tier«[34]. So ist es: Die Eßlust haben wir mit den Tieren; Tafelfreude kennt nur der Mensch.

Unbemerkt gehen solche Erfahrungen und Einverleibungen über die Bühne. »Also wie der Mensch ißt und trinkt und verdaut, ohne zu denken, daß er einen Magen hat, also sieht er, vernimmt er, handelt und verbindet seine Erfahrungen, ohne sich dessen eigentlich bewußt zu sein.« Daher müssen die Künste das Naturhafte ergänzen, die Künste als »das Salz der Erde«. Und wie das Salz sich zu den Speisen verhält, so verhalten sich die Künste zur reinen Technik[35].

Dicht neben dem Nutzen lauern die Noxen. Das gilt von jedem Nahrungsmittel, gesteigert aber von den Genußmitteln. Auch Goethe hat genugsam erfahren, daß das »Raisonnement der größten Ärzte« die Leute nicht dazu bewegen könne, eine sonst ganz gesunde Speise zu sich zu nehmen, wenn die Erfahrung sie lehrte, daß sie ihnen jederzeit auch schädlich sei, so besonders der Genuß von Kaffee[36]. Um wirklich vernünftig zu leben, müsse man schon »etwas mehr Ordnung« in die Diät bringen[37], was wiederum an den Genußmitteln exemplifiziert wird.

So schleicht sich der Kaffee zwar ein als Arznei, wirkt aber nur als das »leidige und allgemein verbreitete Gift des Körpers

und des Beutels«. Er erzeugt nur eine »vorübergehende falsche Stimmung«, dieser so »verräterische Saft«, und macht
sich damit unentbehrlich. Als gute Gesellschafter treten hinzu:
der Tee, »ein würdiger, obgleich weitläufiger Anverwandter
der verderblichen Bohne«, alsdann der Wein, zumal er nicht
immer mäßig genossen wird. All das verknüpfte sich zu einem
»widrigen Unbehagen« und findet »zuletzt gar in einer Pfeife
Taback sein Glück«[38].

Und was den Wein angeht, so würde selbst dem Liebhaber
»alle Lust am Trinken vergehen, wenn er sich bei vollen Fäs-
sern in einem Keller befindet, in welchem die verdorbene Luft
ihn zu ersticken droht. Reine Luft ist mehr als Wein«[39]. Und
doch war der Weise von Weimar auch dem Weine hold und hat
sich nur zu oft gewünscht: »es möge dieses Glas zu seiner Gesundheit, zur Stärkung seiner alten Glieder gereichen«[40].

Und es ist schon tröstlich, zu erfahren, wie Goethe in allen
Unbilden der Kampagne in Frankreich sich am 2. Oktober
1792 »mit einigem Essen und Trinken gestärkt« fühlt, wobei
dann auch der »Geist durch sittliche Trostgründe beschwichtigt« wurde[41]. Auch hier ward ihm wieder bewußt, daß Wein
und Branntwein zwar viel Schaden angerichtet hätten, obwohl
gerade jene Getränke wiederum doch »wie eine Arznei wirken« könnten[42].

Goethe hat sein Leben lang erfahren und zu schätzen gewußt, daß Lebensmittel Nahrungsmittel wie Heilmittel sein
können. Über Goethes Tagesplan weiß Riemer (am 14. Oktober 1807) zu berichten: »Er ist wohl auf, die Diät, strenger als
je, bekommt ihm sehr gut. Er ißt bloß zu Mittag, aber gut und
hinlänglich; des Abends genießt er Tee und Wein ... So hoffen
wir, daß sein teures Leben uns noch lange zugute kommen
soll«[43].

Goethe wußte nur zu gut: »So lange einer lebt und sich
rührt, findet er immer seine Nahrung, und wenn sie auch
gleich nicht die reichlichste ist[44].« Aber auch er hatte erfahren,
daß seine »magere Kost« doch »in manchem Sinne heilsam«
sei (am 16. 7. 1798 an Wilhelm v. Humboldt).

Bei der »größten Enthaltsamkeit« und bei der »genauesten Diät« – in Nahrung, Bewegung, Aufstehen und Schlafengehen – sollte man jederzeit – so Goethes Maxime – »Herr seiner Zeit und seiner Kräfte« sein[45]. Also leben wir ein Leben lang mit den Lebensmitteln: eine Form die bleibt, an einem Stoff der stetig sich wandelt. Langsam wächst der Mensch, so schwer erhält er sich, paßt ständig sich an, hat seine Nahrung zu wählen, ständig auch zu zerstören, um das Schädliche zu scheiden vom Nutzen.

Unter »diät leben« versteht Goethe denn auch – wie die alten Ärzte – die Regelung und Formung des gesamten Lebensstils, weit mehr also als ein Regimen von Speise und Trank, dann aber natürlich auch die Diätetik des Essens und Trinkens. Atzung ist Leben. »Beseelte Gott den Vogel nicht mit diesem allmächtigen Trieb gegen seine Jungen und ginge das gleiche nicht durch alles Lebendige der ganzen Natur, die Welt würde nicht bestehen können« (29. 5. 1831 zu Eckermann). Nahrung aber will Kultivierung; Essen wird zum Symbol für kulturelle Reife. »Für das größte Unheil unserer Zeit, die nichts reif werden läßt, muß man halten, daß man im nächsten Augenblick den vorhergehenden verspeist, den Tag im Tage vertut und so immer aus der Hand in den Mund lebt, ohne irgend etwas vor sich zu bringen[46].«

Und noch allgemeiner, gültiger in einer Bemerkung zu Falk: »Wir müssen uns prüfen und alles, was wir von außen in uns hereinnehmen, wie Nahrungsmittel, auf das sorgsamste untersuchen, sonst gehen entweder wir an der Philosophie oder die Philosophie geht an uns zugrunde.« Hier ist Philosophie noch – wie im klassischen Zeitalter der Griechen – Lebensform, Lebensregel, Lebensstil, ist wahrhaft »diaita«!

In seinem Tagebuch vom 7. August 1779 weiß der dreißigjährige Goethe – »da die Hälfte nun des Lebens vorüber ist« – zu beten und zu bekennen: »Möge die Idee des Reinen, die sich bis auf den Bissen erstreckt, den ich in Mund nehme, immer lichter in mir werden!«

Die einfachsten Dinge sind es, die dem Leben Linie geben

und zum Band der Gemeinsamkeit wurden. Aus Dornburg schreibt Goethe am 2. März 1779 an Charlotte: »Jetzt leb' ich mit den Menschen dieser Welt und esse und trinke, spasse auch wohl mit ihnen, spüre sie aber kaum, denn mein inneres Leben geht unverrücklich seinen Gang.«

3. Des Lebens Gang im Rhythmus des Alltags

Seinen Gang geht das Leben in einem ebenso beständigen wie geheimnisvollen Rhythmus. Hat man den Rhythmus weg, so hat man die Welt weg. »Rhythmus« wird zum Symbol für des Lebens Wanderungen, für den Gang des Lebens. Das ist »des Wanderers Gang über Feld«, dem wir nunmehr – mit Goethe – nachgehen sollten: »Der aufgehobene Fuß sinkt nieder, der zurückgebliebene strebt vorwärts und fällt, und immer so fort vom Ausgehen bis zum Ankommen.«

Immer wieder ist in Gesprächen und Briefen von diesen »Fäden meines Lebensganges« (so 1802 an Rapp) die Rede, von der stetigen strengen »Prüfung meines eigenen und fremden Ganges« (so 1804 an Eichstädt), von dem Mittleren in der »Bewegung des Tages« (so 1816 an Zelter), von dem »alten mäßigen Gang« (so 1830 wieder an Zelter), einem »geheimnisvollen Gang« aber auch, der sich – so in den »Wanderjahren« – »nicht berechnen läßt«.

Auf seinem Wege sei er unverrückt fortgegangen; immer wieder habe er den Faden verfolgen können, der durch sein Leben gehe (27. Juni 1824 an Schultz). Bei noch so alltäglichen Dingen ist »Kunst zu leben« der rote Faden geworden, der sich durch alle Gänge des Lebens immer deutlicher hindurchzieht.

Wenn immer wieder von diesen Fäden seines Lebensganges die Rede ist, von den Bewegungen des Tages, von dem alten mäßigen Gange, dann ist alles »Gehen im Gange« wortwörtlich gemeint: »Was ich Gutes finde in Überlegungen, Gedanken, ja sogar Ausdruck, kommt mir meist im Gehn. Sitzend bin ich zu nichts aufgelegt«, vermerkt das Tagebuch am 21. März 1780.

Es ist ein geheimnisvoller Gang in allen Angelegenheiten unseres Lebens, der sich freilich nicht so einfach berechnen läßt: »Weil aber niemand Zweck und Ziel seines Daseins kennt, vielmehr das Geheimnis derselben von höchster Hand verborgen wird, so tastet er nur, greift zu, läßt fahren, steht stille, bewegt sich, zaudert und übereilt sich, und auf wie mancherlei Weise denn alle Irrtümer entstehen, die uns verwirren.«

Allen Irrungen und Wirrungen gegenüber will Goethe gleichwohl sein Leben lang »in seinem Wesen« fortgehen, und so sucht er es denn auch ganz bewußt »zu erhalten, zu ordnen und zu begründen, im Gegensatz mit dem Lauf der Welt« (am 29. 11. 1813 an Knebel).

Im »Gang« und »Fortgang« auf diesem so geheimnisvollen Wege kann Goethe aber auch ganz konkret werden, wenn er nun auf das zu sprechen kommt, was er »die körperlichen Übungen« genannt hat, die es – bei des Lebens Gang im Rhythmus des Alltags – ganz besonders zu erhalten und zu fördern gilt. Denn wie man »Verletzungen und Krankheiten in der Jugend rasch überwindet, weil ein gesundes System des organischen Lebens für ein krankes einstehen und ihm Zeit lassen kann, auch wieder zu gesunden, so traten körperliche Übungen glücklicherweise, bei mancher günstigen Gelegenheit, gar vorteilhaft hervor«[47] –, bei mancher günstigen Gelegenheit, und nun auch – als ein durchdachtes Exerzitium – besonders vorteilhaft in Weimar.

Das Weimarer Exerzitium

Nach Goethes Tod erinnert sich der Weimarer Kammerjunker Carl von Stein, Charlottes ältester Sohn, wie er als Zehnjähriger Goethe kennengelernt hatte und was damals in Weimar geschah. »Durch Goethen kamen gymnastische Übungen in Schwung, woran man früher in höheren Zirkeln nicht anders gedacht hatte als an unschickliche Beschäftigungen. Wir lern-

ten also auch auf Stelzen gehen, baden, schwimmen, ja der
Herzog ließ sogar mir und meinen jüngeren Brüdern in unserem damaligen Hofe ein Seil zum Seiltanzen aufspannen[48].«
Solcherart Exerzitien werden geradezu zu einem Bildungs-
programm des jungen Weimarer Geheimrates. Körperliche
Übungen zu leiblicher wie seelischer Ertüchtigung wurden
erstmals in Weimar eingeführt: Wandern, Schwimmen, Turnen, Eislaufen, Bergsteigen und so fort. Sie sollten dazu dienen, den verweichlichten Hofstaat aus den »wohltätig affen-
mütterlichen Armen« der Weimarer und Jenaer Hofärzte zu
befreien. Die Bewegung, der Gang, das Exerzitium des Tages,
all das will nun strengster Prüfung unterzogen werden.
In frühen Jahren schon zeigt Goethe sich davon überzeugt,
daß – wie er am 16. Februar 1788 an Carl August schrieb –
eine »mäßige Bewegung« auch »das Gemüt erfrischt und den
Körper in ein köstliches Gleichgewicht bringt«. In allen körperlichen Übungen – so wird uns berichtet[49]: »Reiten, Fech-
ten, Voltigieren, Tanzen war er der Erste.« Goethe überwacht
die Versuche mit Schwimmen in der Ilm (1778), zunächst mit
einem Korkwams, dann frei, oft auch nachts, im Monden-
schein[50].
Seit frühester Jugend hatte Goethe das »Schlittschuhlau-
fen« genossen, zumal es »den Jüngling seiner Gelenkheit ganz
zu genießen aufruft und ein stockendes Alter abzuwehren ge-
eignet ist«. Und es genügt ihm keineswegs, »einen herrlichen
Sonnentag so auf dem Eise zu verbringen«. Man setzte das
Spiel fort bis tief in die Nacht: »Der über den nächtlichen,
weiten, zu Eisfeldern überfrorenen Wiesen aus den Wolken
hervortretende Vollmond, die unserm Lauf entgegensäuselnde
Nachtluft« –, all das versetzte die jungen Leute in eine Hochstimmung, in der sie dann im Dämmerlichte Klopstocks Ode
deklamierten: »Und sollte der unsterblich nicht sein, der Gesundheit uns und Freuden erfand!«[51]
Sämtliche Glieder – vor allem beim Eislaufen, das man in
Weimar auch »Eislust« genannt hat – scheinen »gelenker zu
werden und jedes Verwenden der Kraft neue Kräfte zu erzeu-

gen, so daß zuletzt eine selig bewegte Ruhe über uns kommt, in der wir uns zu wiegen immerfort gelockt sind«[52].

Zum gelockerten Training, das Bewegung und Ruhe – wie im Wechselspiel von »motus et quies« der alten Ärzte – in ein Gleichmaß bringt, gehört für Goethe vor allem auch das Turnen. »Ich hoffe – so am 1. 5. 1825 zu Eckermann –, daß man die Turnanstalten wieder herstelle; denn unsere deutsche Jugend bedarf es, besonders die studierende, der bei dem vielen geistigen und gelehrten Treiben alles körperliche Gleichgewicht fehlt und somit jede nötige Tatkraft zugleich.« In Jena war auf Goethes Anordnung ein eigener Turnplatz eingerichtet worden. »Die Turnerei halte ich wert: denn sie stärkt und erfrischt nicht nur den jugendlichen Körper, sondern ermutigt und kräftigt auch Seele und Geist gegen Verweichlichung[53].«

Im Exerzitium nicht vergessen war das Reiten, von Goethe besonders geliebt und genossen. Das Reiten »verdrängte nach und nach jene schlendernden, melancholischen, beschwerlichen und doch langsamen und zwecklosen Fußwanderungen; man kam schneller, lustiger und bequemer zum Zweck«[54]. Der 50jährige Goethe noch reitet täglich, »um durch die Bewegung den ganzen Körper dergestalt in Kontribution zu setzen, daß er die fehlenden Kapitel der Einnahme übertragen werde«. Nur Bewegung und kluge Besonnenheit behält die Führung im Tageshaushalt. »Da ich sehr diät lebe, wird der Gang nicht gestört, und ich muß noch herauskriegen, in welcher Zeit und Ordnung ich mich um mich selbst bewege[55].«

Was es überall zu suchen gilt, ist eben der eigene Rhythmus des Alltags, der so schwer zu finden ist. Selbst der »liebe Gartenverein« benimmt sich »wie die übrige Christenheit«: Man verliert sich im »grenzenlos Mannigfaltigen« statt sich am Konkreten und Einfachen zu halten: »Alles andere ist vom Übel. Der Mensch aber kann nicht ruhen, er will immer noch etwas anders« (am 18. 7. 1829 an Zelter). Dabei sollte doch alle Bewegung des Tages sich nach dem Gesetze der natürlichen Dinge von selber auswirken, und dies sei durchaus möglich, wenn man nur die Natur wirken ließe!

Bewegung und Ruhe im Gleichgewicht

»Tätig zu sein ist des Menschen erste Bestimmung. Und alle Zwischenzeiten, in denen er auszuruhen genötigt ist, sollte er anwenden, eine deutliche Erkenntnis der äußerlichen Dinge zu erlangen, die ihm in der Folge abermals seine Tätigkeit erleichtert[56].«

Man sagt immer, die Lebenszeit ist kurz – bemerkt Goethe 1822 zu Grüner –, »allein der Mensch kann viel leisten, wenn er sie recht zu benützen weiß. Ich habe keinen Taback gerauch, nicht Schach gespielt, kurz nichts betrieben, was die Zeit rauben könnte«[57]. Nur bei einem gleichen Lebenswandel fühlt er sich »ganz wohl und tätig und wanke und weiche nicht aus meiner Bahn«. So in einem Schreiben vom 20.1.1818 an Zelter, und ähnlich am 22.10.1826 an Boisserée: »Ich verwende Tag und Nacht auf Denken und Tun, wie und damit es möglich sei!«

Die Zeit ausschöpfen, auskosten, auswerten – bleibt lebenslange Verpflichtung. Bereits in jungen Jahren (am 11. September 1780) kann Goethe an Charlotte v. Stein schreiben: Es sei »die größte Gabe, für die ich den Göttern danke, daß ich durch die Schnelligkeit und Mannigfaltigkeit der Gedanken einen solchen heitern Tag in Millionen Teile spalten und eine kleine Ewigkeit daraus bilden kann«. Sein Rat ist und bleibt aber auch: »nichts zu forcieren und alle unproduktiven Tage und Stunden lieber zu vertändeln und zu verschlafen, als in solchen Tagen etwas machen zu wollen, woran man später keine Freude hat« (am 11. März 1828 zu Eckermann).

Auch hier ist es wieder die Natur, die man in aller Ruhe wirken lassen solle: »Auf bequemen Müßiggang so gut als überanstrengte Arbeit, auf Willkür und Überfluß wie auf Not und Mangel sieht sie mit traurigen Augen nieder. Zur Mäßigkeit ruft sie; wahr sind ihre Verhältnisse und ruhig alle ihre Wirkungen[58].«

Nur so kann Goethe alle seine Geschäfte ruhig ihren Gang gehen sehen, wie er am 30. Dezember 1785 an Knebel

schreibt: »Sie bilden mich, indem ich sie bilde!« Bei allen sittlichen Anforderungen an sich selbst aber will Goethe im
Alltag, in der »Bewegung des Tages«, lieber das Mittlere gelten
lassen. Zu viele Probleme gleichzeitig beunruhigen genug;
wichtig sei, daß man auf eines losgehe und inzwischen alles
andere ruhen und schweigen lasse. Unbedingte Tätigkeit, von
welcher Art sie auch sei, mache zuletzt bankrott[59]. »Die ganze
Arbeit ist Ruhigsein, und die Ausgabe Zeit, die wir nicht retten, ohne sie auszugeben.«

Stille – die Mitte tätiger Existenz

Bei aller Bewegtheit dieses so reichen Lebens fehlt nie der Ge-
genpol der Ruhe; bei aller Mitteilung dominiert das Schweigen; in aller Geselligkeit herrscht Einsamkeit. Von den »heilsamen Nymphen« hat Goethe uns gesungen, die einem
jeglichen in seiner Lebensqual geben, was er im Stillen begehrt, die dem Traurigen Trost schaffen, dem Zweifelnden
Belehrung, dem Liebenden aber, daß ihm begegne das Glück.
Und auch dieses alte schöne, so vertraute Lied, so »tröstlich
und hülflich«, es trägt nur dieses eine Wort im Titel: »Einsamkeit!«

»Um die Einsamkeit ist's eine schöne Sache, wenn man mit
sich selbst in Frieden lebt und was Bestimmtes zu tun hat«,
schreibt Goethe (am 4. März 1779) an Charlotte von Stein.
Einsamsein gehört ganz gewiß zum »Lebenswohl«, heißt es im
Juli 1819 in einem Schreiben an Willemer; es gehöre einfach
zum Leben als »eine natürliche, notwendige Pflicht«, und weiter: »Ich konnte sie im beweglichsten Leben einigermaßen
erfüllen, und ich nähre und erbaue mich daran in der Einsamkeit.« Das ist seine Erfahrung, und er hat sie immer wieder
erneuert: »daß ich nur in einer absoluten Einsamkeit arbeiten
kann« (am 9. 12. 1797 an Schiller).

Ohne »absolute Einsamkeit« – so wieder am 7. 8. 1799 an
Schiller – könne er »nicht das Mindeste« hervorbringen. Und
an anderer Stelle – noch lapidarer, souveräner, olympischer:

»Meine Sachen waren Kinder der Einsamkeit.« Wie dem auch sei –, so schon der junge Goethe an seine Charlotte (am 17. 11. 1782): »Was es auch sei, so fühl' ich ein unendliches Bedürfnis, einsam zu sein.«

Aber dann kann Goethe auch wieder in sein unendliches Klagen ausbrechen: »Die Hand des einsam Verschlossenen, der die Stimme der Liebe nicht hört, drückt hart, wo sie aufliegt« (so am 24. Mai 1776 an Charlotte v. Stein). So ambivalent kann es werden, das Einsamsein! »Ich lebe«, klagt Goethe am 14. April 1782 seinem Freund Jacobi, »in einer Einsamkeit und Abgeschiedenheit von aller Welt, die mich zuletzt stumm wie ein Fisch macht«. Und Zelter sieht den Mann auf der Höhe seines Ruhmes in großer Besorgnis vor sich: »einsam brütend, sich selbst verzehrend«.

Dann aber will und kann Goethe auch wiederum seinen Freunden versichern, »daß nur ununterbrochene Tätigkeit nach innen und außen mich lebendig erhält« (am 6. 10. 1816 an Willemers). Wer tätig sein will und muß – schreibt er am 25. Januar 1831 an Marianne –, »hat nur das Gehörige des Augenblicks zu bedenken, und so kommt er ohne Weitläufigkeit hindurch, da der Hauptzug des Lebens sich ohnehin von selbst vorschreibt«, wobei man abermals gewahr werde, »daß, wenn man unmittelbar nützen soll und will, man für den Tag leben müsse« (am 2. 3. 1831 an Marianne v. Willemer).

Ist denn nicht »alles, was wir treiben und tun« letztlich ein Abmüden? »Wohl dem, der nicht müde wird!«[60] Daher der Rat: »Wie das Gestirn, ohne Hast, aber ohne Rast, drehe sich jeder um die eigene Last.«[61]

In der Stille als der Mitte seiner tätigen Existenz konnte Goethe dann auch zu Eckermann (am 27. 1. 1824) sagen: »Ich will mich nicht beklagen und den Gang meines Lebens nicht schelten, allein im Grunde ist es nichts als Mühe und Arbeit gewesen, und ich kann wohl sagen, daß ich keine vier Wochen eigentlichen Behagens gehabt. Es war das ewige Wälzen eines Steines, der immer von neuem gehoben sein wollte.« Und mitten in dieser aktiven Bewegtheit ist es dann wieder die Ruhe, die Entsagung, die große Stille, die immer mehr zur Maxime seiner Existenz wird, eine Haltung, die – wie wir zugeben müssen – alles andere als einfach war: »Was ich trage an mir und anderen, sieht kein Mensch.« So im Tagebuch, am 13. Mai 1780, und dann sogleich weiter[62]:

»Das Beste ist die tiefe Stille, in der ich gegen die Welt lebe und wachse und gewinne, was sie mir mit Feuer und Schwert nicht nehmen können!«

4. TAG UND NACHT IM SPIEL DER GEZEITEN

Im Wechselspiel von Wachen und Schlafen sind wir ein weiteres Mal auf eine geheimnisvolle Weise abgehoben gegen den Gang der Welt und eingetaucht in den kosmischen Rhythmus von Tag und Nacht. Das gehört zur Gesetzlichkeit des so natürlichen Alltags: Wir mögen die Welt kennen lernen, wie wir wollen, sagt Goethe: Sie wird uns immer »eine Tag- und eine Nachtseite«[63] zeigen. »Im inneren Erdenball pulsieren die Kräfte, die zur Nacht uns führen und wieder zu dem Tag heran«[64]: ein gewaltiges planetarisches Drama!

Eine gekonnte Ausübung dieses so gleichmäßigen Rhythmus von Schlafen und Wachen, die entschlossene Bildung vor allem einer in sich geschlossenen Ruhezeit, in der ein jeder in seine eigenen Welt versinkt, um dann wieder wach zu sein und am anderen und mit anderen –, das war auch für Goethe einer der wichtigsten Wegweiser für die Kultur des Alltags. Hier fand er jene so ungemein sensiblen inneren Zeitgeber, die auf eine so unwahrscheinlich intelligente Weise das innerorganismische Leben zu steuern und zu stilisieren vermögen –, wahrhaft Uhren, die das Leben stellt.

Die Ritualisierung der Zeiträume, sie gibt dem Menschen im Denken wie im Wirken gleichsam die Möglichkeit, sich vertrauter zu machen mit der Wirklichkeit dieses Lebens, mit der Lesbarkeit von Welt. Und so kann auch der greise Goethe noch seinem alten Freund Sulpiz Boisserée (am 22. 10. 1826) selbstbewußt bekennen: »Ich verwende Tag und Nacht auf Denken und Tun.« Und dann sogleich weiter: »Tag und Nacht ist keine Phrase; denn gar manche nächtliche Stunde, die dem Schicksale meines Alters gemäß ich schlaflos zubringe, widme ich nicht vagen und allgemeinen Gedanken, sondern ich betrachte genau, was den nächsten Tag zu tun? das ich denn auch redlich am Morgen beginne und so weit es möglich durchführe. Und so tu' ich vielleicht mehr und vollende sinnig in zugemessenen Tagen, was man zu einer Zeit versäumt, wo man das Recht hat, zu glauben oder zu wähnen, es gebe noch Wiedermorgen und Immermorgen.«

Goethe erzählte dem Kanzler von Müller einmal (1816), daß er täglich schon um 7 Uhr in der Frühe aus dem Bette zu diktieren anfange. »So halte ich mich von der Welt zurückgezogen, um gesund zu bleiben und finde mich so meinen Obliegenheiten noch gewachsen[65].« Goethe galt seinen Zeitgenossen als Frühaufsteher, und frühzeitig begab er sich auch zur Ruhe. »Sobald Seele und Körper durch Schlaf und Ruhe in den Zustand der Behaglichkeit versetzt sind, so verlangen beide wieder, sich zu regen, zu wirken, gereizt, gerührt und so ihres Daseins gewahr zu werden[66].« Wie man sieht: Das Moment des Aktiven dominiert in der Regel immer ein ganz klein wenig über die Kontemplation. Der Tag regiert: Da rühre sich der Mann!

Goethe macht auch hier wieder die Beobachtung, »daß ich weder Abends noch in der Nacht jemals gearbeitet habe, sondern bloß des Morgens, wo ich den Rahm des Tages abschöpfte, da denn die übrige Zeit zu Käse gerinnen mochte« (am 11.9.1820 an Boisserée). Und mag der Tag auch noch so sehr dem Irrtum und dem Fehler verfallen sein, die Zeitreihe bringt Gewinn und Erfolg[67]. Wach-Sein ist alles!

Wach-Sein ist ganz und gar Dabei-Sein! Nichts sei daher höher zu schätzen als »der Wert des Tages«, heißt es im »Wilhelm Meister«. Noch ist der Tag – lesen wir im »Westöstlichen Divan«: »Da rühre sich der Mann!«[68] Und selbst die Nacht findet uns noch in reifendem Weiterwirken. Denn: »Der

Mensch kann nicht lange im bewußten Zustande oder im Bewußtsein verharren (so am 5. 8. 1810 zu Riemer); er muß sich wieder ins Unbewußtsein flüchten; denn darin lebt seine Wurzel[69].«

Alles lebt auch hier aus dem Rhythmus von Anziehung und Abstoßung, in Systole wie Diastole, den zweierlei Gnaden von Einatmen und Entladen der Luft. Immer geht es im Rhythmus des Alltags um Mitte und Maß, um das Zünglein an der Waage. »Unsrer Krankheit schwer Geheimnis schwankt zwischen Übereilung und zwischen Versäumnis.«

Goethe hat diesen Rhythmus des Alltags in der eigenen Natur ebenso gefunden wie in der Natur da draußen. Schon die geheimnisvolle Welt der Pflanzen verriet ihm die kosmisch erregte periodisch zitternde Bewegung. Im Jahre 1755 bereits hatte der große Botaniker Linné vom »Pflanzenschlaf« gesprochen. Damals schon kannte man die »innere Uhr« aller Lebewesen, mysteriöse Kräfte, die eine gesetzliche Periodik zwischen Tag und Nacht gleichsam verordnen, die wie die Tage auf die Nächte folgen, wie die Stille auf alles Bewegtsein.

Immer wieder sucht Goethe daher auch die Stätte der Stille, einen Ort der Sammlung. »Hier erhol' ich mich von allen Fehlern, die mich die Gesellschaft begehen läßt, hier bring' ich meine Diätfehler wieder ins Gleichgewicht[70].« Im Wechsel von Wachen und Schlaf sind wir alle auf geheimnisvolle Weise vom Rhythmus zwischen Tag und Nacht getragen und gehalten. Überraschend bewußt werden sie dann auch ausgelebt, diese beiden Pole eines kosmischen Wechselspiels.

Es ist dann der Schlaf, der »die Knoten der strengen Gedanken« löst; ungehindert fließt jetzt »der Kreis innerer Harmonien«. Eingehüllt »in gefälligen Wahnsinn« versinken wir »und hören auf zu sein«[71] – Tag um Tag, Nacht für Nacht. Schon seinen Sohn August macht Goethe (am 9. 5. 1818) darauf aufmerksam, »daß er die größte Zeit seines Lebens müßig herumläuft oder gestreckt daliegt«[72]: der Mensch, wir alle!

Begreifen wir es jemals ganz, das Wesen des Schlafes? Was für ein Phänomen auch: daß da das Großhirn seine Tätigkeit plötzlich – nein: nicht plötzlich, sondern periodisch, in eherner Gesetzlichkeit – einstellt, abbremst, locker läßt, auflöst –; daß da mit einem Male Millionen grauer Zellen ihre hektische Ameisenemsigkeit auslaufen lassen, sich flüchtend »in die wunderlichsten Ecken und Winkel« unserer Existenz, in ein durchaus unbewußtes Sein und Wirken –, um dann – welch Wunder! – einfach wieder da zu sein, voll und ganz und heil, präsent, bereit zu…, einfach wach!

Vom Geschenk des Schlafes

Gemessene Gleichheit im Leben und Genießen, die Goethe für sein produktives Befinden einfach verlangen zu müssen glaubte, sie kamen ihm vor allem aus dem Geschenk des Schlafes. Zum Geheimnis von Goethes wacher Lebenskunst gehört daher nicht zuletzt seine erstaunliche Fähigkeit zur Entspannung, zum Müdegewordensein, zum Schlafen. »Wo das Auge sich schließt und das Gehirn seine Herrschaft aufgibt, bin ich höchst erquickt, in einen natürlichen Schlaf zu fallen« (so 1820 an Nees von Esenbeck). Hier, im Schlafe, da fällt man einfach zurück, »zurück zu den Müttern«, wie denn nicht von ungefähr der Schlaf gedeutet wird als Rückkehr in den Mutterschoß, wo man sich gönnt und gönnen sollte sein kleines embryonales Interregnum.

Schon beim ständigen »Narrenlärm unserer Tagesblätter« ergehe es ihm »wie einem, der in der Mühle einschlafen lernt« (am 31.12.1817 an Zelter); er aber habe es einfach nicht nötig, sich mit dem Tagesgeschwätz abzugeben, zumal »die vollkommensten Symbole vor meinen eigenen Augen sich ereignen« (am 19.3.1818, wieder an Zelter). Daher es rätlich sei, sich von allem Weltkram zeitig loszusagen.

Eine Zeitlang war Goethe gewohnt, bereits »um 8 Uhr zu Bette zu gehen«[73]. Andere berichten: »Um 9 Uhr des Abends legte er sich zu Bett und war früh wieder auf[74].« Goethe sprach (1779) »von der Glückseligkeit des Schlafs, wo er jederzeit völlig ausruhe«[75]. Und noch einmal – am 24. Juni 1784 an Charlotte von Stein: »Wie sehr fühle ich die Glückseligkeit des Schlafs!«

Seinem langjährigen Freunde Knebel hat Goethe einmal bekannt, er habe all seine Sachen »als Nachtwandler« geschrieben; und wo andere ihren Rausch verschlafen hätten, da habe er den seinigen zu Papier gebracht. Wie ein »Nachtgänger« sei doch der Mensch: Die gefährlichsten Kanten steigt er im Schlaf (am 7. 11. 1780 an Charlotte v. Stein). Wie oft hat er beseligt empfunden, daß heilsam die Nacht über ihm gewesen! »Durch einen schönen Schlaf hab' ich meine Seele gereinigt«, schreibt er am 21. Mai 1778 seiner Charlotte, und später (15. 3. 1785) noch einmal: »Ich habe nur zwei Götter: dich und den Schlaf. Ihr heilet alles in mir, was zu heilen ist und seid die wechselweisen Mittel gegen die bösen Geister.« Und kurz darauf, am 3. April 1785: »Der Schlaf heilt bei mir vieles; ich bin zeitig und wohl erwacht.« Charlotte und Schlafen ist ihm bald schon zu einem gar heilsamen Wechselspiel geworden: »Ich legte mich zeitig zu Bette, mein gewöhnliches Mittel, wenn mir's in der Welt unheimlich wird, und las und schlummerte und dachte an dich« (9. 9. 1782).

Wer beides aber, die produktiven Kräfte im Schlaf wie in der wachen Bewegung, recht zu nutzen weiß, »der kann wirklich äußerst viel ausrichten«. Und wie die Sterne ihren Gang da oben haben, so sollte auch der Mensch sich recht verhalten zu Tag und Stunde und bei jedem Anlaß. Und wie »Hunger das beste Gewürz bleibt, so wird Müdigkeit der herrlichste Schlaftrunk sein«[76]. Das hat der Schlachtenreporter Goethe nicht nur einmal auf der »Kampagne in Frankreich« erfahren, wo er sich dann auch (am 6. November 1779) die alte Soldatenweisheit notiert: »Am Essen haben wir uns nicht sehr erholt und hoffen, daß der Schlaf besser schmecken soll[77].«

Im Alter freilich, so glaubt er an sich bemerkt zu haben und berichtet es Riemer (1807): Im Alter schlafe man eigentlich nicht mehr so recht, der Schlaf ziehe sich nur noch »über die Gegenstände des Tages wie eine Art von Flor und lasse sie durchscheinen«[78], gleichsam transparent werden.

Und doch: Nur aus dem lebendigen Quellgrund des Schlafes wird man erfahren können, daß nichts höher zu schätzen ist
als »der Wert des Tages«; nur so wird man auch rührig bleiben:
Geistes gegenwärtig sein! »Das Tagwerk, das mir aufgetragen
ist, das mir täglich leichte und schwerer wird (so schon sehr
früh, im September 1776 an Lavater), erfordert wachend und
träumend meine Gegenwart.« Auch hier wieder – wie Tag und
Nacht – das Wachen und das Träumen!

Aus der Traumwelt

Der Traumwelt gegenüber bleibt Goethe freilich zeitlebens
höchst ambivalent eingestellt. »Ich habe in meinem Leben
Zeiten gehabt, wo ich mit Tränen einschlief« (erzählt er am
12. 3. 1828 seinem Eckermann): »Aber in meinen Träumen
kamen nun die lieblichsten Gestalten, mich zu trösten und zu
beglücken, und ich stand am andern Morgen wieder frisch und
froh auf den Füßen[79].«

So erscheinen sie ihm zunächst einmal, die so merkwürdigen Traumgebilde, »als anmutige Bilder, als schöne Träume,
die kamen und gingen und womit die Phantasie mich spielend
beglückte« (am 14. 3. 1830 zu Eckermann). Wie schön, so zu
träumen!

Von jeder Art von Traumdeuterei ist bei solchen Spielchen
nur wenig zu halten. Ist doch »das Traumreich wie ein falscher
Lostopf, wo unzählige Nieten und höchstens kleine Gewinnst-
chen unter einander gemischt sind. Man wird selbst zum
Traum, zur Niete, wenn man sich ernstlich mit diesen Phanto-
men beschäftigt«. So sehr ernsthaft am 27. Dezember 1788 an
Herder! Jetzt ist ihm der Traum nur noch Phantom, Schick-
salsgespinst, phantastisches Chaos. Goethes weiß nicht von
ungefähr sehr ernstlich vor Träumen zu warnen: »Das
Schlimmste dabei sei, sie machen den Verstand krank[80].«

Aber vielleicht sind nur wir so blind und taub geworden gegen die Signale, die uns jede Nacht aus den Träumen zuge-
spielt werden? Vielleicht haben wir keine Augen mehr für

derart erregende Erscheinungen, fehlt uns jenes »Sehen«, von dem Goethe einmal gemeint hat: »Man mag sich stellen, wie man will, und man denkt sich immer sehend. Ich glaube, der Mensch träumt nur, damit er nicht aufhöre zu sehen. Es könnte wohl sein, daß das innere Licht einmal aus uns herausträte, so daß wir keines andern mehr bedürfen[81]!«

Bis dahin aber bleiben sie uns wohl, die so wunderlichen Bedürfnisse des Alltags und alltäglich auch der Nacht. »Und immer gehts den alten Gang das liebe lange Leben lang. Der Knecht so wie der Herr vom Haus ziehen sich täglich an und aus; sie mögen sich hoch oder niedrig messen: müssen, wachen, schlafen, trinken und essen. Drum trag ich über nichts ein Leid[82].« Es ist zwar der Narr, der hier »epilogiert«, aber sein Nachwort trifft genau jene Bedürfnisse des Alltags, die es mit der »Kunst zu leben« zu stilisieren gilt. Und dabei bleibt es auch hier, bei diesen so überaus sensiblen Zeitstrukturen, die den Lauf unseres Daseins markieren und modulieren.

Und so ist und bleibt denn auch »alles Behagen am Leben auf eine regelmäßige Wiederkehr der äußeren Dinge gegründet. »Der Wechsel von Tag und Nacht, der Jahreszeiten, der Blüten und Früchte, und was uns sonst von Epoche zu Epoche entgegentritt, damit wir es genießen können und sollen, dieses sind die eigentlichen Triebfedern des irdischen Lebens. Je offener wir für diese Genüsse sind, desto glücklicher fühlen wir uns«[83].

5. Unsere »kleine enge Haushaltung«

»Gütige Mutter, wie weise und liebreich hast du die kleine enge Haushaltung eines jeden sparsam reichlich ausgestattet!«[84]. In der Tat: Die Natur ist es, die uns »glücklich mit uns selbst verwebt«.

Wirkliche »Herren über die Mittel zu unsern Zwecken« aber sind wir lediglich innerhalb unseres Haushaltes. Hier erscheinen die »immer wiederkehrenden unentbehrlichen Bedürfnisse« wie aufstehen, sich niederlegen, Küche und Keller und Vorrat bereiten, all dies in regelmäßiger Tätigkeit, damit alles »für uns und die Unsrigen immer bereit« sei –, als eine »immer wiederkehrende Ordnung in einer unverrückten lebendigen Folge« des Alltags[85].

Im Hintergrund dieses Lebensrhythmus erscheint nun ein weiteres Mal jenes große Weltenrad, in dem nach kosmischer Ordnung und im Kreislauf der Geschichte nun auch das fallende, stürzende, kreisende Menschenleben abzulaufen hat, ein grandioser Kreislauf, der durch uns hindurch kreist bis in die Fließgleichgewichte unseres organismischen Haushalts: ein gewaltiges Räderwerk, das wir zu erkennen und zu regulieren haben.

Die hier so geheimnisvoll angedeutete, diese wahrhaft eingeborene Binnenökonomik, sie betrifft die Verdauung, den Stoffwechsel, die Ausscheidungen – die Kehrseite also von der Medaille von Essen und Trinken, von Mahl und Mahlzeiten. Unserem modernen Regelkreisdenken mit »Input« und »Output« wird das kaum Schwierigkeiten machen: Was rein ging, muß auch wieder raus: als Harn und Kot und Schweiß und Blut und Samen und Tränen.

Assimilation fordert Dissimilation. Und selbst die äußere Form, sie will »so gut verdaut sein als der Stoff«, sagt Goethe[86]: »ja, sie verdaut sich viel schwerer«. Und diese so ganz besondere Art von körperlicher wie geistiger Verdauung, sie will genau so ernstgenommen werden wie alle anderen Punkte gebildeter Lebensführung, ja sie ist ein besonders delikates Kapitel in der Kunst zu leben.

Lebenskunst muß eben immer wieder von neuem erlernt und geübt werden: als ein Instrumentarium der Welthabe und Weltgestaltung, aber auch der Entsagung, des Lassens, eines Verzichts –, ein »Stirb und Werde« im Wesentlichen, aber auch im Alltäglichen, wobei es das Konkrete in seiner Lebensfülle ist, das am ehesten auch von wahrer Religiosität Zeugnis gibt.

Goethe hat im Leiblichen wie im Geistigen erfahren, daß

der Mensch langsam wächst, aber rasch verfault. Er hat darauf geachtet, auch im Körper das Unreine auszuscheiden und »den Augenblick der Verdauung zu erheitern«. In gleicher Richtung bedient Goethe sich der Arzneikunst: »Ich habe wieder die Medizin zu Hülfe gerufen«, schreibt er 1779 an Charlotte: »Solange sie als Schlotfeger zu wirken hat, habe ich immer Vertrauen auf sie.«

Zumal der Badeort ward ihm ein Raum der Läuterung, freilich auch in anderer Hinsicht »so eine Art Fegefeuer, wo sich halbverdammte Seelen untereinander peinigen, indem sie sich zu unterhalten gedenken«. Der Geist werde bei einer geregelten Badekur durch neue Gegenstände, der Körper aber durch das Trinken und Baden angeregt: »doch müssen beide sich selbst helfen«. Bei einem so gebildeten Badegast aber, wie Goethe einer war, haben beide – Leib wie Geist – durch die einfache Lebensart, durch ein diätetisches Purgieren – nur zu oft davon profitiert.

Goethe im Bad

Goethe als Badegast – in Wiesbaden, Pyrmont, Karlsbad: Wem wohl treten sie da nicht vor Augen, die schönen alten guten Zeiten, längst vergangene Tage, wo das Bad noch der Jungbrunnen war, »locus amoenus«, Ort lieblicher Heilsamkeit, ein Stück Apotheke in freier Natur, erfüllt vom Zauber der Heilquellen!

Wie fern auch die Zeiten, wo das Bad noch ein Ort des Luxus und der Laster war, der Lüste mehr als der Leiden, wo man ins Bad ging, um den Leib zu waschen und die Seele zu besudeln, wo die Leute hineilen – so Goethe 1813 – »um einige Ruhe zu genießen«, um sich dann doch wieder »täglich und stündlich« untereinander in Unruhe zu halten, »so eine Art Fegefeuer« also – wie der erfahrene Kurgast betont –, »wo sich halbverdammte Seelen untereinander peinigen, indem sie sich zu unterhalten gedenken«.

Am 5. Juli 1785 war Goethe – nach 13tägiger Fahrt über

Wunsiedel und Eger – erstmals in Karlsbad eingetroffen, im
waldumgürteten Bade, von Humboldt gepriesen als »Brillant
in smaragdener Fassung«. Karlsbad hatte damals bereits 445
Kurgäste; Kurtaxe zahlte man nicht, dafür gab es ein »Sprudel-
buch«, in das Goethe in der Regel einen Gulden einzahlte.

Im lebendigen Umgang mit den heilsamen Kräften sollte
man hier der Genesung nach und nach zugeleitet werden, und
wo auch gelänge das besser als hier, wo – wie das Platon schon
wußte – »selbst die feindlichen Elemente im Körper wieder
einander freundlich zugetan werden, um liebend zusammen-
zustimmen«. Er fühlte die Wirkung des Bades sehr heilsam,
schreibt Goethe am 11.9.1785 an Knebel: »Mein Gemüt ist
viel freier, ich kann mehr tun.«

»Der Brunnen – berichtet er am 15.Juli 1795 an Christiane
– bekommt mir gut und fegt alles Böse aus; ich hoffe, recht
ausgespült zu dir zu kommen.« Und der Minister wünscht seinem Großherzog (am 6.6.1797) »recht herzlich, daß das Bad
Ihre physischen Übel abspüle und Sie uns recht gesund und
heiter zurücksenden möge«.

Am 10.Juli 1806 sieht sich der Badegast Goethe veranlaßt,
zu dichten: wie »vom geheimen Feuer glühet heilsam Wasser,
Erd' und Luft«. Er schickt das Gedicht an Generalin von Berg
nach Livland, aus Karlsbad, von dem es im Gedicht heißt:
»Hilfsbedürftige Schar vermehrt sich täglich um den Wunderort.«

Ein Wunderort war das Bad freilich schon damals nicht
mehr. Mit dem 18. und beginnenden 19.Jahrhundert war es
zu einer radikalen Umgestaltung des Badewesens gekommen.
Während bei all den »Wildwässern« und »Sauerbrunnen«
noch die alte Lehre von den Säften und Qualitäten durch-
schimmerte, kamen mit den neuen physikalischen und chemischen Kenntnissen neue Methoden und Maßnahmen ins
Spiel. Es kam mehr und mehr zur Aufstellung detaillierter In-
dikationen bei je spezifischen Erkrankungen.

Als Badegast bemüht auch Goethe sich, strikt an das Regle-
ment zu halten. »Unsere Lebensart ist sehr einfach (schreibt er

am 26. 6. 1801 aus Pyrmont an Christiane): Früh um 6 Uhr wird aufgestanden, bis 8 Uhr Brunnen getrunken, um 9 Uhr gefrühstückt, bis 11 Uhr herumgeschlichen und diskutiert.« Ähnlich in Karlsbad (1795), das ihm »schon öfters heilsam gewesen«[87]: »Man steht um 5 Uhr auf, geht bei jedem Wetter an den Brunnen, spaziert, steigt Berge, zieht sich an, macht Aufwartung, geht zu Gast und sonst in Gesellschaft. Man hütet sich weder vor Nässe noch Wind noch Zug und befindet sich ganz wohl dabei« (am 7. 7. 1806 an Christiane).

Karlsbad hat ihn immer gelockt, zumal man sich dort »um zu genesen, aller Sorgen entschlagen«[88] konnte. Und immer, wenn sich zwischendurch »gar manche Gebrechen, die eine duldende Indolenz eine Zeitlang hingehen ließ, endlich aber von Freunden und Ärzten bestimmt, entschloß ich mich, Karlsbad zu besuchen«[89].

Goethe zeigt sich, so im Schreiben vom 4. November 1807 aus Karlsbad an Meyer, davon überzeugt, »daß man große Übel der Sekretion mit Geduld und Vorsicht, wo nicht heben, doch sehr vermindern kann durch dieses Wasser, und daß ein Arzt, der es recht studierte, Wunder tun würde«.

Recht studiert hat dies sicherlich der mit Goethe seit langem befreundete Leibarzt Hufeland, der in seiner »Übersicht der vorzüglichsten Heilquellen Teutschlands« (1815) frank und frei schreiben konnte: »Ein so lange bewährter Gebrauch, eine durch hundertjährige Erfahrung bestätigte Kraft ist etwas Großes, und man sollte besonders in der Medizin die alten bewährten Freunde in Ehren halten.« Dies gilt insbesondere für die sogenannte »Brunnenkur«, die als ein »organischer Heilungsprozeß erster Ordnung« angesehen werden müsse. Kommt hier doch alles darauf an, die einzelnen Bedingungen der Kur zusammenzufassen, um ein heilsames Ganzes zu bilden. Die Kur selber sei dabei so etwas wie »eine künstlich erregte Krankheit«, die eine »produktive Krise« zu zeitigen vermag und so erst in den Nachwirkungen der Kur den Effekt ausmacht. Ärztliches Aufgabe während der Kur bleibt es daher für Hufeland, den »inneren Heilungsprozeß der Natur« anzu-

regen und fachkundig zu begleiten. Und fachkundige Begleitung fand Goethe auch – vor allem in Karlsbad – beim
Dr. Mitterbacher (1807), beim Dr. Rehbein (1818) und seinen
vielen ärztlichen Freunden.

Am 28. Mai 1821 verläßt Goethe Karlsbad; es war seine
letzte »Sprudelkur« gewesen. Im nächsten Jahre finden wir ihn
in Marienbad. Dort begegnet ihm Ulrike, ein 17jähriges Fräulein, »halb Kinderspiele, halb Gott im Herzen«. Im August
1823 verläßt ihn Ulrike von Levetzow; er reist ihr nach Karlsbad nach und nahm dann am 5. September 1823 Abschied für
immer.

Auch in Marienbad zeigt sich Goethe mit der Kur – wie er
am 6. August 1822 an Boisserée schreibt – »sehr wohl zufrieden, doch mag Bewegung, Welt-Umsicht, neue Gegenstände
und Bekanntschaften das Beste dabei getan haben«. Nur so
konnte es ihm geschehen: »daß man sich eben ganz vergaß,
sich weder krank noch gesund, aber behaglich und beinahe
glücklich fühlte« (am 9. 9. 1823 an Willemer). Es ist eben Ba-
dezeit, die »von allen Seiten Lebensbelehrung zuführt«[90].

»Daß die Heilquellen unsere Hoffnungen und Zutrauen
wenigstens bis auf einen gewissen Grad erhalten, ist sehr
schön«, weiß er am 11. Juni 1823 Reinhard zu berichten. »Die
Kur schlägt gut an (so am 17. 7. 1795 an Schiller); ich halte
mich aber auch wie ein echter Kurgast und bringe meine Tage
in einem absoluten Nichtstun zu.«

Nun, für Geselligkeit blieb gleichwohl Raum genug. »Der
Kaiserin Ankunft« – den umjubelten Einzug von Maria Ludo-
vika von Österreich am 8. Juni 1810 – weiß Goethe so artig wie
kundig zu besingen: »Dem Genesen, dem Gesunden bieten
sich so manche Schätze, und so wurden Wald und Wiese zum
bewohnten Paradiese.« Nicht umsonst waren die Bäder im Ba-
rockzeitalter, im beginnenden Biedermeier zu Zentren som-
merlicher Begegnung der höheren Gesellschaft geworden, oft
genug auch zum Knotenpunkt politischer Gipfeltreffen. Und
so war vom Zauber der Heilquellen auch im Weimar der
Goethezeit jedermann lebhaft berührt. Hier kam er in erster

Linie wieder ins Gleichgewicht, jener innersekretorische
Stoffhaushalt, der den Austausch der Säfte und Kräfte regu-
liert, bis hinein in die hochdifferenzierten Regulationssysteme
von Verdauung oder auch im Sexualleben.

»Eine kleine Liebschaft ist das Einzige, das uns einen
Badeaufenthalt erträglich machen kann; sonst stirbt man vor
langer Weile⁹¹.« Er jedenfalls – so am 20. Juli 1831 zu
Eckermann – habe jedesmal das Glück gehabt, »irgend eine
kleine Wahlverwandtschaft zu finden«, die ihn liebevoll
unterhalten habe. Goethe also auch als Entdecker des »Kur-
schatten«, aber auch von dessen Schattenseite. Denn – so an
Zelter am 9. Juni 1827: »Leider ist in solchen Fällen oft die
Kur ein größeres Übel als das Übel selbst!«

Goethe tröstete sich auch hier mit der Nachkur, die an allen
Brunnenkuren noch das Beste sein soll, schreibt er am 31. August 1806 an Wolf, und weiter: »das heißt doch wohl, daß man
sich dann erst wieder gesund befindet, wenn man sie völlig aus
dem Leib hat«.

Auch der Stoff-Wechsel-Haushalt will und braucht sein
Gleichgewicht. »Freiheit bei geistigen Bedürfnissen, Mäßigung bei körperlichen gibt ein Gleichgewicht, das man vielleicht nur in einem Verhältnis, wie das hiesige, erhalten kann.«
So aus Karlsbad am 16. August 1808 an Charlotte! Und in der
Tat erwirbt man auch Heilung – wie Bildung überhaupt – nur
in einem geschlossenen Milieu. Die Gegend, das Klima, die
Quellen, befreundete Menschen in heiterer Geselligkeit –, alles kam hier zusammen und wirkte sich als Heilfaktor aus.

Selbst im Alter noch sehnt sich Goethe bisweilen »unsäglich
ins Wasser«, wobei ihm vor allem das Schwefelwasser zugute
kam; »denn weder Gelenke noch Haut wollen mehr dem Willen gehorchen und spielen ihr eigenes unbequemes Spiel«⁹².

Was bei allem Pro und Kontra bleibt, ist letztlich doch wieder ein Lob des heilenden Bades, der heilsamen Quellen.
Goethe kann es nicht verstehen, daß »die Pfaffen so dumm
gewesen« sind, sich »ein solches Besitztum«, wie es ein Bad ist,
sich einen solchen »Gesundbrunnen« einfach entgehen zu las-

sen. Er wundert sich, daß sie keine »Anlagen und Anstalten für Wunderkuren« damit verbunden hätten, Wunderkuren »wie bei dem Teiche Bethesda« (1807 zu Riemer).

Auch Hufeland hatte seine »Heilquellen« (1815) mit den tröstlichen Versen geschlossen: »Für Lebenskummer und Trübsal quillt Vergessenheit hier ... Hier ist das Eiland heiterer Ruh, wo jeder in sorgenzerstreuender Muße selige Tage verlebt!« Und sein Schluß: »Doch ohne Gelübde gewähren die reinen Najaden nie der Genesung Glück; dem Gelobenden strömet allein nur ihr heilendes Wasser zum Segen.«

Vom Stoff-Wechsel-Haushalt

Goethe konnte damals nur ahnen – was wir heute wissen –, wie ungeheuerlich in diesem Binnenverkehr unseres eigenen Organismus millionenfache Signale ihr Spiel treiben, wie sie ihre Kontakte untereinander halten, zu regulieren wissen und zu steuern, um die Gestalt im Wandel zu halten und zu erhalten. Das, was sich da in unserem Körperinneren abspielt, Stunde um Stunde, Sekunde für Sekunde, das ist in der Tat eines der unerforschten Rätsel des Daseins, ein ungemein dramatisches Geschehen, und es macht sich Tag für Tag seinen eigenen Spielplan, jede Sekunde neu!

Diese gigantische Dramaturgie mag Goethe geahnt haben, wenn er bewundernd von der stetigen »Zirkulation« spricht, aus welcher unser Leben Tag für Tag »seine Nahrung zieht«[93]. Im ewigen Strom der Veränderung kann es ja keinen Stillstand geben. »Der Mensch ist mit jeder Minute ein anderer, doch sich selbst sonderbar gleich, beharrlich in der Veränderung.« Bestand im Wandel – das sei ja gerade der Vorzug der höheren Wesen, während die Pflanze sich gänzlich verändert und damit ihre Identität verliert[94].

Wir haben sie Tag für Tag neu zu erlernen, diese Binnenökonomik im Umgang mit dem eigenen Körper, einer Haushaltung im wahrsten Sinne des Wortes. »Ich bitte Gott« – schreibt Goethe am 10. Dezember 1781 an Charlotte v. Stein,

»daß er mich täglich haushälterlicher werden lasse, um frei-gebig sein zu können, es sei mit Geld oder Gut, Leben oder Tod«. Haushaltung also – im körperlichen wie im geistigen Leben!

Wie anders sieht man dann die Dinge, »und wie ist mir das Nächste so wert, so teuer geworden«! Das Nächste und Kon-krete, der Alltag, das Heim und seine Dinge unter den Meini-gen: »Hier oder nirgends ist Amerika!«[95].

Aber auch Goethe ist mit dem für uns so aktuellen Problem nicht fertig geworden, wie eigentlich der Mensch all die Stoffe aufarbeiten soll, wie er die Rest eliminieren, wie er fertig wer-den kann mit einer Kultur, die notwendig Krankheit be-schwört. »Ob nun nach der alten Lehre die ›humores peccan-tes‹ im Körper herumspazieren, oder ob nach der neuen die verhältnismäßig schwächeren Teile in ›Disavantage‹ sind, ge-nug, bei mir hinkt es bald hier, bald dort« (am 17.1.1805 an Schiller).

Angesichts all der überschüssigen Säfte, auch des über-schüssigen Abfalls hatte Georg Christoph Lichtenberg in sei-nen »Sudelbüchern« bereits den Vorschlag gemacht: Man sollte doch einfach einmal in den Kehrichthaufen vor der Stadt zu lesen anfangen, um zu sehen, was den Städten fehle, so wie der Arzt das Elend aus dem Stuhl und dem Urin herauszulesen vermag. Und so erkennt man ja auch heute noch ein Volk bes-ser an seinem Müll als an seinen Kulturdenkmälern!

Und schon der dreißigjährige Goethe hat es angehörig an-gesehen, da die Medizin zu behelligen, wo man durch Ord-nung in der Lebensführung Schaden vermeiden könne, durch Ordnung oder genauer: durch seine »physischen und ökono-mischen Umstände«. Und so nennt er denn auch als seine »Hauptlehre« diese Regel: »Der Vater sorge für sein Haus, der Handwerker für seine Kunden, der Geistliche für gegenseitige Liebe, und die Polizei störe die Freude nicht« (am 20.10. zu Eckermann).

Ordnung durch ökonomische Zustände

An den Wurzeln unserer abendländischen Kultur bereits begegnet uns diese Grundfrage: wie man wohl zu einer vernünftigen Haushaltsführung des privaten wie öffentlichen Lebens kommen könne, zu dem also, was Aristoteles als die Grunddisziplin der »oikonomia« – als »nomos« von »oikos« – zu gestalten dachte.

Nach dem »Regimen« der Alten wollte auch Goethe immer und überall das Gehörige, die einfache Regel, die Idee des Reinen. Nach kritischer Krankheit – Ende Dezember 1830 – vermeldete er seinem Freunde Zelter: »daß ich mich für das Verhältnis verwundersam wohlbefinde, unter der Bedingung einer ganz eigenen diätetischen Selbstverleugnung, wozu ich mich jedoch verpflichtet fühle, um die vielen Obliegenheiten, die sich mir aufdringen, geziemend zu bestehen«. Wenn er das Uhrwerk seiner Lebensbetriebe nicht gehörig in Ordnung hielte, könnte er kaum weiter existieren: »Diesmal aber hat der Zeiger nur einige Stunden retardiert, und nun ist alles wieder im alten, mäßigen Gange.«

Auf der einen Seite also eine Lebenskunst, in der so manche Lebensformen zu einer Lebensformel werden konnten, wie »die alte mythologische Figur des Prometheus«, ein Lebensgefühl zuweilen allerdings auch, das alles andere war als prometheisch. »Glaube mir« – schreibt der junge Goethe 1781 an Lavater –, »unsere moralische und poetische Welt ist mit unterirdischen Gängen, Kellern und Kloaken minieret«, die man erst merkt, »wenn da einmal der Erdboden einstürzt, dort einmal ein Rauch aus einer Schlucht aufsteigt und hier wunderbare Stimmen gehört werden«.

Nicht von ungefähr hat man diesen so sensiblem Stoffwechselhaushalt und Verdauungsapparat verglichen mit einem empfindlichen Musikinstrument, auf dem unser Affektleben gemeinhin sich auszutoben pflegt. Und auch die moderne Psychoanalyse hat uns nur zu aufdringlich darauf aufmerksam gemacht, wie viel das orale oder das anale Verhalten des Klein-

kindes – seine Lust am Schnuller, sein Glück auf dem Töpf-
chen –, wie viel das alles noch zu tun hat mit jenem so
hartnäckigen Streben der Erwachsenen, an das Geld der anderen Leute zu kommen oder auch nur einen einmal errungenen
Besitz nun partout nicht mehr loszulassen.

Ein besonders delikater Punkt in diesem Stoffwechselpano-
rama ist denn auch jener innersekretorische Stoffverkehr, wie
er so eigenwillig wie liebenswürdig unser Sexualverhalten begleitet. Das war immer schon ein heißes Eisen, an dem man
sich gerne die Finger verbrannt hat. Nirgendwo dramatischer
kontrastiert das Banal-Triebhafte mit dem Ewig-Weiblichen
als in diesen »unterirdischen Gängen«, wo hier und da wohl
auch »wunderbare Stimmen« gehört werden, so betörend wie
gefährlich. Man denke nur an Amors vergifteten Pfeil, »Gift
unter den Rosen der Lust«, an all die französischen Einflüsse,
die – wie Goethe am 3. Februar 1787 seinem syphilisgeplagten
Großherzog aus Rom schreibt – »auch dieses Paradies« so unsicher machen.

»Mich hat der süße kleine Gott in einen bösen Weltwinkel
religiert«, berichtet Goethe am 29. Dezember 1787 aus Rom
dem Herzog Carl August, und er warnt vor den »öffentlichen
Mädchen der Lust« – jenem »Troß der Buhlerinnen«, vor dem
es Herder so ekelte –, die so unsicher seien wie überall und an
denen »zu naschen« man sich hüten solle: »Was das Herz betrifft, so gehört es gar nicht in die Terminologie der hiesigen
Liebeskanzlei.«

Was freilich die Terminologie des Sexuallebens angeht, so
ist auch hier Goethe der große Verhüller, der Schweiger geblieben. Von der Liebe erfahren wir vieles und alles, vom
Verkehr aber selten und nie so direkt, wie er im Januar 1788
aus Rom an Carl August schrieb: »daß eine dergleichen mäßige Bewegung das Gemüt erfrischt und den Körper in ein
köstliches Gleichgewicht bringt«.

Es ist sicherlich kein Zufall – und es wäre von Goethe sehr
aufmerksam aufgenommen worden –, daß dieser gewaltige
Regelkreis eines innersekretorischen Stoffhaushaltes von den

alten Ärzten als »Excreta *et* secreta« aufgefaßt wurde und damit als humorale und auch hormonale Einheit. Die Vorgänge des Aufnehmens und Abgebens, eines »Verkehrs« untereinander, sind so intim unserer Leiblichkeit eingeborgen und in unserem Organismus verankert, daß man sie nur als Einheit erleben kann.

Wir haben das alles kaum schon im System durchdacht, dieses imponierende Gefüge und Gefälle eines so großartigen Stoff-Wechsels, eines ständigen Umsatzes der Stoffe, wahrhaft »Stoff-Verkehr« –, und dies alles in einem System, in das wir mit unserer Organisation leibhaftig eingebunden, verkettet, einverleibt sind. Hier begreift man erst, daß Lebensordnung, wie Ordnung überhaupt, kein »Zu-Stand« ist, sondern – was ein guter Kapellmeister und eine kluge Hausfrau schon immer wußten – ein »Vor-Gang«, ein laufendes Aufräumen und Abstimmen im unendlichen Spiel einer Harmonisierung.

Alles Lebendige begegnet sich nun einmal im ständigen Austausch der Stoffe: im Kreislauf eines universellen Stoffwechsels. Das Hervorbringen ist dabei gleicherweise wichtig wie das Zerstören; selbst die Form noch »will so gut verdaut sein als der Stoff«. Es ist »das ewig Neue«, das sich »aus den erweiterten Elementen des Vergangenen« zu gestalten weiß. Immer wieder haben wir das Unreine auszuscheiden, wobei es uns möglich bleibt, selbst »den Augenblick der Verdauung« zu erheitern.

Läuterung, Klärung, Formung, Bildung –, sie sind nicht von ungefähr für Goethe zum Geschäft seines Lebens und zum Symbol der Gemeinschaft geworden. Denn – so 1829 an Zelter – »wenn man mit sich selber einig ist, ist man es auch mit den anderen« –, womit wir bereits vorgestoßen sind auf das letzte Leitbild einer gesunden Lebensführung: auf den gebildeten Umgang mit sich selbst und mit anderen.

6. Zum Umgang mit sich selbst und anderen

Und damit kommen wir zum sechsten und letzten Punkt unserer klassischen Lebensregeln: zum gebildeten Umgang mit sich selbst und anderen in den oft so dramatischen Bewegungen des Gemütes und durch die Ruhe des Gemüts. Es ist jene »gute Ruhe« damit gemeint, »die von der Gesundheit ihres Körpers und ihres Geistes« Zeugnis gibt[96]. »Die Ruhe der Seele« – sagt »Werther« – »ist ein herrliches Ding und die Freude an sich selbst. Lieber Freund, wenn nur das Kleinod nicht eben so zerbrechlich wäre, als es schön und kostbar ist!«[97]

Und doch gehört gerade das zur »inneren Seelenruhe«, daß man alle Manifestationen des menschlichen Wesens, alle Sinnlichkeit und Vernunft, alle Einbildungskraft wie auch den Verstand »zu einer entschiedenen Einheit« auszubilden in der Lage sei[98].

Wie aber soll ein Mensch das wohl schaffen – fragt »Wilhelm Meister« schon: »durch die reinste Gemütsruhe zur höchsten Kultur zu gelangen«? Das ist keine leichte Sache, zumal Goethe nicht hoffen und fürchten will wie ein gemeiner Philister und ihm das Geschwätz der Ärzte um »die gute Besserung« am meisten zuwider wurde. »Ich habe diese Zeit her zwar ohne Schmerzen gelebt und habe also nach Epikurs Lehre mich über nichts zu beklagen, doch bleibt ein beständiges Abwiegen unseres physischen und moralischen Betragens immer eine lästige Sache.« Es ist schon ein Problem mit diesen »affectus animi«, wie die alten Ärzte die Leidenschaften nannten und natürlich auch die Freudenschaften.

Hinzu kommt, daß Leidenschaft selbst immer auch Leiden schafft[99], daß alles im Leben voll ist von diesen Phönixen, wobei der neue aus der Asche des eben verbrannten steigt[100]. Das moralische Gleichgewicht im Affekthaushalt fordert daher äußerste Disziplin. Disziplinierte Natur aber macht allein den Menschen; »willkürlich leben kann jeder«. Erst im beherrschten Menschen verherrlicht sich die Natur, kommt ihr gesamtes

Ensemble zu einer Einheit und Freiheit, kommt zur Gesundheit. Und wie es in unserem körperlichen Dasein ständig um Aufnahme und Abgabe geht, um einen permanenten »Stoff-Wechsel« eben, so sind wir auch in unserem geistigen Haushalt auf Aufnahme und Weitergabe, auf Erinnern und Vergessen, auf Umsetzung und Einverleibung angewiesen, wollen wir zu einer vernünftigen Existenz kommen.

Goethe hält es (1805) für unbedingt nötig, »in der Erziehung die Einbildungskraft nicht zu beseitigen, sondern zu regeln, ihr durch zeitig vorgeführte edle Bilder Lust am Schönen, Bedürfnis des Vortrefflichen zu geben«[101]. Und so sollte man »alle Tage wenigstens ein kleines Lied hören, ein gutes Gedicht lesen, ein treffliches Gemälde sehen und, wenn es möglich zu machen wäre, einige vernünftige Worte sprechen«[102].

Es wird auch und gerade in diesem letzten Punkt der ganz nüchterne Alltag mit seinen so konkreten Handlungsbereichen sein, den wir fest in der Hand behalten sollten. Immer wieder von neuem glaubt Goethe darauf aufmerksam machen zu müssen, »daß dem Menschen in seinem zerbrechlichen Kahn eben deshalb das Ruder in die Hand gegeben ist, damit er nicht der Willkür der Wellen, sondern dem Willen seiner Einsicht Folge leiste«[103]. Vielleicht hat von daher auch Hippokrates schon den Arzt einen »kybernetes« genannt, den Steuermann, der nicht das Meer zu liefern hat und auch nicht für den Wind verantwortlich ist, aber so ein bißchen steuern, das kann er mit Herz und Verstand, mit behutsamer Hand. Und er, der Steuermann, er weiß schon, »wohin euch der Wind führt«[104].

Das ist eine alte Weisheit und auch Goethe ureigenste Erfahrung: »Der Mensch kann und soll seine Eigenschaften nicht ablegen noch verleugnen. Aber er kann sie bilden und ihnen eine Richtung geben.« Alles kommt hierbei darauf an, sich zunächst einmal »physisch im Gleichgewicht zu bewegen; alles andere gibt sich von selbst«. So im November 1830 an Zelter, und sogleich weiter: »Der Körper muß, der Geist will,

und wer seinem Willen die notwendigste Bahn vorgeschrieben
sieht, der braucht sich nicht viel zu besinnen.« Es kommt eben
alles darauf an, über die Natur hinauszuwirken, dem Gefälle
entgegenzustehen, gegen seine Neigungen zu handeln. Denn
»wie die Pflanzen zu wachsen belieben, darin wird jeder Gärt-
ner sich üben. Wo aber des Menschen Wachstum ruht, dazu
jeder selbst das Beste tut«. Unser ganzes Kunststück, meint
Goethe damit, bestehe eigentlich nur darin, daß wir unsere
natürliche Existenz aufgeben, um wirklich zu existieren.

Leidenschaft bringt Leiden

Die Leidenschaften – so lesen wir in den »Wahlverwandtschaften« – sind »Mängel oder Tugenden, nur gesteigerte. Unsere
Leidenschaften sind wahre Phönixe. Wie der alte verbrennt,
steigt der neue sogleich aus der Asche hervor«[105]. Leidenschaften, diese Wildwässer der Seele, sie dienen uns als Gefälle im Lebensstrom, dem freilich oft genug auch Strudel
beigesellt sind. Denn »im gemeinen Leben« sind es vor allem
»die inneren Beunruhigungen des Gemüts, die uns alle Umwelt mehr als Nebel und Mißwetter zu verdüstern sich hin und
her bewegen«[106]. Große Leidenschaften sind aber auch
»Krankheiten ohne Hoffnung. Was sie heilen könnte, macht
sie erst recht gefährlich«[107].

Hier kommen sie nun wieder voll zum Tragen, die uralten
psychischen Grundsituationen, als da sind: Angst und Neid,
Haß und Zwang auf der einen Seite, dann aber auch Erwartung und Freude, Zuwendung und Zuneigung, Gelassenheit
und Zufriedenheit, die Hoffnung vor allem – und über alles
die Liebe. »Lieben und Hassen, Hoffen und Fürchten« – so
lesen wir im Tagebuch unter dem 25. Mai 1807 – »sind auch
nur differente Zustände unseres trüben Inneren, durch welche
der Geist entweder nach der Licht- oder Schattenseite hin-
sieht. Blicken wir durch diese trübe organische Umgebung
nach dem Lichte hin, so lieben und hoffen wir; blicken wir
nach dem Finstern, so hassen und fürchten wir«.

Freudenschaften und Leidenschaften wie Licht und Finsternis! »Endlich fasse dir ein Herz, und begreif's geschwinder: Lachen, Weinen, Lust und Schmerz sind Geschwisterkinder (am 16. 6. 1825 an Zelter).« Man kann dabei immer nur still »das Seinige« tun. Man ist eben nicht »Herr über Geister noch über die Gemüter«[108]. Er habe sich auf seine Weise sehr wohl befunden, schreibt Goethe am 8. Januar 1826 an Sulpiz Boisserée, wenngleich er »wiederholt erfahren habe, daß man sich gegen Freude so gut als Schmerz zusammennehmen und rüsten müsse«. Ringsumher findet Goethe nur Klagen über gestörte Verhältnisse, »und zu gleicher Zeit raten uns die Ärzte Heiterkeit des Gemüts, Frohsinn und Gleichmut an, als das einzige Mittel, uns vor gleichem Schicksal zu bewahren« (am 12. 12. 1813 an Leonhard).

Von den allseitigen Wirkungen der Affekte – als »eines geistigen Heilmittels«[109] – bleibt Goethe zeitlebens überzeugt. »Will man sich bei Leben erhalten (so am 5. 9. 1830 an Zelter), so muß alles helfen.« Manch fieberhafte Erkrankung habe er »bloß durch einen entschiedenen Willen« abwehren können. »Es ist unglaublich, was in solchen Fällen der moralische Wille vermag! Er durchdringt gleichsam den Körper und setzt ihn in einen aktiven Zustand, der alle schädlichen Einflüsse zurückschlägt. Die Furcht dagegen ist ein Zustand träger Schwäche und Empfänglichkeit, wo es jedem Feinde leicht wird, von uns Besitz zu nehmen.«

Mit sich selbst im Einklang ist Goethe auch mit den Seinigen gesund – so im Oktober 1797 – »gesund, mit allen Einschränkungen, die mich umgeben, bekannt und zufrieden, in einem mäßigen Genusse der Gegenwart und ohne Sorge für die Zukunft«.

Sich in andern wiederfinden

»Man weiß erst, daß man ist« – schreibt Goethe am 13. Februar 1775 an Auguste zu Stolberg –, »wenn man sich in andern wieder findet«. So lautet das Grundgesetz aller Gemeinsamkeit. Denn »wenn sich die Gleichgesinnten nicht anfassen«, meint Goethe »was soll aus der Gesellschaft und der Geselligkeit werden« (so am 3. Januar 1795 an Schiller). Gemeinschaft mit anderen, sie ist dem geselligen Goethe nie leicht gefallen. »Wenn man bedenkt« – schreibt er am 20. Mai 1826 an Zelter –, »daß so wichtige Menschen doch am Ende wie Öltropfen auf Wasser hinschwimmen und sich höchstens nur an einem Punkte berühren, so begreift man, wie man so oft im Leben in die Einsamkeit zurückgewiesen ward«.

Gerade in höheren Jahren ruft Goethe sich mit seinen Freunden »die schönen Zeiten zurück, wo wir uns so gern in hochgebildeter Gesellschaft über die Angelegenheiten des Herzens und des Geistes unterhielten« (16.9.1825 an Gentz).

Aber nicht nur unter den Gebildeten erlebt er die schönen Zeiten, sondern auch in den von seinem Zeitgenossen so sehr geschmähten und verlästerten häuslichen Verhältnissen. Und so nur kann er (am 3. September 1799) seiner Christiane das Bekenntnis ablegen: »Wenn man mit sich selbst einig ist und mit seinen Nächsten, das ist auf der Welt das Beste« –, wenn sie nur dabei ist, die Freude des Herzens.

Freude ist eine wahre Arznei auch des Leibes, während ein trister Geist uns das Mark in den Gebeinen ausdörrt. Wir wissen nur zu gut und erfahren es täglich, wie sehr schon im normalen Leben Sympathie und Antipathie und alle Affekte eine Rolle spielen, wie sie die Hintergrundmusik liefern zu all unseren Erlebnissen und Begegnungen mit anderen.

Und so haben wir allen Grund, auf das Gleichgewicht der Affekte zu achten und haben alles zu tun, »um nicht aus der Übung einer so schönen Tugend zu kommen, wie es die Enthaltsamkeit ist«. Was auch wäre alle Bildung – so am 2. Mai 1824 zu Eckermann –, »wenn wir unsere natürlichen Richtungen nicht wollten zu überwinden suchen«! Mit den Entsagenden seiner »Wanderjahre« hat auch Goethe bekennen wollen, daß er sich »immerfort als einen Reisenden betrachte, der vielem entsagt, um vieles zu genießen«.

In »Wilhelm Meisters Wanderjahren«, wo Goethe seine
Epoche als eine »Zeit der Einseitigkeiten« charakterisiert
hatte, finden wir die Einsicht, daß man Bildung jeder Art –
und so auch den gebildeten Umgang mit sich selbst und mit
anderen – nur gewinnen könne »aus vollständiger Umgebung«, in einem in sich geschlossenen Milieu. Aus dieser
geistigen Haltung verstehen wir dann auch seinen resoluten
Rat: »Mach' ein Organ aus dir und erwarte, was für eine Stelle
dir die Menschheit im allgemeinen Leben wohlmeinend zuge-
stehen werde[110].«

Mache ein Organ aus dir, »kultiviere deine Eigenschaften«[111] und dann warte –! Warten, das ist wirklich bescheiden
gedacht und bescheiden gelebt, von einem Manne, der Bescheid wußte und nun auch Bescheid geben durfte, wie man es
denn wohl am besten zu führen hat: ein Leben in gesunder
Bescheidenheit und mit aller Heiterkeit des Herzens.

Von der Heiterkeit des Gemütes

Was Lebenskunst im letzten wohl bedeuten könne, das hat
Goethe immer nur angedeutet, so im hohen Alter (1832) dem
Kanzler von Müller gegenüber: »Bin ich doch froh, mein Leben hinter mich zu haben; was ich geworden und geleistet,
mag die Welt wissen; wie es im einzelnen zugegangen, das
bleibe mein eigenstes Geheimnis[112].«

Schließen wir lieber mit diesem Geheimnis! Haben wir beginnen dürfen mit dem Bild der »Klarheit«, seinem Lieblings-
wort, das vom Licht und der Luft stammt, so sollten wir nun
auch enden dürfen mit einem anderen Schlüsselwort, das im
menschlichen Herzen gegründet, jener »Heiterkeit« nämlich,
die Goethe so lieb war, bei der ihm von innen her ganz warm
wurde. Heiter –, das war für Goethe ein beliebtes Attribut auch
der Gesundheit, ähnlich wie: rein, tüchtig, artig, wohlgebildet,
beständig, fruchtbar.

Ihm war das klar geworden, wie so manches Übel »flüchtet
vor der Heiterkeit«[113]. Was uns »endlichen Gewinn« ver-

schaffe, das sei allein »Heiterkeit und grader Sinn«[114]. Und gerade »auf ernstem Lebensgrunde zeigt sich das Heitere so schön«[115].

Schlosser gegenüber, der »das Wort Gemüt ein düsteres Wort« genannt hat, will Goethe es nur als »das heiterste« Wort kennen, und er brauche es nur auszusprechen – so am 19. Januar 1815 –, »um an alles Frohe und Leuchtende erinnert zu werden«.

»Dem Gemüte nach ist man schon fast ganz geheilt«, schreibt er am 28. 5. 1807 an Christiane, und er gibt der Hoffnung Ausdruck, daß nur der Körper »auch bald nachfolgen« werde. Zu sehr hatte er sich an die Einheit von Leib und Seele gewöhnt und war es ihm schon zu einer zweiten Gewohnheit geworden, »die Angelegenheiten meines Herzens und meines Gemütes in Ordnung zu bringen«[116].

An dieser Stelle wird uns aber auch bestürzend klar, daß es nicht die einzelnen Punkte einer vernünftigen Lebensführung allein sein können, die einen gebildeten Lebensstil ausmachen, daß zu einer wahren Lebenskultur vielmehr das volle Ensemble all dieser Lebensregeln gehört, die Kultivierung nämlich der »Haupt- und Grundbegriffe des Lebens«[117].

Für dieses rundum eingestimmte Orchester bringt Goethe selber ein kleines banales Beispiel, wenn er am 11. März 1828 zu Eckermann spricht: »Es liegen im Wein allerdings produktivmachende Kräfte sehr bedeutender Art. Aber es kommt dabei alles auf Zustände und Zeit und Stunde an, und was dem Einen nützt, schadet dem Andern. Es liegen ferner produktivmachende Kräfte in der Ruhe und im Schlaf; sie liegen aber auch in der Bewegung. Es liegen solche Kräfte im Wasser, und ganz besonders in der Atmosphäre.« Sie alle zusammen bilden das Fluidum unseres Lebens. Denn »was nicht eine wahre innere Existenz hat, hat kein Leben und kann nicht lebendig gemacht werden«[118].

Bei diesem Umgang mit sich selbst und der Begegnung mit andern tut sich nochmal die ganze weite Landschaft unserer

Lebensmuster vor uns auf: von der Gestaltung unserer Umwelt bis zur Dynamik des Affekthaushalts, von der Ernährung über Bewegung und Ruhe bis zum Binnenhaushalt –, und alles das in der ausgewogenen Rhythmik des Alltags.

Der Mensch ist seiner Natur gemäß auf Kultur angelegt. »Das Lebendige muß man ergreifen und üben«[119], immer wieder von neuem – heute wie morgen. Diese Kunst zu leben, sie hat in jeder von uns zu lernen und zu üben, will er sein Dasein sinnvoll gestalten, und darauf kommt doch wohl alles an: »Denn wozu dient aller Aufwand von Sonnen und Planeten und Monden, von Sternen und Milchstraßen, von Kometen und Nebelflecken, wenn sich nicht zuletzt ein glücklicher Mensch unbewußt seines Daseins erfreut?«[120]

VII.
BILDER EINER LEBENSORDNUNG

Mit Goethes Wegweisung zu einer gesunden Lebensführung sind wir – am Schluß unserer Darstellung von
Gesundheit, Krankheit und Heilung – wieder angekommen
bei dem uralten Problem der Bildung einer in sich geschlossenen Lebensordnung. Galt es zunächst einmal, in den vorhergehenden Kapiteln zur Physiologie, Pathologie und Therapie
möglichst viele Zeugnisse kennenzulernen, aus denen sich
nach und nach erst ein Bild gewinnen ließ, so geht es in der
abschließenden Überschau eher darum, einmal Bild und Bildung des ganzen Goethe zu bedenken und damit von einer
höheren Warte aus noch einmal sein Leben als Kunstwerk vor
Augen zu führen.

Die oft so trockenen Materialien – Knochenlehre, Typenbil-
dung, Metamorphosen, pathische Strukturen und Prozesse,
Erkrankungen und die vielfältigen Versuche zu vielschichtiger
Heilung –, sie werden nun eher auf einem gehobenen Niveau
reflektiert, durchgeistigt und auf ein verbindliches Konzept hin
geordnet und dadurch erst wahrhaft transparent: Sie werden
durchsichtig und einsichtig in ihrer vollen runden fülligen
Sinnlichkeit. Die Dinge bleiben, was sie sind: greifbar und nur
von daher begreiflich, zu tasten, zu spüren, zu schmecken,
hautnah im Kontakt mit allen »Angelegenheiten des Tags und
der Stunde« (Tagebuch vom 1. 4. 1819), um all das zu vernehmen, zu verstehen, was uns kundgetan wurde in Natur wie
Geschichte, zu hören also vor allem, wozu »eine besondere
Bildung gehört« (1. 4. 1831).

Was er, der Mensch, innerhalb dieser großartigen Dramaturgie von Natur und Geschichte nötig hat, ist ein fester Ort in
der Welt, ein Wissen auch um die Ordnung und die rechte
Orientierung unter Mitmenschen. Aus der Idee der Bildung

allein ist – wie wir sahen und nun deutlicher sehen werden – Orientierung erwachsen, ein Orientierungs-Gefüge, gebaut und gebildet aus den so konkreten Materialien des Alltags, ein Gerüst, hinter dem sich innerhalb einer nunmehr spirituellen Dimension Bildungsprozesse gestalten. Bildung bleibt die leitende Idee auf den oft so verworrenen Wegen; sie wird zur Kunst der Lebensführung, der Kunst, ein Leben zu meistern, zur Lebens-Ordnung zu kommen.

Die realen Dinge der Natur hören keineswegs auf, reelle Wirklichkeit zu sein. Sie messen und bewerten sich nur anders, werden durchsichtig, hintergründig, symbolisch, ohne an Konkretheit zu verlieren. Goethe selber wollte ja seiner Tage lang all sein Wirken nur »symbolisch« verstanden wissen, und es sei ihm – so am 2. Mai 1824 zu Eckermann – »ziemlich gleichgültig gewesen, ob ich Töpfe machte oder Schüsseln«.

Die Realität des konkreten Alltags will zum Gleichnis werden. Das Ich wird als Symbol verstanden. Das »Allernächste« soll dabei das »Lebendigste« bleiben[1]. »Alles, was uns begegnet, läßt Spuren zurück, alles trägt unmerklich zu unserer Bildung bei.« Wir haben in allem »nur das Nächste zu tun, was vor uns liegt«[2]. Und so ist es denn immer wieder von neuem der Weltstoff, das »im Innern ein Universum auch«[3], in dem sich das Ich spiegelt und ausdeutet. Denn ein »Faktum« unseres Lebens gilt nicht, »insofern es wahr ist, sondern insofern es etwas zu bedeuten hat«.

Was Elias Canetti (1943) an Goethe bewunderte, war sein Leben, nämlich: »die Stimmung und Sorgfalt eines erfüllten Daseins«. Goethe selber sei es gewesen, der uns das Recht gibt, zu sagen: Tu, was du mußt – atme, betrachte, denke – lebe! Goethe selber hat sie jedenfalls besessen und gemeistert, die gar nicht so selbstverständliche Courage, zu leben! Wie das zu machen? »Gleich sei keiner dem andern«, sagt Goethe[4], »doch gleich sei jeder dem Nächsten«. Und wie wäre das denn zu machen? »Es sei jeder vollendet in sich.« Ein jeder Morgen ruft uns ja von neuem zu: »das Gehörige zu tun und das Mögliche zu erwarten« (am 23. 10. 1828 an Brühl).

So begegnet uns – alles in allem – bei Goethe und in Goethe der Mensch: als ein stetiges Wirken an der Welt, als ein Werk mit der Welt –: als ein wirkliches Kunstwerk. Was bleibt, ist die alte Frage, die Forderung, wie wir wohl die Welt um uns aus einer Welt an sich verwandeln könnten in eine Welt für uns.

Und so schließt sich der Ring! Vor unseren Augen erschließt sich das Kunstwerk eines geistigen Lebens: grundgelegt mit der Architektonik der Lebensgestaltung, durchgebildet in der Dramaturgie der Natur-Geschichte, vertieft in der Ehrfurcht als Quellgrund des Heiles, sich spiegelnd in der Lebenshaltung von Tugend und Gesundheit, aufstrebend im »Leitstern des Lebens« zur Liebe als dem »Leben des Lebens«.

»Es ist ein wunderlich Ding, so eine summa summarum seines Lebens zu ziehen. Wie wenig Spur bleibt doch von einer Existenz zurück«.[5] Das weiß – auf der Mitte des Lebens – der Romreisende am 1. Februar 1788 so leichthin zu vermelden. Und dann wieder erschrecken wir vor dem Ernst, der aus einem seiner letzten Briefe spricht, wo wir Goethe immer noch unterwegs finden, auf eine Spur, von der er schreibt: »Eine Dämmerung von Einsicht, der ich schon lange gefolgt bin, wie man in dunkler Nacht auf einen fernen Lichtschein zureitet, in Hoffnung, es werde kein Irrlicht sein, scheint mich auch hier weiterzuführen.«

Das schreibt Goethe – am 15. März 1832 – acht Tage vor seinem Tod – dem Grafen Kaspar von Sternberg, um dann fortzufahren: »Das Wunderbarste ist dabei, daß das Beste unserer Überzeugungen nicht in Worte zu fassen ist. Die Sprache ist nicht auf alles eingerichtet, und wir wissen oft nicht recht, ob wir endlich sehen, schauen, denken, erinnern, phantasieren oder glauben. Das ist es, was mich manchmal betrübt.«

Bis hierher ist das Schreiben am 15. März abgesandt worden; zurückgehalten wurde die Fortsetzung des Briefes, in der Goethe sich ein letztes Mal über das »Studium der Spiralität des Pflanzenwachstums« ausläßt, ein Studium, das ihn einfach »nicht losgelassen«. Goethe sieht im Geiste eine Schlingpflanze sich um einen Stamm in kaum merklichen Kreisen herumwinden, in einem sehr geheimnisvollen Gange. »Je mehr er sich aber der oberen zartern Spitze näherte, desto schneller mußte die Schneckenlinie sich drehen, um endlich in Einem Kreise, auf Einem Diskurs sich zu versammeln –, dem Tanze ähnlich, wo man sich, in der Jugend, gar oft Brust an Brust, Herz an Herz mit den liebenswürdigsten Kindern, selbst wider Willen, gedrückt sah«.[6] Goethe schließt das zurückgehaltene Schreiben mit: »Verzeihung diesem Anthropomorphismus!«

1. ARCHITEKTONIK DER LEBENSGESTALTUNG

Am Ausgang unserer Betrachtungen über die Kunst, zu leben kommen wir noch einmal zurück auf Goethes Methodenlehre, auf die Wahl seines Weges wie auch die Wahl der Mittel zu jenem geheimnisvollen und doch so augenscheinlich offenkundigen Gang, auf dem sich zeigen soll, »wie alles sich zum Ganzen webt«[7], dieser geradezu Paracelsischen Schau vom »Naturreich in seiner Fülle«[8], in welcher jede Kreatur nur der Schatten sein soll einer großen in sich stimmigen Harmonie.

Für seine eigene Wegführung, die Methodik, beruft Goethe sich auf das französische Wort »s'acheminer«, sich auf den Weg begeben, dorthin also, wo »jeder Schritt, den der Wanderer vorwärts tut, einen andern Gehalt, eine andere Bedeutung habe als der vorhergehende«. Nur so sei dem »Acheminement« ein durchaus »sittlich lebendiger Wert« beizumessen. »Man denkt sich dabei das Herankommen, das Vorschreiten, aber in einem höheren Sinne. Wie denn ja die ganze Strategie eigentlich auf dem richtigsten kräftigsten Acheminement beruht.«[9]

Wie aber gehen wir angesichts einer so uferlosen Thematik angemessen vor? Wie kommen wir heran an ein solch universelles Phänomen, wie es die Natur ist? Wie gehen wir um mit jenem Kunstwerk Leben, das ja nun wirklich ein »Abenteuer der Vernunft« ist, wie es Immanuel Kant – bei Goethe: »der Alte vom Königsberge«[10] – genannt hatte? Halten wir uns auch hier zunächst einmal an Goethe selber, dem allezeit als seine »früheste Maxime« vor Augen stand: »die Erfahrung zu erweitern und die Methode zu reinigen«.[11]

Die Wege dieser Methodenlehre erscheinen dem heutigen Leser überraschend systematisch angelegt, und zwar genau in der Art, in der auch Kant in seiner »Kritik der reinen Vernunft« den Begriff »System« verstanden hatte: als Summe nämlich von eigenen Erfahrungen, die man nicht »per appositionem« erwirbt, hier und da etwas oder dann und wann, sporadisch aneinandergereiht, zusammengekleckert und geklittert, sondern »per intus susceptionem«, durch Aneignung und Einverleibung, in Anteilnahme und Teilgabe, nicht »paraphrasisch« also, wie Kant sagt, sondern »architektonisch«.

Im Sinne dieser Methodenlehre konnte auch Goethe sprechen von einer »Architektonik im höchsten Sinne«[12], einer Architektonik auch menschlichen Verhaltens, in welcher »diejenige ausübende Kraft« stetig am Werke ist, welche »erschafft, bildet, konstituiert«[13]. Hier treten sie in Erscheinung, all die Richtungen, Weisungen, Bildungen, die durch bloße »Apposition« – Goethe sagt »Aggregation« – nie wären zu erreichen gewesen.

»Durch Aggregation begreife ich nichts« – schreibt sich Goethe am 26. Februar 1780 ins Tagebuch: »Aber wenn ich recht lange Stroh und Holz zusammengeschleppt habe und immer mich vergebens zu wärmen suche, wenn auch schon Kohlen darunter liegen und es überall raucht, so schlägt denn doch endlich die Flamme in einem Winde übers Ganze zusammen.« Goethe braucht dies Bild, um zu zeigen, daß es für ihn vergebliche Mühe war, »vom Detail ins Ganze zu lernen«.

An die Stelle eines »Aggregats von Observationen«, wie
Schleiermacher das nannte, sollte demnach eine »Kunstlehre
des Verstehens« treten, eine Art von Hermeneutik. Was alles
hat Goethe aufgenommen in das System der Hermeneutik, in
das, was Kant »per intus susceptionem« genannt hat: die Sinn-
bilder der Natur und ihrer Geschichte, die diätetischen Regelkreise gesunder Lebensführung, die vierfache Ehrfurcht der
Pädagogischen Provinz samt der Ciceronischen »pietas« –,
und alles dies in einem in sich geschlossenen Ensemble, einem
Konzept, das man in der Tat bezeichnen darf als »offenes
System«!

Bei seinen eigenen sehr systematisch angelegten methodischen Bestrebungen mußte Goethe sich freilich oft genug
gegen sein Jahrhundert stemmen, ein Jahrhundert, das sich
soeben anschickte, auf breiter Front mit den Methoden der
exakten Naturwissenschaften in die Lebenswissenschaften
einzudringen. Ein Jahrhundert aber, »das sich bloß auf die
Analyse verlegt und sich vor der Synthese gleichsam fürchtet,
ist nicht auf dem rechten Wege; denn nur beide zusammen,
wie Aus- und Einatmen, machen das Leben der Wissenschaft«[14].

In seinen »Tag- und Jahresheften« (1822) vermerkt Goethe,
daß es vor allem »Heinroths Anthropologie« gewesen sei, die
ihm Aufschlüsse gab über seine eigene »Verfahrensart in Naturbetrachtungen«. Was Goethe letztlich suchte und fand, war
»ein gesundes System des organischen Lebens«. Man habe zu
»untersuchen, was ist, und nicht, was behagt«, um dann von
der jeweils »empirischen Höhe«, der Höhe jeweiligen Wissens
auch, »rückwärts die Erfahrung in allen ihren Stufen« zu
überschauen und zugleich »vorwärts in das Reich der Theorie
einzudringen«[15].

Mit großer Eindringlichkeit weiß Goethe zu betonen, daß
und warum er einen Teil seines Lebens »mit Neigung und Leidenschaft auf Naturstudien« verwandt habe[16]. Mit einem
»ephesischen Goldschmied« hat er sich verglichen, »der sein
ganzes Leben im Anschauen und Anstaunen und Verehrung

des wunderwürdigen Tempels der Göttin und in Nachbildung ihrer geheimnisvollen Gestalten zugebracht hat«[17] – in Anschauung und Nachbildung, im Anstaunen und in Verehrung.

Für die oft so trockenen Männer der exakten Wissenschaften sei es gar nicht so einfach, zu begreifen, »daß es auch eine exakte sinnliche Phantasie geben könne, ohne welche doch eigentlich keine Kunst denkbar ist«[18] – und schon gar keine Heil-Kunst! Denn die Lebewesen, und so auch der gebrechliche, der heilsbedürftige Mensch, sie sind »nicht ursprünglich determiniert und festgestellt«, sondern bei aller »eigensinnigen, generischen und spezifischen Hartnäckigkeit« letztlich doch mit einer »glücklichen Mobilität und Biegsamkeit« versehen, die ihnen die Chance gibt, in so viele Bedingungen der Umwelt »sich zu fügen und danch zu bilden und umbilden zu können«[19].

Und so sah sich Goethe denn auch zeitlebens genötigt, »alle Naturphänomene in einer gewissen Folge der Entwicklung zu betrachten und die Übergänge vor- und rückwärts aufmerksam zu begleiten«[20]. Nur so sei er zu jener »lebendigen Übersicht« gelangt, »aus welcher ein Begriff sich bildet, der sodann in aufsteigender Linie der Idee begegnen wird[21]. Der Über-Gang –, er wird hier zu einem Schlüsselbegriff, als ein »Gleichnis, von Wegen hergenommen«[22].

Begleitung ist Goethe gleicherweise zu einem Schlüsselwort aller Methodik geworden. Denn »jedes Wissen fordert ein zweites, ein drittes und immer so fort. Wir mögen den Baum in seinen Wurzeln oder in seinen Ästen und Zweigen verfolgen, eins ergibt sich immer aus dem andern, und je lebendiger irgendein Wissen in uns wird, desto mehr sehen wir uns getrieben, es in seinem Zusammenhange auf- und abwärts zu verfolgen«[23]. Goethe bleibt davon überzeugt, daß die Natur, »in ihren ersten Anlagen ewige, aber ruhende Kräfte besitzt, die, in der Zeit hervorgerufen, bei genugsamer Vorbereitung das Ungeheure so wie das Zarteste zu bilden vermögen«[24].

Und so schwebt denn gerade die Heilkunst dem Menschen

als »ein Zweck vor, der vielleicht nie zu erreichen ist«[25], dem sie aber alle zu dienen haben: die Naturgeschichte, die Anatomie, Physik und Chemie wie auch die Physiognomik und selbst die Philosophie. Goethes weitgespannte »Ideen über die tierische Ökonomie«, sie sind denn auch immer und unmittelbar »mit philosophischen durchwebt«[26], im zunächst zögerlichen Angang, auf vielerlei Umwegen, in unbestechlicher Skepsis, bis ihn dann endlich seine Verbindung mit Schiller »aus diesem wissenschaftlichen Beinhaus« herausgelockt und geführt hat in den »freien Garten des Lebens«[27].

Auf diesen Wegen vielfältiger Erfahrung darf sich Goethe zurecht »schmeicheln, in den Vorhöfen, welche zu der ärztlichen Kunst führen, nicht müßig gewesen zu sein, ja mich noch immer gern darin zu beschäftigen«. So in einem Schreiben vom 24. November 1825 an die Medizinische Fakultät der Universität Jena, worin Goethe betont, daß er des öfteren »mit würdigen Ärzten« über seine eigenen Übel belehrt wurde »und im Gefolge dessen auch über die allgemeinen Gebrechen der Menschheit«. Und er kommt zu dem souveränen Schluß: »So bin ich der eigentlichen Heilkunde nicht fremd geblieben«.

»Des Menschen Norm«

Wir haben mit Goethe die »eigentliche Heilkunde« erlebt, wie sie sich auf den theoretischen Grundlagen der Physiologie, der Pathologie und der Therapeutik aufbaut, um uns dann in der Praxis die Muster gesunder Lebensführung aufzuzeigen. So sehr aber Goethe in allen Stadien seines reifenden Lebens in solche Stilisierung des Alltags gleichsam verliebt war, er konnte es bei bloßen Regulierungen nicht belassen. Gerade hier sah er sich genötigt, abermals einen theoretischen Überbau zu suchen, um das zu finden, was er genannt hat: »die Norm des Menschen«[28].

Die Vollkommenheit als solche sei zwar nur zu denken als die »Norm des Himmels«; des Menschen Norm aber könne nur sein, ein Vollkommenes zu wollen. Auf diesen Wegen leitet uns zunächst einmal die Philosophie. »Der Philosoph ist geborgen«, erklärt Goethe lapidar und begründet dies auch: »denn er nimmt aus des Physikers Hand ein Letztes, das bei ihm nun ein Erstes wird«[29]. Wo der Naturforscher mit all seinem Wissen aufhört, da setzt er nun ein, der Liebhaber der Weisheit. Gerade weil die Philosophie aber Ansprüche an das Höchste macht, »muß sie die weltlichen Dinge als in ihr begriffen, als ihr untergeordnet, ansehen und behandeln«[30]. Da läßt sich nichts überspringen!

Wenn die Philosophie allerdings für das Leben Bedeutung gewinnen wolle, dann – so hat es uns Falk aus Gesprächen mit Goethe berichtet[31] – müsse sie »geliebt und gelabt werden«. Und es scheint mir, daß es genau diese »Philosophie« ist, die wir mit Goethe zu suchen und zu deuten haben. Jenseits der Poesie der Romantiker und der Ökonomik der Naturforscher verstand es Goethe, eine dritte vermittelnde Position ins Bewußtsein zu rücken, ein durchgeistigtes inneres Leben, das dann auch im äußeren Alltag seine eigene Wirklichkeit beanspruchen konnte. Hier erst versteht man seine durchaus philosophische Tendenz, sich ganz und gar der physischen Welt zuzuwenden, die realen Probleme des Alltags zu meistern und das so konkrete soziale Leben zu stilisieren. Jedes Leben sei zu führen, sagt Goethe, was wohl heißen soll: daß wir es uns einfach nicht leisten können, alles immer nur so laufen zu lassen im alten unseligen Trott.

Nicht die geistige oder moralische Bedeutung der einzelnen Werke hat daher unser Interesse gefunden und konnte uns zum tragenden Thema werden, sondern das Phänomen Goethe, eine Erscheinung, die vor uns steht, umgänglich ist, antworten will, im Umgang immer lebendiger wird, herausfordernd, die einfach da ist, mit der sich etwas machen läßt, ein Phänomen, das sich einem mitteilt, uns anspricht, mich sehr persönlich herausgefordert hat und nun auch Rede und Antwort will.

Goethes ganzes Schaffen – im Grunde ein einziges Selbstgespräch – überall hinhorchend, behutsam erspürend, die Dinge schmeckend, wie sie sind, mit Augen schauend, mit Händen greifend –, niemals monoton, weniger dialektisch als dialogisch, zum Zwiegespräch auffordernd, einladend, einstimmend: Patriarchenluft zu kosten, in seiner Lebensluft atmend, vom Orient her denkend, eine wirkliche Orientierung für unser Leben!

Orientierung –, das sollte am Ausgang und im Endpunkt der Architektonik der Daseinsgestaltung das tragende Leitbild sein, das einmal systematisch auszuloten sich lohnen würde. Was wir hier nötig hätten, wären drei Fragenkomplexe:

1. eine Analyse der Orientierungs-Defizite der aufgeklärten Gesellschaft, von denen Goethe des öfteren gesprochen hat, so wenn er meint, wir hätten ja »jetzt eigentlich keine Norm«; wir müßten sie vielmehr suchen und sie uns selbst geben.[32] Daß damals schon die gängigen Entstabilisierungsfaktoren am Werke waren, war die Meinung von Ernst Robert Curtius (1950), wenn er in der Goethe-Zeit auch ein »Zeitalter beginnender Desintegration« sah, jene Aufklärung nämlich, in welcher die »Traditionsmassen«, das Orientierungswissen ganzer Jahrhunderte, angefangen habe, brüchig zu werden.

2. Nötig wäre daher ein Überblick über das Orientierungs-Wissen aller Völker und Zeiten, über jenen »poetischen Gehalt« auch alles Wissens, der ja im Grunde »Gehalt des eigenen Lebens« ist. Bei allem Respekt vor der Natur und ihren Bedürfnissen bleiben wir ja nicht befangen in der Natur, bilden sie vielmehr aus und reifen zur Kultur. Hier erst erweist sich das Wesen von Heilkunde: Sie dient uns mit einem schier unerschöpflichen Orientierungswissen.

3. Der dritte Punkt im Orientierungs-Horizont beträfe die Anleitung zu einem werteorientierten Handeln, wie sie auch Goethe gefordert hat: »Man halte sich ans fortschreitende Leben und prüfe sich bei Gelegenheiten; denn da beweist sich's im Augenblick, ob wir lebendig sind, und bei späterer Betrachtung, ob wir lebendig waren.«[33]

Ob wir lebendig waren und bleiben: Da gibt es keine höheren geistigen Güter neben den niedrigen irdischen Bedürfnis-

sen, keine erhabenen seelischen Gefilde über den leiblichen
Niederungen, nirgendwo auch höhere oder tiefere Seelenkräfte. Hier tritt uns vielmehr die Welt als Ganzes leibhaftig
vor Augen: die Wirklichkeit aller Erscheinungen, aller sinnlichen Erfahrungen. »Man erfährt wieder bei dieser Gelegenheit, daß eine vollständige Erfahrung die Theorie in sich
enthalten muß«, schrieb Goethe am 14. Oktober 1797 an
Schiller, um dann fortzufahren: »Um desto sicherer sind wir,
daß wir uns in einer Mitte begegnen, da wir von so vielen Seiten auf die Sache losgehen.«

Bei diesem Vorgehen auf so verschiedenen Wegen, Methoden, aber wäre das Höchste, »zu begreifen, daß alles Faktische
schon Theorie ist. Man suche nur nichts hinter den Phänomenen; sie selbst sind die Lehre«.[34] Erfahrungen dieser Dimension könnten uns gar nicht zuteil werden ohne Theorie. »Das
bloße Anblicken einer Sache kann uns nicht fördern. Jedes
Ansehen geht über in ein Betrachten, jedes Betrachten in ein
Sinnen, jedes Sinnen in ein Verknüpfen, und so kann man
sagen, daß wir schon bei jedem aufmerksamen Blick in die
Welt theoretisieren.«[35]

Goethe hat dieses seine Erfahrung nochmals gesteigert und
auf die Formel gebracht: »Es gibt eine zarte Empirie, die sich
mit dem Gegenstande innigst identisch macht und dadurch
zur eigentlichen Theorie wird. Diese Steigerung des geistigen
Vermögens aber gehört einer hochgebildeten Zeit an.«[36] Sie ist
eine Sache des Niveaus und ist sich dieses Ranges durchaus
bewußt.

Von dieser Höhe geistiger Bildung her kann Goethe dann
auch die Forderung erheben: »Wer das Höchste will, muß das
Ganze wollen. Wer vom Geiste handelt, muß die Natur, wer
von der Natur spricht, muß den Geist voraussetzen oder im
Stillen mitverstehen«. Eine ganz neue Welt hat sich damit auf-
getan, sich im Grunde vor uns entfaltet. Denn: »An und in dem
Boden findet man für die höchsten irdischen Bedürfnisse das
Material, eine Welt des Stoffes, den höchsten Fähigkeiten des
Menschen zur Bearbeitung übergeben. Aber auf jenem geisti-

gen Wege werden immer Teilnahme, Liebe, geregelte freie
Wirksamkeit gefunden. Diese beiden Welten gegeneinander
zu bewegen, ihre beiderseitigen Eigenschaften in der vorüber-
gehenden Lebenserscheinung zu manifestieren, das ist die
höchste Gestalt, wozu sich der Mensch auszubilden hat.«[37]
Beide Welten hat auch Goethe persönlich bewegt, wenn er
sich zu dem Geschlechte bekennt, das »aus dem Dunkeln ins
Helle« strebt[38], wobei er bescheiden bekennt: »Ich habe oft
geerntet, wo andere gesät hatten.« So in einem Schreiben vom
17. Februar 1832, wo er wenige Wochen vor seinem Tode dem
Prinzenerzieher Soret gesteht: »Mein Werk ist das eines Sam-
melwesens, und es trägt den Namen Goethe.«

Goethe – eine Kultur

Das in der Tat – schreibt Friedrich Nietzsche – ist Goethe gewesen: »nicht nur ein guter und großer Mensch, sondern eine
Kultur.« In seiner »Götzendämmerung«, den »Streifzügen eines Unzeitgemäßen«, hatte Nietzsche darauf aufmerksam gemacht, daß man alle wirkliche Kultur »an der rechten Stelle«
beginnen lassen müsse, das heißt aber: Die rechte Stelle, das
ist »der Leib, die Gebärde, die Diät, die Physiologie, der Rest
folgt daraus«. Im nächsten Aphorismus bereits kommt Nietzsche auf Goethe zu sprechen, der für ihn »kein deutsches
Ereignis« war, sondern ein europäisches, nämlich: »ein großartiger Versuch, das 18. Jahrhundert zu überwinden durch eine
Rückkehr zur Natur«, besser: »durch ein Hinaufkommen zur
Natürlichkeit«. Und dann sogleich weiter – und das kennen
wir nun bereits: »Er umstellte sich mit lauter geschlossenen
Horizonten; er löste sich nicht vom Leben ab, er stellte sich
hinein; er war nicht verzagt und nahm so viel als möglich auf
sich, über sich, in sich«.[39]
Goethe habe immer nur die »Totalität« gewollt, gesucht und
gefunden. Er habe prinzipiell »das Auseinander von Vernunft,
Sinnlichkeit, Wille« bekämpft: »Er disziplinierte sich zur
Ganzheit, er schuf sich.« Was Goethe konzipiert habe, das sei

der starke, hochgebildete Mensch gewesen: in allen Leiblich-
keiten geschickt, sich selbst im Zaume habend, ein Mensch,
der vor sich selber ehrfürchtig war. Und nur so kann Nietzsche
zu dem erstaunlichen Schluß kommen: »Goethe ist der letzte
Deutsche, vor dem ich Ehrfurcht habe«.[40]

Für Nietzsche blieb Goethe denn auch der »große syntheti-
sche Mensch«, der all die verschiedenen Kräfte zu einem Ziel
ins Joch spannt, das Gegenteil also zum modernen Menschen,
den Nietzsche »das interessanteste Chaos« nennt, das es je gegeben. Für wenige nur habe Goethe gelebt; für die meisten sei
er auch heute nichts als »eine Fanfare der Eitelkeit«. Dabei
könnten uns allein schon Goethes Gespräche mit Eckermann
vor jenen »Legionären des Augenblicks« bewahren, wie sie
uns mit den heutigen Literaten vor Augen treten. Ihnen allen
gegenüber erscheint Goethe nun »als schönster Ausdruck des
Typus« und eben darin »ganz und gar kein Olympier«[41]. Was
der Kultur Europas immer noch – und vermutlich noch lange –
fehle, das sei »jenes volle, erlösende und bindende Element
Goethe«[42].

Eine solch bindende und verbindliche Überhöhung ist Goethe
wie keinem der großen Philosophen oder auch Ärzten seiner
Zeit gelungen. Den ersten organischen Entwurf für seinen Bil-
dungsgedanken, Vorbild schließlich für seine Architektonik
der Lebensgestaltung, fand Goethe bereits in seinen so wichtigen medizinischen Lehrjahren zu Straßburg, wo er zum ersten
Male und dann auf Dauer mit dem Konkreten, Bodenständi-
gen, Leibhaften vertraut wurde. »Gewarnt durch jenen Knaben, der mit einer Muschel das Meer zu erschöpfen sich
vermaß, lasset uns aus dem, was nicht zu erschöpfen ist, für
unsere Zwecke das Nötige, das Nützliche schöpfen!«[43]

»Des Menschen großes Verdienst bleibt wohl, wenn er die
Umstände so viel als möglich bestimmt und sich so wenig als
möglich von ihnen bestimmen läßt.« Und wieder der Übersteig
ins Transzendente: »Das ganze Weltwesen liegt vor uns wie ein

großer Steinbruch vor dem Baumeister«: als ein »in seinem Geiste entsprungenes Urbild mit der größten Ökonomie, Zweckmäßigkeit und Festigkeit.« Alles außer uns ist dabei »nur Element«, auch alles an uns, aber tief in uns liegt die »schöpferische Kraft«, die nicht ruht, bis wir das alles auch außer uns und an uns dargestellt haben.[44]

Auf diesem unserem Wege läßt sich das Wahre, mit dem Göttlichen identisch, niemals von uns direkt erkennen: »Wir schauen es nur im Abglanz, im Beispiel, Symbol, in einzelnen und verwandten Erscheinungen. Wir werden es gewahr als unbegreifliches Leben und können dem Wunsch nicht entsagen, es dennoch zu begreifen.«[45] Wenn wir uns dann aber »unseres eigenen Daseins selbst erst recht gewiß« geworden sind, warum sollten wir uns denn nicht »auf eben dem Wege von jenem Wesen überzeugen können, das uns zu allem Guten die Hand reicht«?[46]

Unter der Idee einer stetigen Bildung aber unterliegt das Individuum auch einer ständigen Richtschnur und hat die Pflicht, sich »alle Tage zu reformieren«[47]. Als Mensch der Mitte und des Maßes untersteht er der Norm, der Mensch – »dem Menschen das Interessanteste«![48] »Alles andere, was uns umgibt, ist entweder nur Element, in dem wir leben, oder Werkzeug, dessen wir uns bedienen«, um das »Kunstwerk Leben« zu gestalten.

Dasein ist uns ja keineswegs fertig vorgegeben; es muß neu geformt werden von Tag zu Tag. »Gott gibt uns die Nüsse, aber er beißt sie nicht auf.« Das hat er nur zu gut gewußt und zeitlebens erfahren. Und selbst noch der sehr junge Goethe hat uns – in seinem Tagebuch vom 14. November 1777 – das überraschende Bekenntnis anvertraut: »Heiliges Schicksal, du hast mir mein Haus gebaut und ausstaffiert über mein Bitten; ich war vergnügt in meiner Armut unter meinem halbfaulen Dache. Ich bat dich, mir's zu lassen, aber du hast mir Dach und Beschränktheit vom Haupt gezogen wie eine Nachtmütze. Laß mich nun auch frisch und zusammengenommen der Reinheit genießen. Amen! Ja und Amen!«

2. Dramaturgie der Natur-Geschichte

In der Architektonik der Lebensgestaltung hatten sich bereits
drei Grundbegriffe herauskristallisiert, denen wir von nun an
immer wieder begegnen werden: Natur – Bildung – Kultur,
besser noch: Bildung der Natur zur Kultur. Es kommt mir hierbei nicht auf eine Begriffsgeschichte dieser Schlüsselwörter an
– die es sicherlich geben könnte und die auch oft schon versucht wurde –, sondern auf die Einordnung dieser Bilder in
unser Generalthema: Wissen um das Gesunde, Erfahrung mit
Kranksein, Wege zur Heilung.

In allen Bereichen des gesunden, des kranken, des zu heilenden Menschen sind wir zunächst dem Begriff »Natur«
begegnet, einem Grundbegriff – so geheimnisvoll wie ambivalent. »Was wir von der Natur sehen, ist Kraft, die Kraft ver-
schlingt, nichts gegenwärtig, alles vorübergehend, tausend
Keime zertreten, jeden Augenblick tausend geboren, groß und
unbedeutend, mannigfaltig ins Unendliche, schön und häß-
lich, gut und böse, alles mit gleichem Rechte nebeneinander
existierend.«[49] Und was wissen wir gar von einer »schönen«
Natur? »Sind die wütenden Stürme, Wasserfluten, Feuerre-
gen, unterirdische Glut und Tod in allen Elementen nicht
ebenso wahre Zeugen ihres ewigen Lebens als die herrlich
aufgehende Sonne über volle Weinberge und duftende Oran-
genhaine?«[50] Was also wissen wir, was sehen wir denn von
dieser so »liebreichen Mutter Natur«?

Und nun die Bilder jener Kunst, die in allem »gerade das
Widerspiel« scheint! Mit seiner Kunst befestigt sich ja der
Mensch geradezu gegen die Natur, und alle zerstreute Schön-
heit und Glückseligkeit, er möchte sie bannen in »gläserne
Mauern«[51]. Von welcher Art Kunst also soll hier die Rede sein?
Und was sind sie, die schönen Künste, ohne die Natur? »Wer
von den Künsten nicht sinnliche Erfahrung hat, der lasse sie
lieber.«[52]

Aus Kants »Kritik der Urteilskraft« glaubt Goethe aber auch
gelernt zu haben: »Ein Kunstwerk solle wie ein Naturwerk

sein, ein Naturwerk wie ein Kunstwerk behandelt und der Wert eines jeden aus sich selbst entwickelt, aus sich selbst betrachtet werden.«[53] Das unkritische »Vermischen von Natur und Kunst« nennt Goethe denn auch eine Hauptkrankheit unserer Zeit. Unsere Kreise haben wir innerhalb der Natur zu ziehen und dort ein Reich zu bilden. Kein »Naturwerk« allein erstrebe der Künstler, sondern ein »vollendetes Kunstwerk«[54].

Und während die Natur nur »um ihrer selbst willen« zu wirken scheint, wirkt der Künstler »als Mensch um des Menschen willen«. Der wahre Künstler versteht es einfach, alles aus der Natur herauszuholen, was »für den Geist nährend, bildend und erhebend« sein kann. »Und so gibt der Künstler, dankbar gegen die Natur, die auch ihn hervorbrachte, ihr eine zweite, aber gefühlte, eine gedachte, eine menschlich vollendete zurück«[55].

Das Gewahrwerden »großer produktiver Naturmaximen« nötigt uns freilich, »unsere Untersuchungen bis ins Allereinzelste fortzusetzen, wie ja die letzten Verzweigungen der Arterien mit ihren verschwisterten Venen ganz am Ende der Fingerspitzen zusammentreffen«. Gleichwohl will Goethe — wie er im gleichen Brief vom 1. Dezember 1831 an Wilhelm von Humboldt schreibt — gerne gestehen, »daß in meinen hohen Jahren mir alles mehr und mehr historisch wird: ob etwas in der vergangenen Zeit, in fernen Reichen oder mir ganz nah räumlich im Augenblicke vorgeht, ist ganz eins, ja ich erscheine mir selbst immer mehr und mehr geschichtlich«.

Goethe war sich nur zu gut bewußt, daß das Ganze der Menschennatur nur in der Geschichte erfaßt werden kann. Wenn er sich auch in keiner Phase seiner vielschichtigen Existenz wirklich historischer Methoden bedient hat, so war er doch mit reifenden Jahren bemüht, die Geister der Vergangenheit um sich zu versammeln und in sich zu sammeln. Denn zur Natur des Menschen gehört einfach Geschichte. In beiden Aspekten erst entfaltet sich der Lebensreichtum bis ins Unendliche. Es ist die historische Erkundung, die uns über den Menschen, seine Stellung in der Welt und sein Wesen, belehren soll, die damit auch die Fülle und Mannigfaltigkeit aller Wirklichkeit augenscheinlich und offenkundig macht. Was sich dabei offenbart, ist der ununterbrochene Zusammenhang aller Lebenserscheinungen: eine »Folgeordnung«, wie Herder dies nannte.

Als Spiel und im Spiegel von Natur und Geschichte zeigt sich die Struktur der Wirklichkeit in ihrer ganzen Dynamik: Während uns die Naturforschung die reale Kontinuität vermittelt und zugleich ihren Stufenbau in gesetzlicher Folge aufzeigt, erfahren wir die Ziele aller Naturentwicklung nur durch das Werden. Wirklichkeit, das bedeutet: nirgends starre Naturentfaltung, keine statischen Normen, alles vielmehr von innen herausgetrieben, gleichsam auseinandergerollt und in solchem Entfalten zum Erscheinen gebracht. Und so findet Goethe auch alles das, was er in Botanik und Anatomie an Gesetzlichkeit gefunden hatte, was er »Morphologie« nannte, nun auch wieder in der Geschichte.

Unter den jungen Begleiterinnen seines reiferen Lebens war es vor allem Rahel Varnhagen, die von der ungemein dynamischen Kraft Goethescher Lebenskunst ein Gespür bekam, zumal sie in ihm nichts weniger zu erkennen glaubte als jenen »gewaltigen Historiker«, der die Welt im ganzen aus ihren »unzählbaren Schöpfungsweisen« heraus betrachtet, wo eines das andre beleuchtet, und – wie sie im Juni 1821 ihrem Bruder schreibt: »Je mehr wir aber davon erkennen, je reicher und vollkommener wird das Konzert«. Ich »liebe mir das Geschichtliche«, schrieb der greise Goethe am 3. Juni 1830 an Zelter; »denn wer versteht irgendeine Erscheinung, wenn er sich von dem Gang des Herankommens nicht penetriert?«, gleichsam durchdrungen fühlt, wenn er nicht den Gang des Herankommens auch bei sich selber ankommen läßt! Auf diesem »Gang des Herankommens« erfahren wir, daß gewisse Vorstellungen erst reif werden durch eine Zeitreihe. Die Zeit kommt ins Spiel, Zeit als »die höchste Gabe Gottes und der Natur und die aufmerksamste Begleiterin des Daseins«[56].

Vom Gang des Herankommens

Vom Gang des Herankommens, notwendigen Über-Gängen und möglichen Leit-Bildern soll nun des weiteren die Rede sein. Sie in erster Linie führen uns ein in den Stufenbau des natürlichen wie sittlichen Kosmos und lehren uns die Architektonik menschlichen Verhaltens. Ein Weg hierzu, wahrlich eine »via regia«, ist für Goethe die Geschichte der Wissenschaften geworden.

Zwischen Zukunft und Herkunft liegt unsere Gegenwart vor uns als eine reife Frucht des Unterwegs: »Denn eigentlich unternehmen wir es umsonst, das Wesen eines Dinges auszudrücken. Wirkungen werden wir gewahr, und eine vollständige Geschichte dieser Wirkungen umfaßte wohl allenfalls das Wesen jenes Dinges.«[57] Mehrfach hat Goethe dies Grundgesetz zu formulieren gesucht: »Die Geschichte der Wissenschaft ist die Wissenschaft selbst, die Geschichte des Individuums das Individuum.«[58] Ganz ähnlich an anderer Stelle: Die Geschichte eines Menschen stellt den Menschen dar; die Geschichte der Wissenschaft ist die Wissenschaft selbst[59]. Sie zeigt uns, wo wir stehen und was wir sind. Und noch einmal – in den »Tag- und Jahresheften« (1811): »Ganz allein durch Aufklärung der Vergangenheit läßt sich die Gegenwart begreifen.«[60]

Auf seiner Italienreise bereits hat sich Goethe (am 25. Januar 1787 in Rom) notiert: »Man kann das Gegenwärtige nicht ohne das Vergangene erkennen, und die Vergleichung von beiden erfordert mehr Zeit und Ruhe.«[61] Gar manches müsse man bereits gelernt haben, um überhaupt »fragen zu können«. Man hat einfach einzusehen, »daß auch in diesem Felde kein Urteil möglich ist, als wenn man es historisch entwickeln kann«[62].

Allerdings zeigte sich auch gerade Goethe davon überzeugt, daß »Geschichte nicht würdig geschrieben werden könne, ohne eine wahre ›poiesis‹, und daß niemand ein Historiker sein könne, im schönsten Sinne des Wortes, dem die schöpfe-

rische und dichterische Kraft fehlt«. So hat es uns Luden
(1806) berichtet. Der Historiker müsse daher »seine Welt so
aufbauen, daß die sämtlichen Bruchstücke hineinpassen, welche die Geschichte auf uns gebracht hat. Deswegen wird er
niemals ein vollkommenes Werk liefern können, sondern immer wird die Mühe des Suchens, des Sammelns, des Flickens
und Leimens sichtbar bleiben«[63]. Wie die Literatur, so ist und
bleibt auch die Geschichte »das Fragment der Fragmente«.
Denn »das Wenigste dessen, was geschah und gesprochen
wurde, ward geschrieben, vom Geschriebenen ist das Wenigste
übriggeblieben«.

Goethe – kein Historiker

Wie wenig freilich Goethe – der alte wie der junge und auch
der mittlere – »in historicis« systematisch zu denken vermochte, das zeigt uns recht eindrucksvoll seine höchst subjektive Bewertung des Mittelalters. Hier hätten wir auch von ihm
selber wahrlich mehr Kritik erwarten dürfen; denn – um
Goethe (1826) zu zitieren: »Die Zeit ist vorbei, da die Sibyllen
unter der Erde weissagten; wir fordern Kritik und wollen urtei-
len, ehe wir etwas annehmen und auf uns anwenden.«[64]
    Zwar weiß Goethe (am 7. 7. 1793) seinem Freund Jacobi zu
berichten, daß er in »aestheticis, moralibus« und auch »physi-
cis« fleißig arbeite, und er versichert, er würde auch in »historicis« etwas tun, wenn dies nicht »das undankbarste und
gefährlichste Fach« wäre. Wie gefährlich ihm dieses Fach
wurde und wie wenig wir ihm in dieser Hinsicht Dank schul-
den, zeigt ein kurzer Exkurs in Goethes Mittel-Alter, einen so
gewaltigen Zeitraum, den er nicht einmal chronologisch zu
packen in der Lage war. So versetzt er das »häßliche Teufels-
und Hexenwesen« der aufkommenden Neuzeit unbekümmert
in die »düstern ängstlichen Zeitläufte« des tiefen Mittelalters,
während das Mittelalter selber – immerhin ein volles Jahrtau-
send einer Hochkultur im Ursprung Europas – den Augen
Goethes gänzlich verborgen blieb.

Wenn Goethe auf das Mittelalter zu sprechen kam, auf »gotische« Zeiten, dann begegnen ihm – wie er am 3. Oktober 1828 Eckermann erzählt – schlechthin »die Dunkelheiten einer barbarischen Vorzeit«. Dabei braucht man nur einmal die »Italienische Reise« aufmerksam zu lesen, um auf eine geradezu groteske Weise zu bemerken, was Goethe in Italien – man denke nur an Bologna, Padua, Sizilien – alles nicht gesehen hat!

Goethes Aversion gegen die modisch gewordene Neigung der Jugend zum Mittelalter geht so weit – wie er am 7. 10. 1810 an Reinhard schreibt –, daß ihm lieber wäre, daß sein Verlorener Sohn sich »von den Bordellen bis zum Schweinekoben« verirrt hätte, »als daß er in den Narrenwust dieser letzten Tage sich verfinge«. All dieses Zeug aus »barbarischer Zeit« ist seiner »geläuterten Sinnlichkeit« einfach zuwider.[65] Selbst im nahen Naumburger Dom vermerkt Goethe lediglich die »hübschen Gedanken« des Chorgestühls, während er die großen Plastiken einfach übersieht. Und auch das so großartige mittelalterliche Trier, es bietet ihm einige »merkwürdige Monumente«, nichts mehr! »Ich habe von solchen Dingen wenige Kenntnis«, gibt er zu, um dann hochmütig fortzufahren: »Sie sprechen nicht zum gebildeten Sinn«[66]. Goethe sieht nur »Reste der alten Kunst«, die sich aus dem »trüben Mittelalter« hervortun[67], während sich bei ihm erst mit dem 13. Jahrhundert die bildende Kunst leise wieder zu regen beginnt.[68]

In der »zarten Umgebung« der von ihm so verehrten Fürstin Gallitzin, wo Goethe sich »milder als seit langer Zeit« fühlt, geht er immerhin offen auf die Bilder und Zeichen des »katholischen frommen Zirkels« ein, ist er so milde geworden, daß einer der Anwesenden erstaunt fragt: Ja, ist er denn wirklich katholisch geworden, der Goethe? »Ich stelle mich nicht fromm«, gesteht er der verehrten Freundin: »Ich bin es am rechten Orte.« Aber nur dort! Was ihm »von jeher zuwider« sei, das sei »jede Art von fratzenhafter Verzerrung«, durch welche sich dünkelhafte Menschen nur zu oft versündigten.[69]

Am Sankt Rochus-Feste zu Bingen (1814) erwähnt Goethe

am Rande auch die »Überreste des heiligen Ruprechts, die man sonst zu Eibingen gläubig berührt und hilfreich gepriesen hatte«[70]. Er besucht auch das aufgegebene Hildegardis-Kloster zu Eibingen, das ihm »den unangenehmsten Begriff eines zerstörten würdigen Daseins« gibt. Hätte – so meint er – »eine der Nonnen vor Jahren die Gabe der Vorgesichte« gehabt, sie hätte sich »vor der künftigen Zerrüttung und Entweihung« entsetzen müssen[71]. An Ort und Stelle erlebt Goethe dann auch, wie man die große Orgel des Klosters Eibingen in die Rochuskapelle überführt und wo dann einer leise sagt: »Es ist eine weiche Orgel, eine Nonnenorgel!«

Nur wenig später, bei seiner Kunstwallfahrt an Rhein und Main, wird Goethe in Wiesbaden »ein altes Manuskript, die Visionen der heiligen Hildegard enthaltend«, vorgelegt, und wiederum findet er die prachtvollen Miniaturen lediglich »merkwürdig«. Das ist alles! Was er aber als recht wohltuend empfindet, war die Erfahrung, daß hier »mehrere aus Klöstern gewonnene Bücher in guter Ordnung aufgestellt« seien.[72] Und das genügt dem Meister! Dabei hätte Goethe so viel über die heilige Hildegardis in Erfahrung bringen können, zumal er selber im März 1816 der Frau von Stein eine Hildegard-Zeichnung wie auch Auszüge aus ihren Predigten übersandt hatte. Am 6. März 1816 berichtet Charlotte v. Stein ihrem Freund Knebel, Goethe habe ihr eine Zeichnung geschickt, »von der heiligen Hildegard ihren Visionen des Jüngsten Gerichts nach dem Evangelium, die ganz allerliebst ist«, und ziemlich hilflos und reichlich verstört fügt sie hinzu: daß der Zeichnung beigelegt war »etwas aus einer lateinischen Rede von ihr an ihre Klosterfrauen, die muß ich mir erst recht übersetzen lassen«.

Kein Wunder, daß Goethe auch mit bekannteren Autoritäten des Mittelalters rein gar nichts anzufangen wußte. »Ich studierte Albertus Magnus, aber mit wenigem Erfolg«, schreibt er (1807), und er fügt auch gleich die Entschuldigung bei: »Man müßte sich den Zustand seines Jahrhunderts vergegenwärtigen, um nur einigermaßen zu begreifen, was hier gemeint und getan sei.«[73] Aber zu einer solchen Vergegenwärtigung war er, bei seiner prinzipiellen Aversion gegen »die mittleren Zeiten«, einfach nicht fähig.

Auch hier – und vielleicht gerade hier – erweist es sich: »Nichts ist zarter als die Vergangenheit; rühre sie an wie ein glühendes Eisen. Denn sie wird dir sogleich beweisen, du lebest auch in heißer Zeit.«[74]

Leben in heißer Zeit

Nun ist Goethe sicherlich kein Historiker der Zunft gewesen. Was ihn leidenschaftlich interessierte, war in erster Linie jene so überaus lebendige »Geschichte der Naturlehre«, der er sich über Jahrzehnte gewidmet hat, um sie dann aber auch wieder mit der Zeitgeschichte im allgemeinen und darüber hinaus mit der Bildung des Menschen zu verbinden.

Selbst für seine eigene Biographie wählte Goethe die Analogie mit der Metamorphose der Pflanzen: Da sehen wir das Kind nach allen Seiten hin zarte Wurzeln treiben und Keimblätter entwickeln. Mit lebhaftem Grün sehen wir im Knaben mannigfache Zweige sich bilden, die ährenweis im belebten Stengel zur Blüte hineilen und dann den hoffnungsvollen Jüngling darzustellen versuchen. »Daß dieses ›Natürliche‹ (schreibt Friedhelm Kemp 1978) ein emiment Geistiges ist, kein rein Gegebenes, sondern ein Ausgebildetes, Heraufgeläutertes, mehr Äther zuletzt als Element, verleiht seinem Wort ein Aroma fast unsterblicher Frische«.

Die Geschichte ist es denn auch, die den Körper hergibt zu den Ideen[75], ihnen Fleisch und Blut vermittelt. Mit der Geschichte werde man erst gewahr, wie weit einen »eine stetige Bildung«, und zwar »Bildung nach einem geprüften Leitfaden«, führen könne. Sei es doch »die höchste Wirkung des Geistes«, wiederum »den Geist hervorzurufen«.[76] Alles in allem blieb es Goethes Art, sich im Stillen das Vergangene jederzeit zurückzurufen, um daran das Gegenwärtige zu prüfen und daraus auf das Künftige zu schließen.[77] Mehr kann wohl die Geschichte nicht leisten! Und so würden wir sicher-

lich alle gern unsere Geschichte lernen und lehren: historische
Fälle eben als heuristische Muster für Modelle von morgen.

»Es gibt kein Vergangenes (so am 4. 11. 1823 zu Müller), das
man zurücksehnen dürfte; es gibt nur ein ewig Neues, das sich
aus den erweiterten Elementen des Vergangenen gestaltet,
und die echte Sehnsucht muß stets produktiv sein, ein neues
Besseres erschaffen.«[78] Zwar gehen die Wissenschaften dabei
stetig vorwärts, aber nicht im Zirkel, sondern (so an Voght,
1806) in einer Spirallinie: »Dasselbe kommt immer wieder,
aber höher und weiter«[79]. Immer wieder kehrt auch die »Geschichte der Naturlehre« in ihrer Spiralbewegung auf ähnliche
Bahnen zurück, »alle wahren Ansichten und alle Irrtümer«
wiederholend.[80]

Und doch wollen alle Wissenschaften dem Weisen von Weimar zur Weisheit werden: »Welch eine Welt von Herrlichkeit
liegt in den Wissenschaften, wie immer reicher findet man sie.
Wie viel Klügeres, Größeres, Edleres hat gelebt –, und wir
Zeitlinge bilden uns ein, allein klug zu sein!«[81] Noch einmal
beschwört Goethe den »Gang des Herankommens«, und er
bittet Freund Zelter (am 6. 6. 1825): »Laß uns, so viel als möglich, an der Gesinnung halten, in der wir herankamen: Wir
werden, mit vielleicht noch wenigen, die Letzten sein einer
Epoche, die so bald nicht wiederkehrt«.

Noch einmal ist von der gesunden Natur und von ihrer Ganzheit die Rede, noch einmal von Wegen und Zielen und nicht
zuletzt von des Menschen Beglückung, wenn Goethe folgert[82]:
»Wenn die gesunde Natur des Menschen als ein Ganzes wirkt,
wenn er sich in der Welt als in einem großen, schönen, würdigen und werten Ganzen fühlt, wenn das harmonische Behagen
ihm ein reines freies Entzücken gewährt, dann würde das
Weltall, wenn es sich selbst empfinden könnte, als an sein Ziel
gelangt aufjauchzen und den Gipfel des eigenen Werdens und
Wesens bewundern. Denn wozu dient alle der Aufwand von

Sonnen und Planeten und Monden, von Sternen und Milchstraßen, von Kometen und Nebelflecken, von gewordenen und
werdenden Welten, wenn sich nicht zuletzt ein glücklicher
Mensch unbewußt seines Daseins erfreut?«

3. Ehrfurcht als Quellgrund des Heils

Am 1. April 1827 stellte sich der alternde Goethe – wie uns
Eckermann berichtet – die alte, kaum lösbare Frage, wie denn
wohl das Sittliche in die Welt gekommen? Goethe gibt uns die
schlichte Antwort: »Durch Gott selber, wie alles andere Gute.
Es ist kein Produkt menschlicher Reflexion, sondern es ist an-
geschaffene, angeborene schöne Natur.«

Solches Vertrauen auf die Natur steht uns freilich nicht
mehr zur Verfügung, die wir an die Stelle des natürlich Ange-
borenen die Verhaltensweisen der Evolution gesetzt haben,
und vielleicht schon bald auch an die Stelle des schönen Got-
tesgeschenkes den blanken Zufall. Einmal herausgebrochen
aus dem naturrechtlichen Konzept, versagen für die Ethik die
Kriterien einer stetigen Progredienz. Einmal hineingestellt in
den Kontext der Geschichte, erkennen wir auf den Feldern des
Ethos dicht neben den Entwicklungen die Rückschritte, Rück-
schläge, ganze Schutthalden von Verkümmerungsprozessen.
Wir sind zu der Einsicht gekommen, daß moralische Epochen
ebenso wechseln wie die Jahreszeiten.

Wo aber finden wir Halt im Wechsel, wo die Gestalt in allem
Wandel? Welche Momente des so geheimnisvollen Daseins
könnten uns Sinn vermitteln und zu einer Orientierung dienen? Auf der Suche nach einem solchen »Orient in uns« ist
Goethe sehr weit in die Geschichte zurückgegangen, zurück
bis an die Wurzeln der Kultur des klassischen Altertums. Und
dort erst, in diesem archaischen Quellgebiet, findet er Halt
und Zuflucht bei Pythagoras.

Im Jahre 1798 hatte Franz von Baader eine Schrift veröf-
fentlicht mit dem geheimnisvollen Titel: »Über das pythago-

räische Quadrat in der Natur oder die vier Weltgegenden«. Baader wollte hier dem »Einen« in der modisch gewordenen Philosophie Fichtes seine Vierer-Zahl gegenüberstellen, »nämlich: wie meinem Ich ein Du gegenüber, so finde ich noch ein Übermir und ein Untermir«. So Baader am 3. 1. 1798 an Friedrich Jacobi, und dann sogleich weiter: »Ich schwöre nämlich als ein Pythagoräer bei jenem heiligen Quaternarius!«

In dieser klassischen Vierung glaubt nun auch Goethe die gültigen Dimensionen einer zeitlosen, einer kardinalen Orientierung gefunden zu haben, in der Kategorientafel nämlich eines Überuns und Unteruns, eines Umuns und Inuns. Es zeugt sicherlich von seiner Sympathie für dieses Schema, daß Goethe bereits 1780 jene Viererzahl in den pythagoräischen »Goldenen Sprüchen« für seine Freundin Charlotte übersetzt hatte: wahrhaftig ein Orientierungsgerüst! Das pythagoräische Muster galt ihm allerdings nur als ein äußeres Ordnungsgerüst, das in der Folge eigenes Denken und persönliche Erfahrung erst auszufüllen hatten.

Mit dem »heiligen Quaternarius« also war Goethe durchaus vertraut. Am 1. August 1800 schreibt er an Schiller: »Von Baadern habe ich eine Schrift gelesen über das Pythagoräische Quadrat.« Woher aber hat es denn der Autor? fragt sich Goethe, und seine Antwort[83]: Von Pythagoras selber, zu dem er sich dann auch feierlich bekennt: »So bei Pythagoras, bei den Besten saß ich unter zufriedenen Gästen.«

Ausgesprochen aber hat Goethe seine eigene Sittenlehre am eindrucksvollsten in »Wilhelm Meisters Wanderjahren«, wo von der dreifachen Ehrfurcht die Rede ist, die dann bald schon in ein geschlossenes System gebracht wird, in die Architektonik eben des sittlichen Verhaltens.

Da heißt es kurz und bündig und ganz und gar ausgerichtet auf den ursprünglichen Sinn von Ethos: »Wer sich den Gesetzen nicht fügen lernt, muß die Gegend verlassen, wo sie gelten.«[84] Die Gesetze gelten für Gegend und Geburt, für die genetische Matrix wie für das soziale Fluidum. »Die Natur hat jedem alles gegeben, was er für Zeit und Dauer nötig hätte; dieses zu entwickeln ist unsere Pflicht.« *Eine* Eigenschaft aber bringe niemand mit auf die Welt – sagt Goethe –, »und doch ist es das, worauf alles ankommt, damit der Mensch nach allen Seiten ein Mensch sei«. Dieses eine Notwendige aber, ein Anthropologikum gleichsam, heißt: Ehrfurcht!

Eine dreifache Ehrfurcht müsse zusammenfließen und ein Ganzes bilden, um »ihre höchste Kraft und Wirkung« zu erreichen. »Das erste ist Ehrfurcht vor dem, was *über uns* ist.«[85] Wir haben Zeugnis zu geben, »daß ein Gott da droben sei«, als Abbild und Offenbarung für jede Art von Norm. »Das zweite, Ehrfurcht vor dem, was *unter uns* ist.« Wir sollten wissen, »daß man die Erde wohl und heiter zu betrachten habe; sie gibt Gelegenheit zur Nahrung; sie gewährt unsägliche Freuden; aber unverhältnismäßige Leiden bringt sie«. Die dritte Ehrfurcht aber ist die, »die wir vor dem haben, was *uns gleich* ist«. Wir haben uns nach unseren Mitmenschen zu richten, und nur in »Verbindung mit seinesgleichen« nimmt der Mensch Stellung zur Welt und macht Front gegen die Welt. Wer sich nicht an diese Ehrfurcht hält, »verhält sich bald gegen Gott gleichgültig, verachtend gegen die Welt, gegen seinesgleichen gehässig«[86].

Der sittliche Konsens freilich dieser so gängig erscheinenden Regeln ist nicht nur für »Wilhelm Meister« ein Problem geblieben: »so nötig als schwer«, und auch Goethe selber hat sich fragen müssen: »ob das, was uns von alters her überliefert und von unseren Vorfahren für gültig geachtet worden, auch wirklich gegründet und zuverlässig sei, in dem Grade, daß man darauf fernerhin sicher fortbauen möge?«

Am Ende der »Wanderjahre« erst dürfen wir beglückt erleben, wie alles Sittliche – gegen alle Gefahren – sich gegen die äußere Welt durchzusetzen vermag, nicht als starr dogmatisches Sittengesetz freilich, sondern als ein schwebendes Bezugssystem, mit allen Zügen gleitender, kreisender, schwin-

gender Bewegtheit, als ein ständiges Gespräch auch um das
Maß der Medizin, als eine immer wieder neu ansetzende Auseinandersetzung um das, was not tut und was recht ist!

Der Arzt vor allem bemüht sich ja um jenen Habitus, der
allein in der Lage sein dürfte, zu einem verantwortlichen Umgang mit der Gesundheit zu motivieren, was wörtlich heißt: »in
Gang setzen«, anhalten zu einem veränderten Verhalten, Kor-
rektur auch des Fehlverhaltens, auf den Weg bringen zu einem
vernünftigen Leben, was immer nur heißen kann: zu einem
besseren Leben, wie dies Aristoteles bereits intendiert hatte,
wenn er »virtus« definiert als »dispositio perfecti ad opti-
mum«.

Dies so ganz und gar auf die Kultivierung des Alltags zuge-
schnittene Sittenlehre war nicht von ungefähr von Thomas von
Aquin zum Kernstück seiner »Summa Theologica«[87] geworden, wenn er schreibt: »Ein Gesetz wird erlassen als eine Regel
oder als ein Maß für die menschlichen Handlungen. Ein Maß
aber muß dem von ihm gestalteten angemessen sein (debet
esse homogenea mensuratio). Deshalb sollen die Gesetze den
Menschen auferlegt werden entsprechend ihrer jeweiligen Situation (secundum eorum conditionem). Ein Gesetz muß
möglich sein: sowohl der Natur entsprechend als auch der Gewohnheit des Heimatlandes (ed secundum naturam et secundum consuetudinem patriae).

Da haben wir ihn wieder, diesen ursprünglichen klassischen
Sinn von »ethos«, von dem auch Goethe so trocken bemerkt
hatte: »Wer sich den Gesetzen nicht fügen lernt, muß die Gegend verlassen, wo sie gelten.«[88] Hier kommt er erneut zum
Tragen, zum Fragen, der alte Antagonismus zwischen Natur
und Bildung. Ist doch – so am 15. 2. 1831 – auch in den Wissenschaften »alles ethisch«, zumal deren Behandlung weitgehend vom Charakter abhängt.[89] Und es überrascht uns nicht,
daß Goethe in frühen Jahren schon (1797) bemerkt hatte,
»daß es bei den Wissenschaften mehr auf die Bildung des
Geists, der sie behandelt, als auf die Gegenstände selbst ankommt«[90].

Der Mensch muß von solchen Gesetzlichkeiten einfach wissen, und er sollte sie auch wollen. Ist es doch alles in allem »ein höherer Sinn, der seiner Natur gegeben werden muß«[91]. Diesen »Quellpunkt« aber – im Menschen kultiviert – wollte Goethe bezeichnet wissen als »Pietät«[92].

Am Quellgrund der Pietät

Pietät –, sie »umfaßt alles, und indem ihr die Welt gehört, wendet sie ihr Letztes, Bestes, dem Himmel zu. Sie allein hält der Egoisterei das Gegengewicht«. Sie würde am liebsten »die Erde von allen Übeln heilen, an denen sie gegenwärtig und vielleicht unheilbar krank liegt«. Unter dieser »heiligen Gnade Gottes und der Natur« erst gelangt der Mensch »zu dem höchsten Resultat der Lebensweisheit«[93].

Ein erstaunlicher Zusammenhang! Aber Cicero bereits hatte nicht von ungefähr die »pietas« ein »gravissimum et sanctissimum nomen« genannt, und er hatte sie auffassen wollen als die Grundlage aller Tugenden (fundamentum omnium virtutum). So nun auch Goethe! Und wie man eine »Erbsünde« zu respektieren habe, so sei nun auch eine »Erbtugend« zu fordern: »eine angeborene Güte, Rechtlichkeit und besonders eine Neigung zur Ehrfurcht.«[94]

Aus den genannten drei Ehrfurchten nämlich entwickelt sich eine weitere, die wohl intimste: »die Ehrfurcht vor sich selbst, und jene entwickeln sich abermals aus dieser, so daß der Mensch zum Höchsten gelangt, was er nur zu erreichen fähig ist, daß er sich selbst für das Beste halten darf, was Gott und Natur hervorgebracht haben, ja, daß er auf dieser Höhe verweilen kann, ohne durch Dünkel und Selbstheit wieder ins Gemeine gezogen zu werden.«[95]

An die Stelle von Selbstheit und Eigensinn ist ein Selbstvertrauen getreten, ja eine gewisse, ganz gesunde Selbstsicherheit: »Wollte Gott, alle Menschen wären eitel, wären es aber mit Bewußtsein, mit Maß und im rechten Sinne: so würden wir in der gebildeten Welt die glücklichsten Menschen sein.«[96]

Aus einer solchen geglückten Ehrfurcht vor sich selbst hat
Goethe die Summe eines Lebens gezogen:»Jeder Mensch soll
Freude an sich selbst haben, und glücklich, wer sie hat!«

Der Forderung nach Ehrfurcht vor sich selbst entspricht
nicht zuletzt die Ehrfurcht vor dem eigenen Leiden, allen Leidenden, ja der Pietät vor dem Leide. Goethes Frömmigkeit
habe ihn gehindert – meint Ernst Beutler (1949) –, »seinen
Schmerz anklagend in die Welt hinauszurufen«. Beutler
möchte ihn nennen: »Dichter des verhüllten Leides.« Ganz
gewiß hat Goethe gewußt, daß die Welt eine Glocke ist, »die
einen Riß hat«; und wie atemberaubend hat er sie dann zum
Klingen gebracht, diese rissige Glocke Welt! Goethe hat genugsam erfahren, daß und wie die Welt aus den Fugen ist;
aber dann hat er sie doch wieder gefügt, hat sich gefügt in die
Welt. In diesem Sinne war Goethe – tief verwurzelt in Welt-
frömmigkeit – wahrhaft ein »homo religiosus«, eingeweiht in
die Frömmigkeit des Denkens, wohl wissend, daß »alles, was
wir aussprechen«, letztlich auch »Glaubensbekenntnisse«
sind.

Um noch einmal auf die Ausgangsfrage zurückzukommen:
Wie ist denn das sittliche Wohl in diese Welt gekommen?
Durch Gott selber, war die Antwort, aber was wohl soll damit
gesagt sein?

Es war im »Wilhelm Meister« ausgerechnet der »Arzt und
Naturforscher«, der sich uns im Gespräch »in Absicht auf
religiöse Gesinnungen«[97] zu nähern versuchte ... »in Absicht
auf ...« – weiter ist Goethe nie gegangen! Und er geht
äußerst vorsichtig dabei vor, wenn er bemerkt: »Wir haben
nur ein Oben und ein Unten, einen Tag und eine Nacht.«
Daraus zu unserem Erstaunen nunmehr der Schluß: »Und
eben darum ist Er uns ähnlich geworden, weil wir sonst
keinen Teil an Ihm haben könnten.« Gott ist uns nahe im
Alltag, und mehr, als wir vermuten. Lehrt nicht gerade das
Alltagsleben einem jeden, daß da ein Gott ist! »So nahte

meine Seele dem Menschgewordenen –, und sie kam zu der Einsicht«: Gott mußte Mensch werden![98]

Wenn aber »der Schöpfer der Welt die Gestalt seiner Kreatur« annahm und sich »eine Zeitlang auf der Welt befunden« hat, so sollte uns dieses Geschöpf schon »unendlich vollkommen« erscheinen, »weil sich der Schöpfer so innig damit verbinden konnte«. Daraus die Schlußfolgerung: »Es muß also in dem Begriff des Menschen kein Widerspruch mit dem Begriff der Gottheit liegen.«[99]

Mit einer solchen erstaunlichen, freilich noch recht abstrakten Begriffsbestimmung ist es allerdings noch nicht getan; es muß auch zu einer personalen Begegnung kommen. Und auch das hat Goethe, der alte Heide, gesagt, wobei er allerdings – aber immerhin – seine »schöne Seele« bekennen ließ: »Wenn ich an Gott dachte, war ich heiter und vergnügt.«[100] Die »schöne Seele« glaubte ihren Gott zu kennen und wollte ihn »ganz allein zum Führer« haben: in ihrem Innersten davon überzeugt, »daß Gott mein Freund sei«[101].

4. Gesundheit im Spiegel der Tugend

Noch haben wir Goethes tiefsinnige Bemerkung im Ohr und sollten sie nicht aus den Augen verlieren: Tugend ist nur ein schöner Name für das einfache Ding: Gesundheit! So einfach ist das – so scheint es: Aber ist das wirklich so leicht zu verstehen? »Gesundheit« scheint ein so ausgesprochen medizinischer Terminus, »Tugend« ein so dezidiert theologisches Leitbild zu sein, daß es zunächst schwer fällt, die beiden Grundstimmungen oder auch Grenzwerte in einen geschlossenen thematischen Zusammenhang zu bringen. Um so überraschter ist man über die souveräne Selbstverständlichkeit, mit der in Goethes Schrifttum scheinbar so heterogene Grundbegriffe zusammengedacht und oft geradezu als miteinander austauschbar gehandhabt werden.

Näher schon kommen wir dieser Verwandtschaft, wenn wir

bedenken, wie sehr die medizinischen Grundbegriffe von »sanitas«, »salus« und »sanatio« – und damit auch »Heilung« und »Heil« – einer sittlichen Existenzerhellung verpflichtet sind. In einer »Selbstanzeige« zu seinen »Wahlverwandtschaften« hatte Goethe selber schon bemerkt, »daß man in der Naturlehre sich sehr oft ethischer Gleichnisse bedient«, um den Kreis menschlichen Wissens zu erweitern und höher zu bilden: nicht mehr in rein natürlicher, sondern jetzt sittlicher Dimension.

Auch sollte man sich einmal die Mühe machen, all das zusammenzustellen und aneinanderzureihen, was Goethe gesagt hat über »gesund und tüchtig«, »tüchtig und redlich«, »das Tüchtig-Regsame«, »etwas Tüchtiges, Gesundes«, »Tüchtiges und Treffliches«, über den »Charakter des Großartigen, des Tüchtigen, des Gesunden«, über »Tugend und Rechtschaffenheit« oder auch »Gesundheit und Tauglichkeit«.

Gesundheit und Tugend –, sie eröffnen uns ganz neue Felder von Wissen und von Werten. Gesundheit – als ein Schlüsselbegriff zwischen Ethik und Technik – bietet sich an als Ordnungskonzept ersten Ranges. Tugend – mit allen Leitbildern zu einem kultivierten Lebensstil – dient uns als Wegweisung zum werteorientierten Handeln innerhalb einer verbindlichen Lebensordnung. Wenn aber Aristoteles den handelnden Menschen bei all seinem Tun auf die Erfordernisse des Augenblicks ausgerichtet sieht, dann denkt er in erster Linie »an die Kunst des Arztes und des Steuermanns«. Heilkunde wird hier als eine besondere »techne« erachtet, die eben nichts herstellt, sondern allenfalls wiederherstellt und somit höheren Werten verpflichtet ist.

Das so erstaunlich konstante Kontinuum der Werte aber hängt offensichtlich mit der anthropologischen Grundstruktur zusammen, einem »Habitus«, der zum Wesen des Menschen gehört, gleichsam so etwas bildet wie ein anthropologisches Urgestein. Als einen exemplarischen »habitus« aber sucht Goethe nun – über alle begriffliche Normierung hinaus – beides zu erklären: die Tugend wie auch die Gesundheit.

Was ist Gesundheit?

Wir alle kommen in der Regel gesund auf die Welt, vertrauend auf die so erstaunliche Konstanz unserer genetischen Matrix, eines wirklichen Erb-Gutes. »So ist jedem der Kinder die volle reine Gesundheit von der Mutter bestimmt; denn alle lebendigen Glieder widersprechen sich nie und wirken alle zum Leben.«[102] Es ist jene ursprünglich »gesunde Natur« damit gemeint, die in jedem Menschen »als ein Ganzes« west und waltet. Die »reine kindliche Gesundheit« ist damit angesprochen, die uns von Natur aus geschenkt ist und von der man weiß, »daß man das nicht erkauft, was keinen Preis hat«[103]. Zeugung und Geburt, Wachstum und Gedeihen, sie seien – so Goethe[104] – »die einzig wahre Influenz«, Einfluß eben aus höheren Sphären und letzlich eine Gabe der Gnade. Dann aber geht es weitaus nüchterner zu, wenn Gesundheit zu definieren gesucht wird: »Gesunde Menschen sind die, in deren Leibes- und Geistesorganisation jeder Teil eine vita propria hat.«[105]

Es ist sicherlich kein Zufall, daß Goethe im Umgang mit den Erfahrungen der alltäglichen Existenz auch alle Krankheiten und Krisen mit in die Gesundheit hat aufnehmen wollen, wobei freilich die Idee von Gesundsein eindeutig dominiert. Die Krankheit gehe den Menschen nichts an; er müsse sie ignorieren (so am 21. 4. 1824 zu Müller); nur die Gesundheit verdiene remarkiert zu werden.[106]

»Wie steht's mit Ihrer Gesundheit?«, schreibt Goethe am 28. Juli 1770 besorgt an Trapp, und dann die geradezu leidenschaftliche Ermahnung: »Ich bitte Sie, sorgen Sie doch für diesen Leib mit anhaltender Treue. Die Seele muß nun einmal durch diese Augen sehen, und wenn sie trüb sind, so ist's in der ganzen Welt Regenwetter.« Der Mutter schreibt er im Jahre 1781: »Meine Gesundheit ist weit besser, als ich sie in vorigen Zeiten vermuten und hoffen konnte, und da sie hinreicht, um das, was mir aufliegt, wenigstens großenteils zu tun, so habe ich allerdings Ursache, damit zufrieden zu sein.«

Nun ist solches selbstverständliche Gesundsein dem Men-

schen in der Regel verborgen. Wir werden uns des gesunden
Seins erst dann schmerzhaft bewußt, wenn uns etwas fehlt,
wenn es nicht mehr stimmt mit unserem Wohlbefinden, wenn
das Gleichgewicht aus den Fugen gerät. Dem Menschen fällt
mehr auf, »was ihm fehlt als das, was er besitzt« (so am
4. 10. 1782 an Lavater); er bemerkt auch »mehr, was ihn ängs-
tigt als das, was ihn ergötzt und seine Seele erweitert«. Man
wird mehr »das Enge und Schmerzliche« verzeichnen, wodurch denn »eine Person, wenn ich so sagen darf, zusammen-
schrumpft«.

Das Aufheben der Gesundheit »entsteht und besteht aus einem Vorwalten der einen über die anderen«[107], im Verlust also
des Gleichgewichts, das es jedesmal wieder von neuem herzustellen gilt. Es liegt durchaus an der so mannigfaltigen Tätigkeit des Lebens, das sie wie selbstverständlich immer wieder
»Abweichungen« mit sich bringt, und doch wird »das Ganze
sich immer wieder in sein Gleichgewicht stellen«[108].

Es ist offensichtlich die »Lebenswirkung der organischen
Natur«, die sich »in allen Störungsfällen, obgleich oft kümmerlich genug, in ein gewisses Gleichgewicht zu setzen«
weiß[109]. Diese so erstaunliche »Konsequenz der organischen
Natur« aber, sie geht »im gesunden Zustande sowohl als im
kranken über alle unsere Begriffe«.[110]

Wenn hier von Gleichgewichten und Abweichungen, von
Überspannungen oder Übergewichten die Rede ist, dann
denkt man unwillkürlich an das antike Säftesystem des Hippokrates, wo Krankheit ja auch verstanden wurde als Gleich-
gewichtsverlust und Fehlmischung der Säfte (dyskrasia), als
Disharmonie der Elemente und Kräfte, während Gesundheit
umschrieben wurde als Harmonie der Säfte (eukrasia), als
Ordnung im Haushalt der Kräfte (isonomia), ausgerichtet
letztlich auf ein glückliches Leben (eudaimonia).

In diesem Spannungsfeld allein wäre nun auch die Lösung
zu suchen. Wem es nämlich Ernst ist um die Sache, der »bedenke doch ja, daß der Mensch in einen Mittelzustand gesetzt
ist und daß ihm nur erlaubt ist, das Mittlere zu erkennen und

zu ergreifen«.[111] Und so mögen wir (so 1807 zu Riemer) an der
Natur beobachten, messen, rechnen oder wägen, wie wir wollen, »es ist doch nur unser Maß und Gewicht, wie der Mensch
das Maß der Dinge ist[112]«. Dem jungen Menschen bereits solle
daher eingeschärft werden alles das, »was nicht nur den
Schein der Gesundheit« bezwecke, sondern »was die Gesundheit selbst aufrecht erhalten solle«, und das sind: »Maß in
allem«, aber auch »Abwechslung nach den Vorkommenhei-
ten«, ferner Sorgfalt für Haut und Haar und Zähne, kurzum:
Mäßigung in »allem, was den Menschen aus seinem Gleichgewicht zu bringen pflegt[113]«. Das ist ein altes Lied: »Der verständige Mann braucht sich nur zu mäßigen, so ist er auch
glücklich.«[114]

Gesundheit ist in allen diesen Punkten kein Zustand, sondern eine Haltung, ein Umgang mit den Schwierigkeiten des
Lebens auch, ist ein Weg, der sich bildet, wenn man ihn geht.
Ist Gesundsein doch nur zu einem Teil genetisch bedingt, in
der Natur, unserem Erbgut, begründet. Der Rest muß errun-
gen und erhalten werden. Auf dem Ozean der Natur im
Strudel der Zeit hat der Mensch erst unterwegs das Steuer in
die Hand bekommen, um nun sein Schiff auf voller Fahrt zu
halten oder auch zu reparieren. Das ist es, was die Sache so
riskant macht. Der Mensch ist hier ganz und gar der Steuermann, sagt Goethe, der einfach wissen soll, wohin der Wind
uns führt.[115]

Und wieder ist es in Ordnung der großen Welt, der Kosmos,
in den wir mit unserer leibhaftigen Binnenökonomik, dem Mi-
krokosmos, eingegliedert sind. Denn: »Darfst du dich in der
Mitte dieser ewig lebendigen Ordnung auch nur denken, sobald sich nicht gleichfalls in dir ein beharrlich Bewegtes, um
einen reinen Mittelpunkt kreisend, hervortut?«[116] Von solcher
Selbsterfahrung ist nun mit großer Souveränität immer wieder
die Rede, und zu Recht. Denn »alle gesunden Menschen haben die Überzeugung ihres Daseins und eines Daseienden um
sie her«[117]. Worauf also – fragt Goethe im »Divan« – kommt es
überall an, daß der Mensch gesundet? Und noch einmal be-

herzter die Frage: Was ist denn Tugend? Und die Antwort:
»Was ist Tugend? Ein schöner Name für das einfachste Ding:
Gesundheit!«

Was aber ist Tugend?

Es ist für Goethe – alles in allem – so am 20. November 1828
an Stieler – die Gesundheit, »die uns denn doch eigentlich das
Gute genießen läßt« – das Gute wie das Schöne – und uns auf
die Dauer auch glücklich macht. Die Bekenntnisse seiner
»schönen Seele« verraten uns denn auch: »Es ist ein Trieb, der
mich leitet und immer recht führt, ich folge mit Freiheit meinen Gesinnungen … Gott sei Dank, daß ich erkenne, wem ich
dieses Glück schuldig bin und daß ich an diese Vorzüge nur
mit Demut denken darf.«[118]

»Nichts im Leben, außer Gesundheit und Tugend, ist schät-
zenswerter als Kenntnis und Wissen.«[119] Nichts im Leben
scheint aber auch mit Unkenntnis unheilvoller verquickt, un-
heimlicher verwandt als Laster und Krankheit. Nur zu oft geht
es uns – so Riemer (1806) – mit der Gesundheit ebenso wie mit
den Tugenden, die man »nicht eher schätzt, als bis man sie
vermißt; von denen nicht eher die Rede ist, als wo sie fehlen;
die man stillschweigend voraussetzt; die dem Inhaber nicht zugute kommen, weil sie in einem Leiden, in der Geduld bestehen«[120].

Hammer zu sein erscheint in einer solchen Situation selbst
dem Geduldigen rühmlicher als Amboß: »und doch, was gehört nicht alles dazu, diese unendlichen, immer wiederkehrenden Schläge auszuhalten!«[121]

Unter solchem Vorbehalt konnte Goethe – so 1823 zu Riemer – den Haß vergleichen mit »einer Krankheit, dem Mise-
rere, wo man vorn herausgibt, was eigentlich hinweggehen
sollte durch sachten und stillen Stuhlgang«[122]. Ja, er mochte
glauben, das »Laster« ziehe das »Unglück« an sich, so wie die
Kröte das Gift, während »Tugend unter eben dem Himmel
gleich einem heilsamen Amulett die gesundeste Atmosphäre

um uns erhält«¹²³. Wie aber das Wahre einfach ist und wenig zu tun gibt, so gibt das Falsche ausreichend »Gelegenheit, Zeit und Kräfte zu zersplittern« (am 2. 1. 1829 an Zelter).

Gelassen geht Goethe seiner Wege und lernt die alten Tugenden von neuem kennen: Klugheit als Annahme der so vielschichtigen Wirklichkeit, Gerechtsein als gemessene Ausgewogenheit in allen Widersprüchen des Daseins, Tapferkeit als geduldiges Lassen und trotziges Eingreifen, die große Temperantia schließlich, die aller Zeit ihren Raum läßt, die uns in Gang hält.

Allen voran aber steht – wie im klassischen Tugendkatalog – die Klugheit. Denn »für einen jeden wohlorganisierten Menschen, der entweder von Natur mäßig ist oder durch die Umstände mäßig eingeschränkt wird, ist die Klugheit keine schwere Sache; denn das Leben weist uns bei jedem Schritte zurecht«¹²⁴. Zeigt uns »jeder Schritt des Lebens« doch, »wie sehr sie nötig sei«¹²⁵, die Klugheit. Wir haben nur aufzupassen auf ihre Signale, uns anzupassen an die Winke, die sie uns gibt.

Klugheit bedeutet hier ganz einfach: vernehmen, vernünftig sein, hinhören auf die Wirklichkeit, die Realität durchlassen, sachlich sein und offen, sich die Dinge so schmecken lassen, wie sie in Wirklichkeit sind. Nur so ist man imstande, sich selbst, sein Leben zu führen und – »jedes Leben sei zu führen!«¹²⁶. Bei aller Klugheit sei aber auch oft genug mit der Tugend auch die Gesundheit in Gefahr, zumal man moralisch wie physisch isoliert lebe¹²⁷ oder die gesunde Gemeinschaft mit den Menschen meide.

Gegen die oft so gefährliche Isolation hilft nun in erster Linie die Tugend der ausgleichenden Gerechtigkeit. Gerechtigkeit gilt als die »höchste Tugend«, und sie ist es, die das Haupt eines Herrschers wie einen »Heiligenschein« umgeben sollte¹²⁸, ein Heiligenschein aber auch für den gemeinen Mann, wenn er nur die Gerechtigkeit walten läßt.

Lebenskunst als solche ist vielleicht gar nichts anderes als

»gewahr zu werden, was die Natur in sich selbst als Gesetz und Regel trägt, jenen ungezügelten, gesetzlosen Wesen zu imponieren«. Alle Gesetze sind freilich auch nur »Versuche, sich den Absichten der moralischen Weltordnung im Welt- und Lebenslaufe zu nähern«[129]. Im Grunde sollte der rechte Mensch nur leben, »um alle Gesetze zu beschämen«. Er sollte aus seiner eigenständigen Haltung heraus seinen Mann stehen und dementsprechend auch mutig und mannhaft auftreten. Denn »Güterverlust läßt sich ersetzen; über andere tröstet die Zeit; nur Ein Übel ist unheilbar: wenn der Mensch sich selbst aufgibt«[130]. Seinen Mann aber stehen in allen Lagen des Alltags, Standfestigkeit zeigen, dazu dient wie nichts anderes die Tugend der Tapferkeit. »Ich habe die Götter gebeten« – schreibt Goethe 1778 an Charlotte – »daß sie mir meinen Mut und Gradsein erhalten wollen bis ans Ende und lieber mögen das Ende vorrücken, als mich den letzten Teil des Ziels lausig hinkriechen lassen«.

Bei aller Klugheit, mit der man zu Werke gehen mag, habe man – so am 29. Juni 1798 an August Wilhelm von Schlegel – doch immer »Mäßigkeit und Gerechtigkeit« walten zu lassen, da diese all unseren Werken und Wirkungen mit Mut den »größten Nachdruck« zu verleihen in der Lage wären. Zu solchen Tugenden, die Goethe sicherlich zu den »Synthesen des Unmöglichen«[131] rechnen würde, gehört freilich auch viel Verzicht und die Forderung: daß man sich gleichsam aus dem Stegreif etwas versagen könne und sei es auch nur, »um nicht aus der Übung einer so schönen Tugend zu kommen«, wie es die Enthaltsamkeit ist. Zucht in Freiheit allein führt zur rechten Lebensweise, zum Maß.

Wenn aber vom Maß die Rede ist, sehen wir uns abermals verwiesen auf einige grundlegende Gedankengänge der antiken Heilkunst: In den Hippokratischen Schriften war es die Heilkunst, die um das jeweilige Fließgleichgewicht des Organismus weiß, um auszugleichen oder zu regulieren. Die Medizin ist gleichsam eine Proportionskunde und von daher der Musik so verwandt. Sie erfaßt die Mißstimmungen und bringt

sie über eine Konsonierung zur Harmonie. Der Arzt ist der
Moderator, der Maß nimmt, Maß hält und die Maßstäbe setzt.
Er gleicht die Verluste wieder aus; er kennt die Mitte und weiß
um die Grenzen. Hippokrates nennt ihn daher den »kybernetes«, den Steuermann einer humanen Lebensführung.

In seinen »Schriften zur Natur- und Wissenschaftslehre« hat
Goethe diesem physiologischen Grundgesetz souveränen Ausdruck gegeben, wenn er ausführt: »Ein lebendig existierendes
Ding kann durch nichts gemessen werden, was außer ihm ist,
sondern wenn es je geschehen sollte, müßte es den Maßstab
selbst dazu hergeben; dieser aber ist höchst geistig und kann
durch die Sinne nicht gefunden werden.«[132] Er kann ohne
weiteres eben nicht gefunden werden, dieser geistige Maßstab,
den Goethe auch umschrieben hat als das »Vorwaltende des
oberen Leitenden«.

Im lebendigen Alltag aber kommt es nirgendwo darauf an,
einen solchen Katalog der Kardinaltugenden einfach zu postu-
lieren und als Norm vor Augen zu halten. Hier ereignet sich
vielmehr ein ungemein dynamisches Wechselspiel und eine
ständige Güterabwägung, die jeweils zu einer neuen Hierarchie der Werte Anlaß gibt. Unter diesem Aspekt wären Tugenden so etwas wie Indikatoren für adaptive Grundkräfte, die wir
einfach als Gegengewicht nötig haben gegen die Risikofakto-
ren des Alltags, positive Faktoren, wie sie Goethe immer
wieder ins Feld geführt hat: als Freude etwa, die Hoffnung vor
allem, das Urvertrauen, dann auch Klugheit, Gerechtigkeit,
Mut und Maß, das wiederum dem Ensemble im Spiel der Tugenden entsprechen würde.

Die Tugendausstattung des Menschen ist – so scheint es –
ungemein vielschichtig gebaut und überraschend vielfältig
vernetzt. Es gibt so etwas wie einen Verbund der Tugenden im
wechselseitigen Spiel ihrer Aktivitäten. So gibt es »eine Höflichkeit des Herzens. Sie ist der Liebe verwandt. Aus ihr
entspringt die bequemste Höflichkeit des äußeren Betragens«[133]. So gibt es mancher Art Tugenden »der hohen verständigen Weisheit, manche der Treu' und der Pflicht«; über

allen aber steht die »alles umfassende Liebe«[134]. Da finden wir
die Hoffnung, die »hilft uns leben« (9.4.1782 an Charlotte).
»Der Lebende soll hoffen«[135]. In aller Ferne, da soll der
Mensch »hoffen und Gott vertrauen«; in der Nähe freilich, daß
muß er »handeln und sich helfen«[136], dabei immer auch dem
Anderen zur Verfügung stehen. »Es gibt im Menschen auch
ein Dienenwollendes«[137], anders wären sie wohl kaum zu verstehen, all die – oft bis zur Aufopferung dienenden – Pflege-
kräfte. Welche Lehre aber ist's, »die auf Demut baut als die
aus der Höhe!«[138].

Das Ensemble all dieser Tugendkräfte hat Goethe sehr fein-
sinnig erfaßt, als er – 1810 zu Riemer – bemerkte: »Geduld,
Hoffnung, Glaube, Liebe, alle diese Tugenden sind die Vernunft in actu, in Ausübung; sie sind die ausgeübte Vernunft.«[139]

Soweit eine Kategorientafel der Tugenden, wenn auch in
Umrissen nur! In seiner »Nikomachischen Ethik«[140] schon
konnte Aristoteles behaupten: »Jede Theorie der Sittlichkeit
kann nur allgemeine Umrisse liefern und darf nichts mit un-
bedingter Bestimmtheit vortragen.« Was dem Bereich des sittlichen Handelns angehöre, habe eben »nichts an sich, was ein
für allemal feststünde, so wenig wie das Gesunde«. Beide –
Gesundheit wie Tugend – beziehen sich auf einen Habitus.
Jede begriffliche Definition greift da zu kurz! Hier kommt ein
weiteres Mal die Bestimmung von »Tugend« zum Ausdruck,
die so wenig wie »Gesundheit« als Zustand definiert werden
kann, vielmehr Haltung ist, Einstellung und Erwartung, Zustimmung auch zu den Dingen, mit einem Wort: ein Habitus!

Wie aber aus dem »habitus« unvermittelt auch das
»pragma« zu fließen vermag, das hat uns Goethes Zeitgenosse
Johann Georg Hamann – der von ihm so geschätzte »Magus
des Nordens« – so knapp wie eindringlich an seinem Beispiel
der »Weisheit« beschrieben, die ihm nicht nur die »theoretische, sondern auch die praktische Vollkommenheit« bedeutet
hat. »Ich würde sie definieren (so schreibt er) als die vollendete

richtige Erkenntnis der Dinge im ganzen und allgemeinen, die
den Menschen so völlig durchdrungen hat, daß sie nun auch in
seinem Handeln hervortritt, indem sie sein Tun überall leitet.«

Hat uns die Tugendlehre nicht in der Tat ein erstaunliches
Wissen über das Wesen des Handelns zu vermitteln vermocht,
und nicht nur der Handlungen, sondern auch der Künste, der
Heilkunst vor allem als einer exemplarischen Handlungswis-
senschaft, einer so durch und durch »poietischen« Grunddisziplin? Hier zeigt sich wieder einmal sehr deutlich, daß Tugenden gar nicht zu denken sind ohne physiologischen Voraussetzungen, wie sie ja auch einen ausgesprochen therapeutischen
Duktus in sich tragen. Sie haben etwas zu tun mit einer Medizin, die dann allerdings mehr Heilkunde sein müßte als Heiltechnik, die etwas im Wesentlichen auch zu tun haben müßte
mit jenen idealen Forderungen unseres Daseins, von denen in
Goethes Schrifttum so auffallend häufig die Rede ist.

Ideale Forderungen

Auf den Wegen und mit den Mitteln sehr persönlicher Einstel-
lungen und Haltungen führt uns der »Gang unserer Kultur«
nach und nach »zu allen gesellschaftlichen Tugenden« und
damit in eine ideale Situation, wo man – so Goethe 1806 zu
Riemer – sogar willig und bereit ist, jene »Rechte, die man im
rohen Naturzustand haben kann«, freiwillig aufzugeben[141].

Um aber dahin zu gelangen, müsse man auf allen »Stufen
der Kultur« beginnen mit dem Hohen und Ideellen, als da
sind: »Gott, Unsterblichkeit, höhere Sehnsucht und Liebe, höhere Naturansichten.« Damit müßten sich nun sogleich auch
konkretere Wege zur Realisierung verbinden, nämlich: »Tugend, Tauglichkeit, Sitte, Sittlichkeit, Anhänglichkeit an Familie und Vaterland.«[142]

Das Spannungsfeld wird noch weiter aufgerissen und durch
eine weitere Dimension verdichtet: Denn »wenn wir ja im Sittlichen durch Glauben an Gott, Tugend und Unsterblichkeit

uns in eine obere Region erheben und an das erste Wesen
annähern sollen: so dürft' es wohl im Intellektuellen derselbe
Fall sein, daß wir uns durch das Anschauen einer immer
schaffenden Natur zur geistigen Teilnahme an ihren Produk-
tionen würdig machten«[143].

In einer dritten Ebene schließlich wird der gleiche Gedankengang – über das Leibliche, Sittliche, Intellektuelle hinaus –
in die religiöse Dimension verwiesen, wenn es (im Tagebuch
vom 7. 9. 1807) heißt:»Es kommt darauf an, daß der Mensch
immerfort an seine drei idealen Forderungen: Gott, Unsterblichkeit, Tugend erinnert und sie ihm möglichst garantiert
werden.«[144] Die alten Alchemisten hatten bereits – wie Goethe
im November 1807 zu Riemer bemerkt – die drei Ideen: Gott,
Tugend und Unsterblichkeit in der Empirie darzustellen versucht, nämlich vis à vis von Gold, Gesundheit, ewiges Leben
»als die Allmacht, sana mens in corpore sano«[145], womit abermals Gesundheit und Tugend in einem geschlossenen Ensemble auf die Bühne treten.

Daß Gesundheit immer ein hohes Gut war und es wohl auch
bleibt, darauf hat Goethe in einer»Zwischenbetrachtung« seiner»Geschichte der Farbenlehre«[146] sehr deutlich hingewiesen, wenn er den drei erhabenen»Forderungen der Vernunft«
– Gott, Tugend, Unsterblichkeit – die drei entsprechenden
»Forderungen der höheren Sinnlichkeit« gegenüberstellt,
nämlich:»Gold, Gesundheit und langes Leben«. Zu dieser
These nun Goethes Kommentar:»Gold ist so unbedingt mächtig auf dieser Erde, wie wir uns Gott im Weltall denken.
Gesundheit und Tauglichkeit fallen zusammen. Wir wünschen
einen gesunden Geist in einem gesunden Körper. Und das
lange Leben tritt an die Stelle der Unsterblichkeit. Wenn es
nun edel ist, jene drei hohen Ideen in sich zu erregen und für
die Ewigkeit zu kultivieren, so wäre es doch auch gar zu wün-
schenswert, sich ihrer irdischen Repräsentanten für die Zeit zu
bemächtigen.«

Daraus Goethes Folgerung und Schluß.»Ja, diese Wünsche
müssen leidenschaftlich in der menschlichen Natur gleichsam

wüten und können nur durch die höchste Bildung ins Gleichgewicht gebracht werden«. Durch Bildung, sagt Goethe, und:
»Nur durch die höchste Bildung!« Der erstaunliche Passus
schließt dann ganz beiläufig: »Was wir auf solche Weise wünschen, halten wir gern für möglich; wir suchen es auf alle
Weise, und derjenige, der es uns zu liefern verspricht, wird
unbedingt begünstigt.«[147]

5. »Leitstern des Lebens«

Auf mancherlei Wegen – und mehr noch Umwegen – hatte
Wilhelm Meister »alle Tugenden eines Bürgers« erworben.
Seine Lehrjahre waren zu Ende. »Er fühlte es, und seiner
Freude konnte nichts gleichen. O, der unnötigen Strenge der
Moral! rief er aus, da die Natur uns auf ihre liebliche Weise zu
allem bildet, was wir sein sollen. O, der seltsamen Anforderungen der bürgerlichen Gesellschaft, die uns erst verwirrt und
mißleitet, und dann mehr als die Natur selbst von uns fordert!
Wehe jeder Art von Bildung, welche die wirksamsten Mittel
wahrer Bildung zerstört und uns auf das Ende hinweist, anstatt
uns auf dem Wege selbst zu beglücken!«[148]
Wieder ist von Natur und Kultur die Rede, von falscher und
echter Bildung, von sittlichen Tugenden und den konkreten
Forderungen des Tages, nicht zuletzt auch vom Glück. Daß er
»glückliche Menschen« kennengelernt habe, weiß Goethe (am
8. 6. 1787) aus Italien zu berichten, glücklich nur, »weil sie
ganz sind«. Denn auch der geringste Mensch, »wenn er ganz
ist, kann glücklich und in seiner Art vollkommen sein«[149].
Aber: »Glücklich? Wer ist denn glücklich?«[150] Und auf welchem Wege, auf welche Weise wäre ein Mensch denn wirklich
zu beglücken? Wo auch wären sie zu finden, die so energisch
angesprochenen wirksamen Mittel zu wahrer Bildung? Und
wo werden wir ihn schließlich finden, den von Goethe so leidenschaftlich gesuchten »Leitstern des Lebens«?
Der »Leitstern des Lebens« aber ist – wie Goethe am 6. Mai

1776 aus Ilmenau schreibt – letztlich die Liebe, und sie ist es, die auf Dauer allein uns zu bilden vermag.

Bilder der Bildung

Bildung: ein Schlüsselbegriff der Goethe-Zeit, ein Bild, das uns gleichermaßen Bezüge zur Kultur wie zur Natur nahelegt. Immer noch leuchtet darin der Urbegriff einer natürlichen Bildung durch, Bildung der Glieder etwa zu wohlgebildeter Gestalt. Wir kennen den Begriff aus Blumenbachs »Bildungstrieb«, aber auch noch aus einem Begriff wie »Gebirgsbildung«. Bildung erinnert an den antiken Begriff der »physis«, der schon beides meint: Physis will Nomos! Bildung ist für Goethe einfach ein »geschichtlicher« Begriff, ein Werde-Bild!

Während aber die Bildungstheorien eines Herder, Schiller oder Humboldt von den Ideen der zeitgenössischen spekulativen Philosophie getragen waren, geht Goethes Bildungsidee aus von der organischen Werdelehre und kommt über Morphologie und Metamorphose zu einem sinnhaften Stufenreich der Natur, als dessen Blüte der Mensch erscheint. Im Horizont von Goethes Weltbild und Lebensgestaltung kann nur der Mensch stehen. Im Bildungs-Prozeß will und soll der Mensch das Eigene erkennen, um darin heimisch zu werden. »Befreundung mit der Welt und das Wiederfinden seiner selbst«, nannte das Hegel in seinen Nürnberger Schriften (1809), mit einem Bild, das an Goethe erinnert. Goethes Bildungslehre nämlich ist dialogisch strukturiert und erotisch stimuliert, grundgelegt von der allwaltenden Natur und gekrönt von der Liebe, die ihm zum »Leitstern des Lebens« geworden.

In seinem eigenen Leben und Bildungsstreben hat Goethe aber auch lebhaft miterleben können, wie sehr ein solcher Begriff Wandlungen unterliegt. Während Kant ganz allgemein von einer »Kultur der Naturanlage« sprach, verstand Herder darunter eher die »Emporbildung zur Humanität«. Und ganz im Hintergrund sah man den Menschen, der in seiner Seele

»das Bild Gottes« trägt, nach dem er geschaffen und das er nun in sich aufzubauen und zu bilden hat. Wie aber ist Goethe zum Aufbau seiner Lebens-Ordnung gekommen?

Der Bildungsfähigkeit des Menschen kommt zunächst das immer tätige »Licht der Natur« entgegen; es kommt uns »gar freundlich zustatten«[151]. Einmal auf die Spur der Natur gesetzt, wird der Mensch sich immer weiter entwickeln wollen und immer höher bilden müssen. Ist es doch mit der Kunst wie mit allem: »Nur die Fähigkeit dazu wird uns angeboren, sie will gelernt und sorgfältig ausgeübt sein.«[152] Und was auch immer die Kultur der Natur abgewonnen habe – so Goethe am 7. April 1830 zu Müller –, das »dürfe man nicht wieder fahren lassen, es auf keinen Preis aufgeben«!

Bei seinen »botanischen Studien« bereits hatte Goethe entdeckt, daß allen Pflanzenformen »eine glückliche Mobilität und Biegsamkeit« verliehen sei, und zwar derart, daß sie bei allen äußeren Einwirkungen sich doch »zu fügen« und dadurch auch zu bilden und umzubilden in der Lage seien. Es ist diese glückliche Biegsamkeit, die wir nun auch in höheren Wesen wachsen und im Bewußtsein schließlich zur Blüte kommen sehen. Hier gilt »materia« wirklich noch als die »mater«, die schwanger geht mit einer Welt an Stoffen, einer geistigen Ausbildung übereignet.

In seinen Studien zur Morphologie will Goethe beständig das »sinnliche Anschauen« einüben, das, was er nennt: »Sehen mit den Augen des Geistes.« Der gesamte Lebensbereich will damit in unseren Horizont kommen und soll in ein »Bild« gebracht werden: Bild der Natur, zu erklären aus allgemeinen Bildungsgesetzen. »Daß dein Leben Gestalt, dein Gedanke Leben gewinne, laß die belebende Kraft stets auch die bildende sein.«[153] Ein Grundgesetz, dem wir im Kunstwerk Leben immer wieder begegnen: »Die Natur bildet den Menschen, er bildet sich um, und die Umbildung ist doch wieder natürlich.«[154]

Welche »unendlichen Operationen« müssen doch »Natur und Kunst« machen, bis endlich ein »gebildeter Mensch« dasteht! Und wie freventlich zerstört der Mensch nur zu oft sich selbst und kommt in Gefahr, zerstört zu werden.[155] Eine der größten Gefahren der Selbstzerstörung aber sah Goethe in der unseligen Trennung einer höheren »moralischen Kultur« von einer niederen »sinnlichen Natur«. Welchen Wert Goethe auf eine konkrete »Alltagskultur« gelegt hat, das haben uns seine Ausführungen zu den Regelkreisen gesunder Lebensführung recht anschaulich vor Augen zu führen vermocht. Goethe bleibt davon überzeugt, daß jede geistige Bemühung nach einer »moralischen Kultur« zugleich auch die »feinere Sinnlichkeit« auszubilden bemüht sein müsse. Sonst gerät der Geist in Gefahr, sich den »Lockungen einer regellosen Phantasie« zu überlassen und seine »edlere Natur« mit geschmacklosen Tändeleien herabzuwürdigen.[156]

Wenn Kant nun als die Hauptkräfte unseres Vorstellungsvermögens »Sinnlichkeit, Verstand und Vernunft« aufführt, dann hat er – so argumentiert Goethe – »die vierte Hauptkraft unseres geistigen Wesens« vergessen, die »Phantasie« nämlich. Die Phantasie erst »legt dem Verstand die Welt-Anschauung« vor, und sie bildet »Gestalten zu den Vernunftideen«. Immer reizender wird und wirkt die Phantasie, »je mehr sie sich der Sinnlichkeit nähert, immer würdiger, je mehr sie sich mit der Vernunft vereint«. Als ihre Eckpfeiler aber dienen: »die wahre Poesie« wie auch »die echte Philosophie« (Über Kants Philosophie, 31. 12. 1816/2. 1. 1817).

Kurz vor seinem Tode noch (am 7. 6. 1831) hat Goethe, der stolze Goethe, im Rückblick auf seine so reichen, gesegneten Bildungsjahre dem jungen August Herder bekannt: Er habe in allen Lebensfragen immer nur das Nächste gesucht, um im Konkreten Fuß zu fassen. Und er habe sich an den sachlichen Problemen immer nur deshalb geübt, »um sich selbst kennenzulernen«, sich selbst und – wie er schließt – um sich »am Ende selbst ehrenhaft zu bescheiden«.

»Lehrjahre der Lebenskunst«

»Wie man leben muß« –, das ist ein Motto, das Goethe am ehesten noch in den »Regeln der Ärzte«[157] ausgeführt sieht, in jenen Gesundheitsregeln, die uns wahrhaft zu »Lehrjahren der Lebenskunst« geworden sind. Das »große Schauspiel der Menschheit« hat sich vor uns aufgetan, und mitten in diesem Drama erscheint nun die »Kunst aller Künste«, nämlich: »die Kunst zu leben«! Den Stufengang dieser »Lehrjahre der Lebenskunst« hatte Friedrich Schlegel (1798) mit »Wilhelm Meister« sehen wollen. Er fand darin jene Lehrjahre, »in denen nichts gelernt wird als zu existieren«. Und in der Tat: Was aus Goethes Leben und Werk auch resultiert, es ist eine einzige, die »große Lebenskunstlehre«!

Den idealistischen Überhöhungen seiner Zeitgenossen gegenüber hat Goethe selber sein Kunstwerk Leben viel natürlicher gesehen und wesentlich gediegener zur Darstellung gebracht. Es ist von Jugend an zunächst das Schicksal, »das jeden nach seiner Weise erzieht«. Bildung erst ist das, was einen Künstler zu dem macht, was er sein soll, »und zwar frühe Bildung«. Bildung ist daher immer auch Erziehung –, ein so einfacher und doch großartiger Begriff, »der alles andere in sich schließt, fassen und in die Ausführung übertragen« kann[158].

Von den Gesetzen der inneren Bildung war in den Naturschriften schon die Rede gewesen, einer natürlichen Ausbildung, die in immer höheren Stufen über Pflanzen und Tiere zum Menschen führen sollte als dem Hüter aller Ordnung, der im »belebten Aufsprung zu einer höheren Kultur«[159] gelangt war, um nun selber Maßstab der Orientierung zu werden. Als Ziel steht dabei dem Menschen vor Augen, seine »Anlagen völlig fertig auszubilden« – wie Goethe am 5. Dezember an Jakob v. Willemer schreibt – mit dem elegischen Zusatz: »Darüber geht meistenteils das Leben hin, und man darf wohl sagen, daß der isolierte Mensch hier niemals zum Ziele gelangt.«

Nichts auf Erden sei ja »ohne Beschwerlichkeit! Nur der innere Trieb, die Lust, die Liebe helfen uns Hindernisse überwinden, Wege zu bahnen und uns aus dem engen Kreise, worin sich andere kümmerlich abängstigen, emporheben«[160]. Was uns auf diesen Wegen »jederzeit das Ganze überschauen« läßt, das ist nach Goethe die Ordnung im Leben, die uns den Überblick gönnt, »ohne daß wir nötig haben, uns durch das Einzelne verwirren zu lassen«[161]. Nur zu gern ruft Goethe (am 16. 9. 1825 zu Gentz) »die schöne Zeit zurück, wo wir uns so gern in hochgebildeter Gesellschaft über die Angelegenheiten des Herzens und Geistes unterhielten«.

Es sei in solcher Gesellschaft unglaublich, »was ein gebildeter Mensch für sich und andere tun kann, wenn er, ohne herrschen zu wollen, das Gemüt hat, Vormund von vielen zu sein, sie leitet, dasjenige zur rechten Zeit zu tun, was sie doch alle gern tun möchten und sie zu ihren Zwecken führt, die sie meist recht gut vor Augen haben und nur die Wege hierzu verfehlen«[162].

Abermals ist von rechten und falschen Wegen die Rede. Will man aber die rechten Wege nicht verfehlen, muß zur natürlichen Bildung auch die harte Erziehung treten. »Der Mensch, der nicht geschunden wird, wird nicht erzogen«. Ist er denn anders zu bilden, der Mensch? Daher immer wieder der Rückgriff auf obiges Motto, ein Diktum aus einer griechischen Komödie des Menander um 300 vor Christi Geburt und damals so aktuell wie zur Goethezeit!

Schritt vor Schritt will auf solchen Wegen getan sein. Es gibt keine schlimmere Anmaßung, »als wenn jemand Ansprüche an Geist macht, so lange ihm der Buchstabe noch nicht deutlich und geläufig ist«[163]. »Laß mich ein Gleichnis brauchen!« – schreibt Goethe am 17. November 1782 an Jacobi: »Wenn du eine glühende Masse Eisen auf dem Herde siehst, so denkst du nicht, daß so viele Schlacken darin stecken, als sich erst offenbaren, wenn es unter den großen Hammer kommt. Dann scheidet sich der Unrat, den das Feuer selbst nicht absonderte, und fließt und stiebt in glühenden Tropfen und Funken davon, und das gediegene Erz bleibt dem Arbeiter in der Zange. Es scheint, als wenn es eines so gewaltigen Hammers bedurft habe, um meine Natur von den vielen Schlacken zu befreien und mein Herz gediegen zu machen. Und wie viel, wie viel Unrat weiß sich auch noch da zu verstecken!«

Goethe hat wahrhaft gewußt, auf wie schwachem Grunde unsere Lebensordnung ruht und was es kostet, immer wieder von neuem diesen Grund zu legen und zu halten. Lesen wir uns zurück in »Dichtung und Wahrheit«, so begegnen sie uns nunmehr nicht mehr so rätselhaft, die knappen Vorsprüche zu den einzelnen Teilen: das machtvolle »Wer nicht geschunden wird, wird nicht erzogen«; das resignierende »Was man in der Jugend wünscht, hat man im Alter die Fülle«; das eher ironische »Es ist dafür gesorgt, daß die Bäume nicht in den Himmel wachsen« sowie das schicksalsträchtige Wort: »Niemand wider Gott, wenn nicht Gott selber«!

Und nur zu oft sah Goethe sich auf seinen Schicksalswegen an jene Grenze geführt, wo er anfing, zu glauben, statt zu verzweifeln.[164] Und wie wir uns auch »in jeder Lage des Lebens« betrachten mögen, »so finden wir, daß wir äußerst bedingt sind, vom ersten Atemzug bis zum letzten; daß uns aber jedoch die höchste Freiheit übrig geblieben ist, uns innerhalb unserer selbst dergestalt auszubilden, das wir uns mit der sittlichen Weltordnung in Einklang setzen«. Ein stolzes Wort – im hohen Alter – am 23. Oktober 1828 dem Grafen Brühl gewidmet!

In einem solchen Spannungsfeld sah Goethe »das Gewebe dieser Welt« gebildet aus Notwendigkeit und Zufall. Aber »die Vernunft des Menschen stellt sich zwischen beide und weiß sie zu beherrschen. Sie behandelt das Notwendige als den Grund des Daseins, das Zufällige weiß sie zu lenken, zu leiten und zu nutzen. Und nur, indem sie fest und unterschütterlich steht, verdient der Mensch, ein Gott der Erde genannt zu werden«[165].

Nur im Sinne einer solchen Einheit von Naturordnung und Lebensordnung, einer wahren »Wohlordnung«, konnte Goethe argumentieren: »Indem der Mensch auf den Gipfel der

Natur gestellt ist, so sieht er sich wieder als eine ganze Natur
an, die in sich abermals einen Gipfel hervorzubringen hat.«Er
vermag sich stetig zu steigern und erhebt»sich endlich bis zur
Produktion des Kunstwerkes«. Als gleichsam»ideale Wirklichkeit« geistig entwickelt,»nimmt er alles Herrliche, Vereh-
rungs- und Liebenswürdige in sich auf« und erhebt damit den
Menschen über sich selbst. Goethe schließt den bemerkens-
werten Passus:»Der Gott war zum Menschen geworden, um
den Menschen zum Gott zu erheben.«[166]

Denn»Gott hat sich nach den bekannten imaginierten sechs
Schöpfungstagen keineswegs zur Ruhe begeben, vielmehr ist
Er noch fortwährend wirksam wie am ersten. Diese plumpe
Welt aus einfachen Elementen zusammenzusetzen und sie
jahraus jahrein in den Strahlen der Sonne rollen zu lassen,
hätte ihm sicher wenig Spaß gemacht, wenn Er nicht den Plan
gehabt hätte, sich auf dieser materiellen Unterlage eine
Pflanzschule für eine Welt von Geistern zu gründen« (am
11. März 1832 – eines seiner letzten Worte – zu Eckermann).

»Leben des Lebens«

»Leitstern des Lebens« ist letztlich die Liebe – schreibt Goethe
am 6. Mai 1776 aus Ilmenau – und wenig später (am 22. Juli
1776) an Charlotte v. Stein:»Die Liebe gibt mir alles, und wo
die nicht ist, dresch' ich Stroh.« Vom Wissen um dieses Kristal-
lisationszentrum aller Lebensordnung beflügelt hat Goethe
immer wieder bekennen können:»Denn es muß zu Herzen
gehen, was auf Herzen wirken soll«[167], wie ihm auch die andere Erfahrung geläufig war:»Doch werdet ihr nie Herz zu
Herzen schaffen, wenn es euch nicht von Herzen geht.«[168] Und
nur da, wo sich im leibhaftigen Leben Liebe offenbaren mag,
kann auch der Geist als»des Lebens Leben« in Erscheinung
treten.

War das»Kunstwerk Leben« in Goethes Zeugnissen bisher
vorwiegend als Objekt der Erkenntnis deutlich geworden, so

wird es nun hineingenommen in die Sphäre von Teilnahme und Teilgabe, von Beherzigung und Mitteilung, in die Sphäre der Liebe. Die reiche Welt mit all ihren Erfahrungen um Gesundsein, Krankwerden und Heilungen, sie tritt nun mit ihren vielseitigen Korrespondenzen ein in das Reich der Konkordanz. Wo aber das leibhaftige Leben »Liebe« geworden, da darf auch der Geist gefeiert werden als das »Leben des Lebens«.

Was immer wieder als »Leitstern« durchleuchtet und aufstrahlt, es ist die Liebe: Stern, Sturm, Stein gab Gott dem Sein, schuf starres und strömendes Erz: Doch dem Menschen schuf Er ein Herz, das da schlägt in der Liebe für einen anderen. »Ach, was ich weiß« – so schon »Werther« – »kann jeder wissen; mein Herz hab ich allein«. Hat doch das Herz »seine Geheimnisse, von denen der Verstand nichts weiß«!

Und so vermag auch der Kopf kein Kunstwerk zu fassen »als nur in Gesellschaft des Herzens« (so 1796 an Schiller). Ist doch das Herz »für sich eine Welt, und es muß in sich selbst schaffen und zerstören« (am 6. 11. 1827 an Adele Schopenhauer). So war es, und so bleibt es! Denn »unter allen Besitzungen auf Erden ist ein eigen Herz die kostbarste, und unter Tausenden haben sie kaum zween«[169].

Gerade an Goethes Bild von der Liebe erkennen wir, daß wir es nicht mit einem System der Philosophie oder einer Theorie der Kunst zu tun haben, sondern mit einem Kunst-Werk, das sich zu steigern vermag bis zum Bild einer »Ewigen Liebe«.

In seinem Aufsatz »Essais aesthétiques« – 1799 von Wilhelm v. Humboldt niedergeschrieben für Madame de Staël – bekräftigt Freund Humboldt, daß es wohl kaum einen Dichter gegeben habe, »der jemals eine so tiefgründige und zugleich hochherzige Auffassung der Liebe« gehabt habe wie Goethe (une idée aussi profonde et aussi élevée de l'amour). Liebe war für Goethe einfach ein Lebensbedürfnis, so notwendig wie die

Luft zum Atmen, ein Lebenselixier gleichsam, daran sich zu
laben, darin sich zu freuen. »Freude des Daseins ist groß; größer die Freude am Dasein.«[170] Eros und Sexus sind hier
wahrhaft gesteigert worden, im Geiste einer »sinnlichen Sittlichkeit« gesteigert zu jener wahren Liebe, »die immer und
immer sich gleichbleibt, wenn man ihr alles gewährt, wenn
man ihr alles versagt«[171].

Nur insofern kann Goethe die Liebe – so am 24. März 1807
– ein »Gesteigertes« nennen. Es ist jetzt nicht mehr »das erste,
einfache Naturbedürfnis« oder auch eine bloße »Naturäuße-
rung«, was wir mit der Liebe erfahren, sondern es ist »ein in
sich kohobiertes, gleichsam verdichtetes und so gesteigertes
Wesen«[172].

Ein wohlgeordnetes Leben, ein wahres gesteigertes Kunstwerk Leben, es mag wohl alles überwiegen, allerdings nur
dann, »wenn die Liebe in seiner Schale liegt«[173]. Liegt nicht
»der Kern der Natur« einzig und allein bei »Menschen im Herzen«? Das ist nicht mehr die Liebe, die »herrscht«, sondern
eine Liebe, die »bildet, und das ist mehr«[174]. Bildung ist mehr
als Macht, wie auch das Herz uns näher ist als der Kopf. »Denn
da uns das Herz immer näher liegt als der Geist, und uns dann
zu schaffen macht, wenn dieser sich wohl zu helfen weiß, so
waren mir die Angelegenheiten des Herzens immer als die
wichtigsten erschienen«.[175]

Im Einklang mit dem Herzen begegnet der immer reiner
strebenden Tätigkeit unserer Natur von oben her die uns zu
Hilfe kommende ewige Liebe. »Es ist dieses« – so am 6. Juni
1831 zu Eckermann – »mit unserer religiösen Vorstellung
durchaus in Harmonie, nach welcher wir nicht bloß durch eigene Kraft selig werden, sondern durch die hinzukommende
göttliche Gnade«.

Kommen sie wohl jemals noch beide zusammen, der Kopf
und das Herz? Und doch ist es das, worauf es allein ankommt:
»Große Gedanken und ein reines Herz, das ist's, was wir uns
von Gott erbitten sollten.«[176] Das Herz allein hält das Fragen
des Kopfes aus – und heilt es. Denn Glühen ist mehr als Wis-

sen. »Zum Lichte des Verstandes können wir immer gelangen, aber die Fülle des Herzens kann uns niemand geben.«[177]

So bleibt er uns, der Weisheit letzter Schluß[178]: Denn »das Leben ist die Liebe, und des Lebens Leben Geist«!

Und so mögen – schließt Goethe[179] – »vielleicht solche Materialien, zwar nicht ganz unbearbeitet, aber doch unverarbeitet, dem denkenden Leser um desto angenehmer sein, als er selbst sich, nach eigener Art und Weise, ein Ganzes daraus zu bilden die Bequemlichkeit findet«.

VIII.
AUSKLANG

Goethe und kein Ende« – mit diesem Klang, dieser Klage haben wir angefangen, aber – wie will man denn je mit ihm zu Ende kommen, wenn man auch nur einmal mit Goethe angefangen, sich mit ihm angelegt hat! Angefangen hat es, solange ich denken und schreiben gelernt habe. Goethe-Zitate finden sich bereits in Schulheften des Sextaners. Faust-Stimmung kam auf, als ich aus Vaters Bücherschrank einen schmucken Band bekam, der damals – es ist schon siebzig Jahre her – zum Keim einer eigenen Bibliothek geworden. Mein »Werther«-Aufsatz in der Prima brachte mir einen Schub auf die »Eins« im Abitur und wurde zum Schock für die Lehrer. Dann kam, was kommen mußte: Goethe im Feld! Mit der »Harzreise« durch die Steppen des Kaukasus und den »Divan« im Tornister beim Rückzug aus dem Kubanbrückenkopf.

Nach einem Halssteckschuß in Frankreich blieben – lange Monate ohne Stimme – als Talisman die »zweierlei Gnaden« (aufgechrieben im Lazarett zu Bar-le-Duc). Es sei nichts mehr der Mühe wert, als dem Gesunden zu helfen, wenn er verletzt sei, zumal die Natur sich durch einsichtige Behandlung leicht wieder herstelle –, notiere ich mir aus den »Wanderjahren« im Lazarettzug (November 1943) nach Odessa. Der Mensch erkennt sich nur im Menschen, vermerkt – nach einem abgebrochenen Psychologie-Studium – das Tagebuch vom 17. 8. 1943 auf der Halbinsel Kertsch. Denn nur das Leben lehrt jeden, was er sei! Was der Mensch leisten soll – so im Tagebuch vom 26. 10. 1943 –, muß sich als zweites Selbst von ihm ablösen, und wie wäre das möglich, wäre sein erstes Selbst nicht ganz davon durchdrungen!

Auf dem Kubanbrückenkopf 1943 wurde aber auch nachgeschrieben, was Goethe am 21. 10. 1827 an Rauch schrieb:»Mir aber war die Pflicht auferlegt, auszudauern und eine Folge von Freude und Schmerz zu ertragen, wovon das einzelne schon hätte tödlich sein können. In solchen Fällen blieb nichts weiter übrig als alles, was mir jemals von Tätigkeit übrigblieb, abermals auf das Regsamste hervorzurufen und gleich einem, der in einen verderblichen Krieg verwickelt ist, den Kampf so im Nachteil als im Vorteil kräftig fortzusetzen.«

Hier kam sie einem abermals und immer wieder zu Bewußtsein, die enorme Variationsbreite menschlichen Existierens: daß es einem nämlich auf dieser Erde »so sauwohl und so weh ist zugleich« (Tagebuch vom Juni 1775).»Nur der Ungenügsame ist fruchtbar. Goethe« –, schrieb ich mir als Student im ersten Semester am 22. Mai 1946 ins Tagebuch. In seiner Bonner Goethe-Vorlesung erzählte uns Günther Müller damals, der Goethe – dieser »Vielstrahlsinnige« – habe ebenso seinen Faust bekommen, wie eine Frau ein Kind bekommt; das sei nicht immer angenehm –, aber es passiert eben! Was uns dann passierte mit dem »Gespräch über die Seele« und »Mit Goethe in der Psychiatrie« wurde bereits geschildert. Eine runde Welt – der »Kosmos Goethe« – wurde mir aber erst mit der Sophien-Ausgabe beschert.

In den 6oer und 7oer Jahren wurde ich mehrfach zu Vorträgen über »Goethe und die Medizin« oder »Zur Heilkunde im Ganzen bei Goethe« geladen.»Goethe als Lebenskünstler« oder »Lebenskunst bei Goethe« waren Themen von Veröffentlichungen in medizinischen Zeitschriften. Der »Frankfurter Ring« hatte mich eingeladen, zu einem so provozierenden Thema wie »Goethe als Heiler« zu sprechen. Ein letztes Mal kam Goethe öffentlich auf einem Naturphilosophie-Kongreß des Goethe-Instituts in Kyoto im November 1995 zur Sprache, wo ich denn auch darauf aufmerksam machen konnte, daß die Natur immer noch sei »das einzige Buch, das auf allen Blättern großen Gehalt bietet«.

Es waren dann vor allem auch meine jahrzehntelangen Studien zur diätetischen »Heilkunst als Lebenskunde«, die mich immer wieder auf Goethe verwiesen, weil in seinem Schrifttum in nun wirklich exemplarischer Weise noch alle die Regeln zur Lebenskunst zu finden waren, wie sie uns die Überlieferung von Jahrtausenden aufweist. Nur so konnte der Historiker der Medizin es wagen, es einfach einmal zu versuchen mit Goethe.

Dazwischen steht dann aber auch – in eine meiner Ausgaben mit rotem Stift hingehauen:»Goethe: Wer zu viel unternimmt, muß am Ende ein Schelm werden!«

»Es war wie ein Stück Leben«, weiß uns Varnhagen von Ense – nach einer Begegnung am 19.11.1817 mit Goethe – zu berichten. Wie ein Stück Leben wird uns auch heute noch jede Begegnung mit Goethe vorkommen. »Leben hab ich gelernt, fristet mir Götter die Zeit«[1] –, lautet die Weisung, und:»Wie es auch sei, das Leben, es ist gut«[2].

Über Goethe scheint nun schon alles und jedes gesagt. Man denke nur an die Deklamationen der eigenen Generation: an Stefan George und Thomas Mann, Karl Jaspers oder Werner Bergengruen, an Hans Carossa und Hermann Hesse, an Ortega y Gasset oder Romain Rolland –, und wie sie alle heißen, die Dichter, die Denker, die da kreisen um Goethe, den so erstaunlichen Lebenskünstler.

Und immer wieder in diesen Bekundungen:»Der ganze Goethe« –»Leben mit Goethe« –»Mein Goethe« –»Mythos Goethe« –»Mit Goethe« –»Jugend ohne Goethe« –»Goethe als Nothelfer« –»Mehr Goethe« –»Trost bei Goethe« –»Gesund mit Goethe« –»Goethe für Ertrinkende« –»Wege zu Goethe«! Und doch konnte in seiner Frankfurter Gedenkrede kein Geringerer als Albert Schweitzer (1932) fragen,»ob er uns nicht ein Fremder geworden«? War es nicht das unablässige»Drehen der Goethe-Mühle« gewesen, das eine gewisse Müdigkeit aufkommen ließ, die berühmte»Goethe-Verdrossenheit«? Und so bedrängt uns Albert Schweitzer denn auch

mit der Frage:»Der Goethesche Mensch, von dem so viel und
so dunkel geredet wird, was ist er?« Dann aber auch das dunkel verheißende Wort: Goethe sei wohl der erste gewesen,»der
etwas wie Angst um den Menschen« erfahren und bekundet
habe.

Im Goethe-Jahr 1949 hatten sich dann alle Stimmen noch
einmal gemeldet: Hermann Hesse sagte seinen bewegenden
»Dank an Goethe«, Karl Jaspers schrieb über»Unsere Zukunft
und Goethe«, Werner Bergengruen hielt seine immer noch aktuelle»Rede über Goethe«. Und nur Thomas Mann sprach
über sich selbst und was die anderen ihm Böses getan. Und
was Goethe selber angeht, diesen»Pan-Amateur«, so scheint
gerade er doch schon über alles sich geäußert zu haben, so
üppig und so verschwenderisch, daß man sich gar nicht mehr
traut, auch nur am Rande über Goethe zu reden.

Wird man ihn denn je ganz erfassen und darstellen können,
einen»Kosmos Goethe«? Das scheint mir auch gar nicht so
wichtig, wenn auch nur ein Teil wirklich gefaßt und vermittelt
werden konnte, der dann zum Ganzen hin führt:»Ex partibus
relucet totum!«»Wahrscheinlich wissen wir (so Nicholas Boyle
1995 in einer der jüngsten Biographien) über Goethe mehr als
über irgendeinen anderen Menschen.« Und doch auch wieder
nicht: Wie viel Unentdecktes steckt in seinen Briefen, Gesprächen, Tagebüchern! Wie viel Anregung zur Spurensuche, mit
immer neuen Fäden, Linien, Bildern. Nein, Goethe ist uns
nicht entrückt; er bleibt zugänglich wie eh und je!

Was wir bei unserer Spurensuche gefunden haben, das sind
ja gar»keine neuen Stoffe und Charaktere, sondern die alten,
die längst gewohnten in immerfort währender Neubeseelung
und Umbildung«. So hat das Friedrich Nietzsche erfahren und
gefolgert:»Das ist die Kunst, so wie sie Goethe später verstand« – ein immer noch zu entdeckendes Kunstwerk, so»daß
man im großen ganzen behaupten kann, Goethe habe noch
gar nicht gewirkt und seine Zeit werde erst kommen«[3].

Und so kommt einem denn auch heute noch, immer noch, Goethe eher vor – so Zelter an Winckelmann –»wie Moses, der, vom Anschaun der Gottheit zurückkommt, das noch glänzende Angesicht der Welt zugewendet«. Es glänzt immer noch, das Antlitz, nicht dem Vergangenen zugewandt, sondern dem Ewig-Gegenwärtigen des Augenblicks –, und wer könnte sich – so Mehring, 1899 – eine Zeit vorstellen,»wo diese Sonne aufhören wird zu leuchten und zu wärmen«!

Es ist das Organisch-Gewordene, das Geschichtlich-Gewachsene, das sich uns zuwendet und darstellt in dieser Gestalt.»Man muß sich als Individuum hinstellen, wie man's denkt, wie man's meint« (am 1. 11. 1829 an Zelter). In allem »bleib ich ernst und aufmerksam, Schritt vor Schritt auf meinem Wege« (9. 11. 1829) – Wie aufmerksam er blieb, das zeigen schlagartig die Tagebücher des letzten Lebensjahres. Noch am 20. 9. 1831 holt Goethe bei Hofrat Vogel»einige Konsultationen wegen diätetischen Betragens«. In der Wintereinsamkeit schleicht er (14. 12. 1831) in einen»wie vor alters deprimierten Zustand«. Am 6. 3. 1832 hören wir:»Schrecklich ist es, wie das Jahrhundert seine Schwächen aufsteift und aufstutzt«. Mit Hofrat Vogel am 12. 11. 1831 ein»bedeutendes Gespräch über wechselseitig sittliche, wissenschaftliche und praktische Ausbildung«; am 24. 12. 1831 wieder mit Vogel: »Teils ärztlich-praktische, teils psychologisch-sittliche Betrachtungen« – und so fort, Schritt vor Schritt auf seinem Wege!

Und noch einmal, eindringlicher:»Mich bringt nichts von meinem alten erprobten Wege: die Probleme sachte sachte wie Zwiebelhäute zu enthüllen und Respekt zu behalten vor allen wahrhaft-still-lebenden Knospen«. So am 9. 11. 1829 an Zelter mit dem Schluß:»Je älter ich werde, je mehr vertrau' ich auf das Gesetz, wonach die Ros' und Lilie blüht«[4] – wonach sie blüht und schließlich verblüht ist.

Nach Goethes Tod schreibt Freund Zelter am 31. 3. 1832 an den Kanzler von Müller: Goethe ist tot! »Was zu erwarten, zu fürchten war, mußte ja kommen. Die Stunde hat geschlagen. Der Weiser steht wie die Sonne zu Gebeon; denn siehe – auf seinen Rücken hingestreckt liegt der Mann, der auf Säulen des Herkules das Universum beschritt, wenn unter ihm die Mächte der Erde um den Staub eiferten unter ihren Füßen ... Wie er dahinging vor mir, so rück' ich ihm nun täglich näher«.

Viel leiser, zarter und zärtlicher klingt nach, was Rahel Varnhagen im Sommer 1832 als Nachruf ihrem Tagebuch anvertraut hat, mit wenigen trauernden sanften Worten: »Milder als Mairegen sind Kinderküsse. Rosenduft, Nachtigallenton, Lerchenwirbel – Goethe hört's nicht mehr. Ein großer Zeuge fehlt.« Ein Zeuge all der großen und kleinen Szenen des Lebens, er fehlt uns, auch heute noch – und doch wiederum nicht!

Sechs Wochen vor seinem Tod – am 10. Februar 1832 – geht ein letztes Schreiben Goethes an Marianne, ein Brief, so zart, so wundersam zärtlich, mit einer Sendung versiegelter Blätter, die – wie Goethe beifügt – hindeuten »auf die schönsten Tage meines Lebens«, eingepackt und nun gesiegelt, »Zeugen allerschönster Zeit«, und sie allein, all diese Zeugen, sie »geben uns das frohe Gefühl, daß wir gelebt haben«.

ANMERKUNGEN

A – Artemis-Gedenkausgabe
 = Johann Wolfgang Goethe: Sämtliche Werke.
 Herausgegeben von Ernst Beutler. 2. Aufl.
 Zürich 1961 bis 1966.

B – Flodoard Freiherr von Biedermann: Goethes Gespräche.
 Ergänzt und herausgegeben von Wolfgang Herwig.
 Bde. I–V. Zürich, München 1968 bis 1987.

S – Goethes Werke. Herausgegeben im Auftrag der Großherzogin Sophie von
 Sachsen. Weimar 1887 bis 1919 (Fotomechanischer Nachdruck der Wei-
 marer Ausgabe oder Sophienausgabe. München: Deutscher Taschenbuch
 Verlag 1987).

Anmerkungen zu I

1 S I. 7, 76.
2 A 9, 145.
3 S II. 6, 216.
4 A 22, 598.
5 A 3, 332.
6 A 14, 755.
7 S I. 36, 372.
8 S II. 1, VIII.

Anmerkungen zu II

1 A 8, 16.
2 A 9, 213.
3 A 8, 303.
4 S III. 1, 89.
5 A 11, 229.
6 S III. 1, 150.
7 S III. 1, 229.
8 S III. 1, 117.
9 A 18, 294.
10 B I., 498.
11 S III. 1, 220.

12 S III. 1, 94.
13 A 1, 561.
14 S I. 26, 364.
15 A 24, 83.
16 S I. 37, 170.
17 A 11, 568.
18 A 5, 141.
19 S III. 1, 162.
20 A 13, 843.
21 B I., 240.
22 A 23, 335.
23 B III./I., 37.
24 B III./I., 54.
25 B I., 765.
26 B I., 463.
27 B I., 571.
28 B II., 222.
29 B I., 363.
30 A 16, 844.
31 A 11, 181.
32 A 18, 712.
33 A 2, 132.
34 A 9, 537.
35 B I., 603.
36 B I., 631.

37 B I., 722.
38 A 11, 147.
39 A 16, 847.
40 A 14, 399/400.
41 A 9, 580.
42 S I. 47, 323.
43 A 11, 188.
44 A 9, 531.
45 A 14, 401.
46 S III. 1, 309.
47 A 16, 926.
48 B II., 779.
49 B III./I., 10.
50 A 7, 76.
51 B II., 1157.
52 B II., 663.
53 A 9, 558.
54 A 13, 210.
55 B I., 396.
56 A 9, 161.
57 A 9, 594.
58 S I. 42.2, 153.
59 A 13, 436.
60 A 9, 650.
61 B III./2, 717.

62 A9, 608.
63 BI., 759.
64 BI., 784.
65 A16, 414.
66 SII. 11, 132.
67 BII., 76.
68 SII. 11, 110.
69 A11, 744.
70 BI., 760.
71 BI., 787/88.
72 A11, 676.
73 A11, 677.
74 SI. 35, 87–89.
75 A11, 678.
76 SI. 35, 94.
77 SI. 35, 105.
78 A17, 715.

Anmerkungen zu III

1 A10, 312.
2 A8, 352.
3 A14, 801.
4 A9, 572.
5 SII. 11, 87.
6 A9, 526.
7 A9, 39.
8 A17, 439.
9 A16, 880.
10 SII. 11, 59.
11 A9, 635.
12 A9, 41.
13 SII. 11, 39.
14 SII. 11, 65.
15 SII. 11, 316.
16 A17, 70.
17 SII. 11, 138.
18 SII. 11, 56.
19 SI. 3, 91.
20 BII., 777.
21 BII., 461.
22 A12, 634.
23 A16, 925.
24 SI. 3, 74.
25 A9, 572.
26 BI., 102.
27 SII. 11, 31.

28 A1, 318.
29 BIII./I., 113.
30 A11, 215.
31 A1, 393.
32 SII. 11, 131.
33 A9, 671.
34 A9, 596.
35 SI. 9, 174.
36 A7, 436.
37 A18, 931.
38 A9, 575.
39 SII. 11, 28.
40 A17, 84.
41 A9, 510.
42 A9, 575.
43 SII. 11, 111.
44 BII., 810.
45 A16, 922.
46 A16, 923.
47 A1, 124.
48 SI. 36, 72.
49 A7, 448.
50 A9, 196.
51 A16, 872.
52 SII. 12, 7.
53 BI., 163.
54 BI., 373.
55 BI., 782.
56 A17, 84.
57 SIII. 4, 315/6.
58 A10, 90.
59 BV., 20.
60 A10, 494.
61 A10, 397.
62 A10, 398; 412.
63 A10, 443.
64 A10, 496.
65 A10, 378.
66 A4, 959.
67 A4, 964.
68 SI. 35, 60.
69 SI. 5, 275.
70 BI., 599.
71 A17, 415.
72 A11, 168.
73 A17, 311.
74 A11, 637.
75 A11, 637.

76 BI., 457.
77 BI., 313.
78 BI., 342.
79 BI., 347.
80 SII. 8, 23.
81 A17, 271.
82 A17, 271.
83 SII. 8, 23.
84 BII., 238.
85 SII. 8, 9.
86 A11, 527.
87 A11, 524.
88 BI., 614.
89 SII. 8, 94.
90 SI. 35, 15.
91 SII. 8, 167.
92 SII. 6, 293.
93 BI., 614.
94 SII. 8, 16.
95 SII. 11, 71.
96 A17, 21.
97 SII. 8, 67.
98 BII., 45.
99 BII., 75.
100 SII. 6, 290.
101 Zur Morphologie (1817) I., 1.
102 SII. 6, 290.
103 Zur Morphologie II., 732.
104 A17, 423.
105 A17, 429.
106 A17, 420.
107 SII. 8, 75.
108 A17, 14.
109 SII. 6, 9.
110 A17, 801.
111 SII. 6, 17.
112 A17, 415.
113 SII. 7, 188.
114 SII. 9, 249.
115 A11, 626.
116 Zur Morphologie II.
117 A17, 649.
118 SII. 6, 304.
119 SII. 6, 288.
120 SI. 42.2, 260.

121 S II. 1, 285.	Anmerkungen zu IV	47 B III/I, 76
122 A 17, 817.		48 B III/I, 723
123 A 17, 818.	1 S. I. 33, 363	49 B III/I, 24
124 S II. 6, 295.	2 A 11, 362	50 B II, 1071
125 S II. 6, 290/292.	3 A 19, 358	51 B III/2, 113
126 B II., 785.	4 S. I. 42. 2, 232	52 B III/2, 109
127 A 9, 42.	5 S I. 6, 128	53 B II, 1099
128 S I. 7, 217.	6 B II, 114/115	54 B III/I, 261
129 S III. 1, 266.	7 A 9, 552	55 S III 5, 239
130 A 16, 389.	8 S III 1, 112	56 B III/I, 440
131 S III. 4, 271.	9 S II 9, 173	57 S III 9, 17
132 A 10, 717/18.	10 A 10, 144	58 B III/I, 441
133 S I. 35, 151.	11 A 10, 840–842	59 B III/I, 444
134 A 17, 67.	12 S I 41, 216	60 B III/I, 468
135 A 17, 67.	13 S I 41, 218/19	61 B III/I, 469
136 A 17, 447.	14 A 8, 434	62 A 23, 249
137 A 14, 345.	15 A 10, 524	63 B III/I, 469
138 A 14, 345.	16 A 16, 869	64 A 23, 248
139 A 14, 346.	17 A 9, 524	65 B III/I, 470
140 S II. 8, 66.	18 A 10, 852	66 B III/I, 465
141 A 13, 286.	19 A 10, 44	67 S I 36, 294
142 B II., 158.	20 A 18, 98	68 S I 36, 298
143 A 9, 516.	21 A 10, 363	69 S IV 37, 20
144 S I. 46, 28.	22 A 10, 362	70 B III/I, 467
145 A 13, 421.	23 A 10, 363	71 B III/I, 446
146 A 13, 421.	24 A 10, 372	72 B III/I, 632
147 S I. 46, 29.	25 A 10, 373	73 B III/2, 585
148 A 18, 359.	26 A 7, 375	74 S III 9, 192
149 A 13, 297.	27 A 10, 313	75 S III 9, 285
150 B II., 32.	28 B I, 978	76 S III 6, 95
151 A 23, 824.	29 B I, 985	77 S III 10, 155
152 A 17, 640.	30 B I, 989	78 S III 11, 141
153 A 9, 508.	31 B I, 994	79 S III 11, 318
154 B I., 122.	32 B II, 59	80 S III 12, 15
155 S III. 1, 117.	33 B I, 996	81 S III 12, 298
156 A 6, 264.	34 B II, 33	82 S III 13, 22
157 B II., 284.	35 B II, 55	83 S III 13, 174
158 A 17, 105.	36 S III 3, 186	84 S III 10, 43
159 A 17, 106.	37 B II, 308	85 S III 10, 100
160 A 17, 106/7.	38 B II, 726	86 S III 13, 159
161 S III. 4, 120/21.	39 B II, 727	87 B III/I, 582
162 A 7, 35.	40 B II, 728	88 B III/I, 585
163 A 14, 237.	41 S III 4, 73	89 B III/I, 63
164 S II. 3, 212.	42 A I, 635	90 S III 13, 234
165 A 16, 394.	43 B II, 997	91 B III/II, 865/66
	44 B III/I, 164	92 B III/II, 873/74
	45 B III/I, 348	93 B III/II, 892
	46 B III/I, 9	94 B III/II, 882

95 A 9, 508
96 A 9, 524
97 S II. 6, 218
98 A 8, 434.
99 A 3, 335.
100 A 10, 581.
101 A 3, 413.
102 A 19, 360.
103 A 17, 11.
104 S II. 11, 303.
105 B III/II. 833.
106 S I. 36, 255.
107 B II, 790.
108 A 1, 622.
109 B III/I. 13.
110 B III/I. 35.
111 A 14, 336.
112 A 9, 669.
113 A 3, 594.
114 A 12, 694.
115 S IV. 39, 58.
116 S IV. 39, 223.
117 S II. 11, 128.
118 A 7, 82.
119 A 17, 714.
120 A 9, 146.
121 A 7, 211.
122 B II. 768.
123 A 21, 704.
124 A 7, 445.
125 A 7, 447.
126 A 17, 695.
127 A 17, 600.
128 B II. 773/74.
129 B II. 770.
130 B II. 771.
131 B III/I. 367.
132 A 24, 93.
133 B V. 73.
134 A 24, 504.
135 B III/I. 62/63.

Anmerkungen zu V

1 A 11, 500.
2 A 14, 271.
3 A 8, 127.

4 A 10, 571.
5 A 7, 422.
6 B I, 609.
7 A 7, 447.
8 B I, 954.
9 A 11, 168.
10 A 9, 133.
11 A 7, 648.
12 A 7, 494.
13 S I. 16, 9.
14 B III/I. 675.
15 B II. 228.
16 A 14, 392.
17 B II. 223.
18 A VI. 398.
19 B I. 55.
20 S II. 6, 216.
21 B III. 2, 161.
22 A 6, 715.
23 A 17, 87.
24 A 8, 305.
25 A 8, 81.
26 A 8, 379.
27 A 7, 243.
28 A 7, 251.
29 A 11, 888.
30 A 11, 915.
31 A 8, 347.
32 A 8, 357.
33 A 8, 349.
34 A 8, 353.
35 A 8, 351.
36 A 8, 353.
37 A 8, 356.
38 A 8, 358.
39 A 10, 382.
40 A 10, 374.
41 B III/I. 118.
42 A 5, 599.
43 A 7, 593.
44 A 8, 492.
45 A 8, 493.
46 A 8, 306.
47 A 5, 375.
48 A 17, 15.
49 A 16, 389.
50 A 10, 375.
51 A 17, 65.

52 A 6, 875.
53 A 6, 504/05.
54 S I. 42/1, 23.
55 B III/I. 371.
56 B III/I. 13.
57 A 12, 378.
58 A 7, 419.
59 A 7, 639.
60 A 7, 386.
61 A 7, 385.
62 B I. 656.
63 B V. 19.
64 A 7, 649.
65 A 17, 210.
66 S II. 6, 347.
67 A 14, 401.
68 A 14, 401.
69 A 8, 193.
70 A 8, 310.
71 A 13, 215.
72 B II. 929.
73 A 10, 320.
74 A 10, 321.
75 B 1, 668.
76 A 3, 335.
77 A 8, 224.
78 A 14, 712.
79 A 8, 166.
80 S II. 1, 308.
81 A 9, 53.
82 A 6, 865.
83 A 7, 563.
84 A 6, 870.
85 A 6, 871.
86 A 6, 879.
87 A 6, 881.
88 A 8, 112.
89 B I. 702.
90 A 11, 435.
91 A 4, 543.
92 A 8, 312.
93 A 1, 248.
94 S I. 6, 240.
95 A 7, 494.
96 S I. 37, 185.
97 S I. 37, 190.
98 A 12, 591–395.
99 A 1, 310.

100 SI.51, 100–102.
101 SI.51, 99.
102 SI.51, 100.
103 SI.51, 99!104.
104 A17, 713/14.
105 A16, 884.
106 SI.35, 203.
107 A11, 756.
108 A16, 894.
109 A7, 373.
110 A10, 444.
111 A24, 690.
112 A7, 469.
113 A10, 717.
114 A10, 237.
115 A7, 128.
116 A10, 237.
117 A23, 533.
118 A10, 642.
119 A11, 853.
120 A11, 749.
121 BII.15.
122 BII.9.
123 A10, 698.
124 A10, 631.
125 A7, 39.
126 BIII/I.793.
127 A7, 372.
128 BIII/I.180.
129 A8, 304/05.
130 A8, 261.
131 A9, 152.

Anmerkungen zu VI

1 BI176.
2 AI646.
3 A11, 662.
4 A17, 762.
5 A17, 765.
6 SIII1, 116.
7 A16, 883.
8 A8, 324.
9 A9, 262.
10 SII11, 148.
11 A8, 285.
12 SI6, 11.

13 A9, 528.
14 SII11, 49.
15 SI7, 21.
16 SIII1, 321.
17 A11, 353.
18 SI7, 40.
19 BV18.
20 A17, 640.
21 SIV9, 19.
22 A6, 513.
23 SII1, 178.
24 A11, 29.
25 SIII1, 116.
26 A11, 51.
27 A11, 93.
28 A7, 494.
29 A8, 177.
30 A8, 76.
31 A7, 339.
32 BII205.
33 BII922.
34 BII557.
35 A8,263.
36 A7, 408.
37 A8, 585.
38 SI51, 101–103.
39 A7, 407.
40 A7, 139.
41 A12, 308.
42 BIII/2, 753.
43 BII260.
44 A7, 228.
45 A7, 415.
46 A9, 559.
47 A10, 571.
48 BI178.
49 BI176.
50 BI262.
51 A10, 572/73.
52 A8, 231.
53 BIII/I268.
54 A10, 572.
55 SIII1, 112.
56 A7, 447.
57 BIII/I441.
58 A7, 625/26.
59 A9, 557.
60 A9, 531.

61 A1, 613.
62 SIII1, 119.
63 A9, 530.
64 AI667.
65 BII1170.
66 A8, 616.
67 A9, 618.
68 A3, 335.
69 BII551.
70 A8, 112.
71 A6, 100.
72 SIV29, 166.
73 BII955.
74 BII959.
75 BI279.
76 A12,321.
77 A12, 33.
78 BII224.
79 A24, 685.
80 BI462.
81 A9, 152.
82 A1, 565.
83 A10, 632.
84 A8, 594.
85 A7, 487.
86 A9, 636.
87 A11, 644.
88 A11, 799.
89 A11, 798.
90 A11, 812.
91 A24, 761.
92 A21, 168.
93 A7, 41.
94 BII67.
95 A7, 464.
96 A10, 722.
97 A4, 447.
98 A16, 884.
99 A1, 479.
100 A9, 162.
101 A11, 784.
102 A7, 305.
103 A9, 559.
104 A1, 436.
105 A9, 162.
106 A8, 131.
107 A9, 162.
108 A8, 506.

109 A 7, 396.
110 A 8, 43.
111 S I 2, 245.
112 B III/2, 717.
113 A 1, 675.
114 A 1, 432.
115 A 8, 92.
116 A 7, 443.
117 S III 1, 315.
118 S III 1, 327.
119 A 8, 352.
120 A 13, 417.

Anmerkungen zu VII

1 A 16, 883.
2 A 7, 454.
3 A 1, 410.
4 A 1, 261.
5 A 11, 568.
6 S IV. 49, 446/47.
7 A 5, 157.
8 A 17, 72.
9 A 17, 109/10.
10 A 16, 879.
11 A 12, 337.
12 S I. 47, 326.
13 A 14, 754.
14 A 16, 889.
15 A 17, 692.
16 A 17, 84.
17 A 19, 661.
18 A 16, 885.
19 A 17, 801.
20 A 17, 649, 717.
21 A 17, 649.
22 A 17, 121.
23 A 17, 491.
24 A 17, 475.
25 A 17, 415.
26 A 17, 317.
27 A 17, 316.
28 A 9, 610.
29 A 17, 692.
30 A 13, 439.
31 A 23, 816.
32 A 14, 399.

33 A 14, 400.
34 A 9, 574.
35 A 16, 11.
36 A 9, 573.
37 S I 25.1, 273.
38 A 14, 697.
39 Ed. Schlechta,
  II. 1024.
40 II. 1026.
41 III. 532.
42 III. 809.
43 S II. 6, 353.
44 A 7, 436.
45 A 17, 639.
46 A 7, 452.
47 A 9, 589.
48 A 7, 108.
49 A 13, 29.
50 A 13, 28.
51 A 13, 30.
52 A 13, 27.
53 A 12, 344.
54 A 13, 245.
55 A 13, 210.
56 A 8, 434.
57 A 16, 9.
58 S II. 9, 184.
59 A 16, 13.
60 A 11, 849.
61 A 11, 179.
62 A 11, 182.
63 B II. 124.
64 A 14, 695.
65 S IV. 26, 288.
66 A 12, 352.
67 A 12, 512.
68 A 12, 511.
69 A 12, 405.
70 A 12, 479.
71 A 12, 498/99.
72 A 12, 532.
73 S I. 36, 23.
74 A 1, 628.
75 A 13, 410.
76 A 13, 227.
77 A 11, 734.
78 B III. 1, 611.
79 B II. 76.

80 A 16, 247.
81 B II. 393.
82 A 13, 417.
83 S I. 4, 150.
84 A 8, 181.
85 A 8, 169.
86 A 8, 170.
87 STh I; II. 96, 2 c.
88 A 8, 181.
89 S III. 13, 30.
90 A 14, 186.
91 A 8, 171.
92 A 14, 860.
93 A 14, 861.
94 A 14, 860.
95 A 8, 172.
96 A 8, 191.
97 A 7, 440.
98 A 7, 424.
99 A 7, 435.
100 A 7, 419.
101 A 7, 423.
102 A 17, 268.
103 A 8, 68.
104 A 14, 355.
105 A 17, 714.
106 B III. 1, 677.
107 A 22, 478.
108 S II. 8, 86.
109 A 13, 210.
110 A 13, 205.
111 A 16, 699.
112 B II. 246.
113 A 8, 217.
114 A 8, 217.
115 A 1, 436.
116 A 8, 131.
117 S I. 42. 2, 143.
118 A 7, 452.
119 A 8, 514; 9, 600.
120 B II. 60.
121 B II. 61.
122 B II. 848.
123 A 4, 182.
124 A 16, 845.
125 A 6, 248.
126 A 3, 353.
127 A 7, 392.

128 A5, 296.
129 A9, 610.
130 SI.40, 388.
131 BIII.1, 604.
132 A16, 842.
133 A9, 502.
134 A3, 266.
135 A5, 468.
136 A8, 465.
137 A9, 531.
138 SI.37, 165.
139 BII.593.
140 Ethic.Nicom.II.2.
141 A22, 420.
142 A14, 461.
143 A16, 878.
144 SIII.3, 271.
145 BII.271.
146 A16, 391.
147 SII.3, 208/09.
148 A7, 539.

149 A19, 84.
150 A6, 265.
151 A10, 451.
152 A7, 76.
153 A2, 535.
154 SI.37, 329.
155 A7, 459.
156 A7, 439/40.
157 A3, 551.
158 A7, 128/29.
159 A16, 869.
160 A7, 58.
161 A7, 39.
162 A7, 651.
163 A7, 333.
164 A16, 837.
165 A7, 75.
166 A13, 422.
167 A5, 448.
168 A5, 160.
169 SI.37, 283.

170 A3, 352.
171 A1, 258.
172 A22, 444.
173 A6, 834.
174 A9, 399.
175 A10, 316.
176 A8, 130.
177 A7, 277.
178 SI.6, 169.
179 A16, 15.

Anmerkungen zu VIII

180 A2, 546.
181 A2, 50.
182 Ed. Schlechta
    I.580.
183 A2, 54.

PERSONENREGISTER
ergänzt mit biographischen Angaben

Humboldt, Alexander von
(1769–1859), Naturforscher und
Weltreisender 63, 68, 122, 150,
205
Humboldt, Wilhelm von
(1767–1835), Sprachforscher;
Gründer der Berliner Universität 14, 101, 107, 114, 119, 171,
187, 237, 264, 271
Humboldt, Caroline von
(1766–1829), Gattin Wilhelm
von Humboldts 102, 107
Huschke, Wilhelm Ernst Christian
(1760–1828), 1792 Hofmedikus
in Weimar 104
Jacobi, Friedrich Heinrich
(1743–1819), Jurist und Philosoph in Pempelfort bei Düsseldorf; 1805 Präsident der Akademie der Wissenschaften in München 23, 35, 43, 49, 69, 100,
120, 132, 195, 240, 246, 268
Jacobi, Maximilian Karl
(1775–1858), Sohn von Friedrich Jacobi, Medizinalrat in Düsseldorf; Leiter der Provinzial-
irrenanstalt in Siegburg bei
Bonn 163
Jaspers, Karl 8, 97, 99, 276 f.
Jean Paul 151, 170
Joachim von Fiore 33
Jünger, Ernst 125
Kant, Immanuel (1724–1804), Professor der Philosophie in Königs-
berg 34, 226 f., 236 f., 264, 266
Kayser, Philipp Christoph
(1755–1823), seit 1775 Musik-
lehrer in Zürich 151
Kemp, Friedhelm 243
Kestner, Johann Christian
(1741–1800), Legationssekretär
in Wetzlar; seit 1773 verheiratet
mit Charlotte Buff; später Hofrat
in Hannover 141
Kleist, Heinrich von (1777–1811),
Offizier, Schriftsteller 166
Klettenberg, Susanne Katharina
von (1723–1774), Freundin der

Familie Goethe; Pietistin, Vorbild der »Schönen Seele« 72 f.,
98
Klopstock, Friedrich Gottlieb
(1724–1803), Dichter des »Mes-
sias« und der »Oden« 191
Knebel, Karl Ludwig von
(1744–1834), 1774 als Erzieher
des Prinzen Konstantin nach
Weimar berufen; seit 1781 Pri-
vatmann in Jena 16, 22, 26, 51,
54, 75, 78, 84, 101 f., 169, 178,
181, 190, 193, 200, 205
Kobbe, Theodor Christoph August
von (1798–1845), Schriftsteller 21
Körner, Christian Gottfried
(1756–1831), Jurist, Staatsrat in
Berlin, Freund Schillers 18, 22
Kraft, Johann Friedrich 158 ff.
Kreutzer, Leo 7
Langermann, Johann Gottfried
(1768–1832), Geheimer Ober-
medizinalrat in Berlin 55
La Roche, Marie Sophie von
(1731–1807), Schriftstellerin, Ju-
gendfreundin Wielands 114
Lavater, Johann Kaspar
(1741–1801), Prediger in Zürich 18, 22, 28, 82, 99, 114, 121,
123, 142, 201, 211, 254
Lichtenberg, Georg Christoph
(1742–1799), Professor der Phy-
sik in Göttingen 177, 220
Leibniz, Gottfried Wilhelm 145
Lenz, Jakob Michael Reinhold
(1751–1792), mit Goethe in
Straßburg befreundet 54
Leonhard, Karl Cäsar von
(1779–1862), Mineraloge und
Geologe in Hanau; 1816 Professor in München; 1818 in Heidelberg 217
Levetzow, Ulrike von (1804–1899),
Tochter von Amalie Levetzow;
Goethes Liebe in der »Marien-
bader Elegie« 207
Linné, Karl von (1707–1778),

(1777–1857), Bildhauer, Professor in Berlin 151, 275
Rapp, Gottlieb Heinrich (1761–1832), Kaufmann und Kunstsammler in Stuttgart 38, 189
Rehbein, Wilhelm (1776–1825), 1816 Hofmedikus in Weimar; Goethes Hausarzt 55, 104, 106, 108, 142
Reil, Johann Christian (1759–1813), Professor der Medizin in Halle und Berlin 91
Reinhard, Karl Friedrich Graf von (1761–1837), 1792 im französischen diplomatischen Dienst; 1799 Außenminister; 1808 Gesandter Napoleons in Kassel; 1815 Gesandter beim Deutschen Bundestag 30, 36, 79, 85, 101, 207, 241
Riemer, Friedrich Wilhelm (1774–1845), 1803 Erzieher von August Goethe; 1812 Professor am Gymnasium, 1814 Bibliothekar in Weimar 8, 10, 22, 26, 59, 63, 76, 81, 83, 88, 100, 108, 117, 125, 133, 186 f., 200, 209, 255 f., 260 ff.
Rienzo, Cola di (1313–1354) 33
Rochlitz, Johann Friedrich (1769–1842), Theaterdichter, Musikschriftsteller 27, 114
Rolland, Romain 276
Rousseau, Jean Jacques 144
Schelling, Friedrich Wilhelm von (1775–1854), 1798 Professor der Philosophie in Jena, 1803 Würzburg, 1827 München, 1841 Berlin 32, 36, 116
Schiller, Friedrich von (1759–1805), seit 1787 in Weimar; 1789 Professor der Geschichte in Jena 9, 18, 20 ff., 32 ff., 36 f., 42, 51, 54, 63, 73, 82, 92, 170, 179, 181, 194 f., 207, 210, 218, 232, 246, 264, 271

Schiller, Charlotte, geb. v. Lengefeld (1766–1826), Schillers Gattin 22, 37, 102, 106, 167
Schimmelmann, Gräfin Charlotte 32, 54
Schlegel, August Wilhelm von (1767–1845), 1798–1801 in Jena; 1818 Professor für Indische Philosophie in Bonn 258
Schlegel, Friedrich von (1772–1829), Literat und Ästhetiker; 1799 bis 1802 in Jena, später in Berlin, Dresden, Paris, Wien 11, 267
Schlegel, Dorothea, geb. Mendelssohn, gesch. Veit (1763–1839), Gattin von Friedrich Schlegel 21
Schlegel, Caroline (1763–1809), Frau von August Wilhelm Schlegel, ab 1803 mit Schelling verheiratet. Gehörte in Jena zum Mittelpunkt des frühromantischen Kreises 9, 145
Schleiermacher 227
Schönkopf, Anna Katharina (1746–1810), Freundin der Leipziger Studentenzeit 85
Schopenhauer, Adele (1797–1849), Tochter von Johanna und Schwester von Arthur Schopenhauer 103, 271
Schlosser, Johann Georg (1739–1799), Goethes Schwager; heiratete 1778 Johanna Fahlmer 133
Schütze, Johann Stephan (1771–1839), Theologe, seit 1804 in Weimar 51
Schultz, Christoph Ludwig Friedrich (1781–1834), Staatsrat, Regierungsbevollmächtigter bei der Universität Berlin 54, 83, 116 f., 133, 189
Schweitzer, Albert 276 f.
Senckenberg, Johann Christian (1707–1772), Arzt in Frankfurt 55
Shakespeare 13

LITERATUR

Der Arzt der Goethezeit. Ciba-Zeitschrift 7 (1956), Heft 80.

BÄUMER, GERTRUD: Goethe – Überzeitlich. Berlin 1832.

BALZER, GEORG: Goethe als Gartenfreund. 2. Aufl. München 1978.

BARGMANN, WOLFGANG: Goethes Morphologie. Freiburg 1949.

BAUMANN, GERHART: Maxime und Reflexion als Stilform bei Goethe. Freiburg 1947.

BAUMGARTNER, ALEXANDER: Goethe. Sein Leben und seine Werke. Freiburg 1923.

BECK, ADOLF: Der »Geist der Reinheit« und die »Idee des Reinen«. Goethe 7 (1942) 160–168; 8 (1943) 19–57.

BECKER, HORST BERTHOLD: Der kranke Goethe. Halle 1974.

BENJAMIN, WALTER: Goethes Wahlverwandtschaften. In: Neue deutsche Beiträge 2 (1925) Heft 1, S. 83–138; Heft 2 S. 134–168.

BENN, GOTTFRIED: Goethe und die Naturwissenschaft (1941). In: Gesammelte Werke. Hrsg. Dieter Wellershoff. Wiesbaden, Zürich 1968. Bd. 3, S. 724–762.

BERGENGRUEN, WERNER: Rede über Goethe. Marburg 1949.

BERGSTRAESSER, ARNOLD: Goethe's Image of Man and Society. Chicago 1949.

BEUTLER, ERNST: Essays um Goethe. Zürich, München 1980.

BIEDRZYNSKI, EFFI: Goethes Weimar. Das Lexikon der Personen und Schauplätze. Zürich 1992.

BIRNBAUM, MAX: Aus Goethes Krankheitstagen. Fortschritte der Medizin 50 (1932) 209–212.

BOUCHER, MAURICE: Goethescher Geist und zwanzigstes Jahrhundert. Mainz 1947.

BOYLE, NICHOLAS: Goethe. Der Dichter seiner Zeit. Band I: 1749–1790. München 1995.

BREDNOW, WALTER: Zum Begriff des »Pathologischen« bei Goethe. Med. Hist. J. 8 (1973) 258–289.

BUCHHEIM, KARL: Suleika. Vom Ewigen in der Liebe. München 1948.

CAROSSA, HANS: Wirkungen Goethes in der Gegenwart. Leipzig 1938.

CARUS, CARL GUSTAV: Goethe. Zu dessen näherem Verständnis. Leipzig 1843.

– : Goethe und seine Bedeutung für diese und die künftige Zeit. Dresden 1849.

– : Denkschrift zum hundertsten Geburtstag Goethes. Leipzig 1849.

– : Goethe. Dessen Bedeutung für unsere und die kommende Zeit. Wien 1863.

CASSIRER, ERNST: Goethe und die geschichtliche Welt. Berlin 1932.

CHRISTIANS, MONIKA (Hrsg.): Gedenke zu leben. Eine Begegnung mit dem alten Goethe. Freiburg 1982.

CURTIUS, ERNST ROBERT: Kritische Essays zur europäischen Literatur. Bern 1950.

DANCKERT, WERNER: Goethe. Der mythische Urgrund seiner Weltschau. Berlin 1951.

DEBON, GÜNTHER: Das Blatt vom Osten. Gedanken zum Gingobiloba-Gedicht. Euphorion 73 (1979) 227–236.

DIEM, CARL: Körpererziehung bei Goethe. Ein Quellenbuch zur Geschichte des Sports. Frankfurt 1949.

DONATH, KLAUS: Goethe aus ärztlicher Sicht. Fortschritte der Medizin 100 (1982) 852–858.

DU BOIS-REYMOND: Goethe und kein Ende. Rektoratsrede. Leipzig 1883.

DÜRR, VOLKER und GÉZA V. MOLNÁR (Hrsg.): Versuche zu Goethe. Festschrift Erich Heller. Heidelberg 1976.

ECKERMANN, JOHANN PETER: Gespräche mit Goethe in den letzten Jahren seines Lebens. Hrsg. H. H. Houben. Leipzig 1913.

EISSLER, KURT ROBERT: Goethe. Eine psychoanalytische Studie. 2 Bde. Basel, Frankfurt 1983/85.

ELSTER, ERNST: Goethe und die Liebe. Marburg 1952.

ENGELHARDT, DIETRICH VON: Quellen und Zeugnisse zur Wechselwirkung zwischen Goethe und den romantischen Naturforschern. Acta historica Leopoldina 20 (1992) 31–55.

ENGELHARDT, WOLF VON und DOROTHEA KUHN: Johann Wolfgang

Goethe (1749–1832). In: Klassiker der Naturphilosophie. Hrsg. Gernot Böhme. München 1989, S. 220–240.

EPSTEIN, PAUL: Goethe und die Mathematik. Jahrbuch der Goethe-Gesellschaft 10 (1924).

ERMATINGER, EMIL: Goethe und die Natur. Horgen-Zürich, Leipzig 1932.

FISCHER, PAUL: Goethe-Wortschatz. Ein sprachgeschichtliches Wörterbuch zu Goethes sämtlichen Werken. Leipzig 1929.

FLITNER, WILHELM: Goethe im Spätwerk. Glaube – Weltbild – Ethos. Bremen 1957.

FRANZ, ERICH: Goethe als religiöser Denker. Tübingen 1932.

FRIEDENTHAL, RICHARD: Goethe. Sein Leben und seine Zeit. Zürich 1963.

GAJEK, BERNHARD und FRANZ GÖTTING: Goethes Leben und Werke in Daten und Bildern. Frankfurt 1966.

GAUSS, JULIA: Goethe-Studien. Göttingen 1961.

GERBER, PAUL HENRY: Goethe's Beziehungen zur Medicin. Berlin 1900.

GLASER, H. A. (Hrsg.): Goethe und die Natur. Referate des Triestiner Kongresses 1982. Frankfurt 1986.

GROSCHE, STEFAN: Lebenskunst und Heilkunde bei C. G. Carus (1789–1869). Anthropologische Medizin in Goethescher Weltanschauung. Med. Diss. Göttingen 1993.

GRÜNTHAL, ERNST, FRITZ STRAUSS: Abhandlungen zu Goethes Naturwissenschaft. Bern 1949.

GRUNACH, ERNST. Goethe und die Antike. 2 Bde. Berlin 1949.

GUNDOLF, FRIEDRICH: Goethe. Berlin 1916 (Neudruck Darmstadt 1963).

HAECKEL, ERNST: Goethe, Lamarck und Darwin. Berlin 1968.

HAECKER, VALENTIN: Goethes morphologische Arbeiten und die neuere Forschung. Jena 1927.

HAENSEL, LUDWIG: Goethe. Chaos und Kosmos. Vier Versuche. Wien 1949.

HAMM, HEINZ: Der Theoretiker Goethe. Kronberg 1976.

HAMPE, SUSANNE: Das Leiden im Weltbilde Goethes. Jahrbuch der Goethe-Gesellschaft 19 (1933).

HANKAMER, PAUL: Spiel der Mächte. Ein Kapitel aus Goethes Leben und Goethes Welt. 2. Aufl. Tübingen 1943.

HAUSTEIN, JENS (Hrsg.): Goethe über das Mittelalter, Frankfurt 1990.

HEHN, VIKTOR: Gedanken über Goethe. Berlin 1887.

HELMHOLTZ, HERMANN: Über Goethes naturwissenschaftliche Arbeiten. In: Populäre wissenschaftliche Vorträge. Braunschweig 1865, S. 31–53.

– : Goethes Vorahnungen kommender naturwissenschaftlicher Ideen. Berlin 1892.

HENKEL, ARTHUR: Entsagung. Eine Studie zu Goethes Altersroman. Tübingen 1954.

– : Goethe und die Bilder des irdischen Paradieses. Heidelberg 1982.

HERTZ, W.: Goethes Naturphilosophie im Faust. Berlin 1913.

HESSE, HERMANN: Dank an Goethe (1932). Freistudentische Zschr. 3 (1949).

HEYMACHER, MAX: Goethes Philosophie aus seinen Werken. 2. Aufl. Leipzig 1922.

HEYMANNS, EDUARD: Goethe und die Medizin. Dtsch. Ärzteblatt 76 (1979) 398–400; 464–466.

HILDEBRANDT, KURT: Goethe. Seine Weltweisheit im Gesamtwerk. 2. Aufl. Leipzig 1942.

– : Goethes Naturerkenntnis. Hamburg 1947.

HOFMILLER, JOSEF: Wege zu Goethe. Hamburg 1947.

HUCH, RUDOLF: Mehr Goethe. 2. Aufl. Berlin 1899.

HÜBNER, KURT: Die zweite Schöpfung. Das Wirkliche in Kunst und Musik. München 1994.

HUFELAND, CHRISTOPH WILHELM: Nöthige Erinnerung an die Bäder und ihre Wiedereinführung in Teutschland. Hrsg. F. J. Bertuch. Weimar 1801.

– : Praktische Übersicht der vorzüglichsten Heilquellen Teutschlands. Berlin 1815.

HUSEMANN, FRIEDRICH: Goethe und die Heilkunst. Betrachtungen zur Krise in der Medizin. Stuttgart 1957.

JAEGER, WOLFGANG: Goethes Untersuchungen an Farbenblinden. Heidelberger Jahrbücher 23 (1979) 27–38.

– : Studien Goethes an »Personen, die gewisse Farben nicht unterscheiden können«. Docum. Ophthalm. 26 (1969) 264–272.

JASPERS, KARL: Unsere Zukunft und Goethe. Zürich 1948.

KÄSTNER, ERHART: Wahn und Wirklichkeit im Drama der Goethezeit. Eine dichtungsgeschichtliche Studie über die Formen der Wirklichkeitserfassung. Leipzig 1929.

KARELL, VIKTOR: Goethe im Egerland. Sein Leben, Forschen und Dichten in den Egerländer Weltbädern 1785–1823. Altötting 1949.

KEMP, FRIEDHELM (Hrsg.): Goethe. Leben und Welt in Briefen. München, Wien 1978.

KIEHN, LUDWIG: Goethes Begriff der Bildung. Hamburg 1932.

KINDERMANN, HEINZ: Das Goethebild des 20. Jahrhunderts. 2. Aufl. Darmstadt 1966.

KLAGES, LUDWIG: Goethe als Seelenforscher. 3. Aufl. Zürich 1949.

KLEINSCHNIEDER, M.: Goethes Naturstudien. Wissenschaftstheoretische und geschichtliche Untersuchungen. Bonn 1971.

KLESSMANN, ECKART (Hrsg.): Goethe aus der Nähe. Berichte von Zeitgenossen. Zürich 1994.

KLUCKHOHN, PAUL: Die Idee des Menschen in der Goethezeit. Stuttgart 1946.

KOCH, FRANZ: Goethes Stellung zu Tod und Unsterblichkeit. Schriften der Goethe-Gesellschaft 45 (1932).

KOCH, RICHARD: Der Zauber der Heilquellen. Eine Studie über Goethe als Kurgast. Stuttgart 1933.

KUHN, DOROTHEA: Über den Grund von Goethes Beschäftigung mit der Natur und ihrer wissenschaftlichen Erkenntnis. Jahrbuch der deutschen Schillergesellschaft, 15. Jg., Stuttgart 1971.

– : Goethe und die Chemie. Med. Hist. J. 7 (1972) 264–278.

KÜHN, DIETER: Flaschenpost für Goethe. Frankfurt 1985.

KÜHN, RICHARD: Goethe. Eine medizinische Biographie. Stuttgart 1949.

KREUTZER, LEO: Mein Gott Goethe. Essays. Reinbek 1980.

LEISEGANG, HANS: Goethes Denken. Leipzig 1932.

LUDWIG, EMIL: Goethe. Geschichte eines Menschen. 3 Bde. Stuttgart, Berlin 1920.

LORENZ, FRIEDRICH: Goethes Leben – eine Krankengeschichte. Med. Diss. Jena 1938.

MÄHL, HANS-JOACHIM: Goethes Urteil über Novalis. Ein Beitrag zur Geschichte der Kritik an der deutschen Romantik. Jahrbuch Hochstift (1967) 130–270.

MANDELKOW, KARL ROBERT (Hrsg.): Goethe im Urteil seiner Kritiker. 4 Bde. München 1975–1984.

MANN, GUNTER und FRANZ DUMONT: Gehirn – Nerven – Seele. Anatomie und Physiologie im Umfeld S. T. Soemmerrings. Stuttgart 1988.

MANN, THOMAS: Ansprache im Goethejahr. Gehalten am 25. Juli 1949 in der Paulskirche zu Frankfurt am Main. Frankfurt 1949.

MAYER, HANS (Hrsg.): Goethe im zwanzigsten Jahrhundert. Spiegelungen und Deutungen. Frankfurt 1987.

MEYER, HEINRICH: Goethe. Das Leben im Werk. Hamburg-Bergedorf 1949.

MÖBIUS, PAUL JULIUS: Über das Pathologische bei Goethe. Leipzig 1898.

MOMMSEN, KATHARINA: Goethe und 1001 Nacht. Berlin 1960.

– : Goethe und die arabische Welt. Frankfurt 1988.

– (Hrsg.): Goethe – Warum? Eine repräsentative Auslese aus Werken, Briefen und Dokumenten. Frankfurt 1984.

MÜLLER-VOLLMER, KURT: Poesie und Einbildungskraft. Zur Dichtungstheorie Wilhelm von Humboldts. Stuttgart 1967.

MUSCHG, ADOLF: Goethe als Emigrant. Auf der Suche nach dem Grünen bei einem alten Dichter. Frankfurt, Leipzig 1996.

NAGER, FRANK: Goethe und die Medizin. Schweizerische Ärztezeitung 51 (1982).

– : Gesundheit, Krankheit und Tod bei Goethe. In: Aktuelle Aspekte der Infektiologie. Hrsg. W. Siegenthaler. Stuttgart, New York 1987, S. 3–12.

– : Der heilkundige Dichter. Goethe und die Medizin. Zürich, München 1990.

NEUBAUER, JOHN: »Die Abstraktion, vor der wir uns fürchten« Goethes Auffassung der Mathematik und das Goethebild in der Geschichte der Naturwissenschaft. In: Versuche zu Goethe. Hrsg. Volker Dürr und Géza von Molnár. Heidelberg 1976, S. 305–320.

Neumann, Günther: Goethe und die Naturwissenschaften. Halle 1940.

Nietzsche, Friedrich: Werke in drei Bänden. Hrsg. Karl Schlechta. München 1964–1966.

Nowotny, Otto: Goethe und die Pharmazie. Österreichische Apotheker-Zeitung 36 (1982) 428/29.

Oberhoffer, Magdalena: Goethes Krankengeschichte. Hannover 1949.

Oehme, Curt: Goethe und der Arzt von heute. Stuttgart 1950.

Ohly, Friedrich: Römisches und Biblisches in Goethes »Märchen«. Zschr. Dtsch. Altertum u. Dtsch. Literatur 91 (1961) 147–166.

– : Goethes Ehrfurchten – ein »ordo caritatis«. Euphorion 55 (1961) 113–145; 405–448.

Ortega y Gasset, José: Um einen Goethe von innen bittend. Brief an einen Dichter. Neue Rundschau (1932).

Petsch, Robert: Goethes Stellung zur Unsterblichkeitsfrage. In: Geschichte und Form. Dortmund 1925.

Pörksen, Uwe: »Alles ist Blatt«. Über Reichweite und Grenzen der naturwissenschaftlichen Sprache und Darstellungsmodelle Goethes. In: Berichte zur Wissenschaftsgeschichte 11 (1988) 133–148.

Pyritz, Hans: Goethes Verwandlungen. Hamburg 1950.

– : Goethe-Bibliographie. Unter redaktioneller Mitarbeit von Paul Raabe. Heidelberg 1955–1965.

Raabe, August: Das Erlebnis des Dämonischen in Goethes Denken. Berlin 1942.

Rickert, Heinrich: Goethes Faust. Die dramatische Einheit der Dichtung. Tübingen 1932.

Ridder, Paul: Gesund mit Goethe. Die Geburt der Medizin aus dem Geiste der Poesie. Münster 1995.

Riese, Walther. Goethe's conception of evolution and it's survival in medical thought. Bulletin of the History of Medicine 23 (1949) 546–553.

Rolland, Romain: Stirb und Werde. Zum hundertsten Todestag Goethes. Stuttgart 1932.

Schaeder, Grete. Gott und die Welt. Drei Kapitel Goethescher Weltanschauung. Hameln 1947.

SCHENCK, ERNST VON: Briefe der Freunde. Das Zeitalter Goethes im Spiegel der Freundschaft (1937). Stuttgart 1949.

SCHIPPERGES, HEINRICH: »Die Kunst muß erst vollenden.« Lebenskunst bei Goethe. Die Heilkunst 22 (1979) 554–557.

– : Goethe als Lebenskünstler. Der Dtsch. Apotheker 34 (1982) 164–176.

– : Goethe als Heiler. Der Dtsch. Apotheker 34 (1982) 710–718; 35 (1983) 13–20.

SCHLEGEL, FRIEDRICH: Über Goethes Meister. In: Athenäum, Bd. 1. St. 2. Berlin 1798, S. 147–178.

SCHMIDT, G.: Goethe und die Naturwissenschaften. Eine Bibliographie. Halle 1949.

SCHNEIDER, REINHOLD: Fausts Rettung. Berlin 1946.

SCHOLZ, HEINRICH: Goethes Stellungnahme zur Unsterblichkeitsfrage. Tübingen 1934.

SCHRENK, MARTIN: Frühe Natur-Erfahrung Goethes. Ein biographischer Beitrag zur Geschichte des Natur-Begriffs. Der Horizont 10 (1967) 81–95.

– : Eine Krankheit zum Tode. Über Goethes »Leiden des jungen Werther«. In: Melemata. Festschr. Werner Leibbrand. Mannheim 1967, S. 129–142.

SCHRIMPF, HANS JOACHIM: Das Weltbild des späten Goethe. Stuttgart 1956.

SCHUBERT, HANS VON: Goethes religiöse Jugendentwicklung. Leipzig 1925.

SCHWEITZER, ALBERT: Goethe. Gedenkrede 1932. München 1932.

– : Goethe. Vier Reden. 3. Aufl. München 1950.

SHERRINGTON, CHARLES: Goethe on Nature and Science. Cambridge 1949.

SPRANGER, EDUARD. Goethes Weltanschauung. Leipzig o. J.

STAIGER, EMIL: Goethe. 3 Bde. Zürich 1952–1959.

STEFFENS, HENRIK: Grundzüge der philosophischen Naturwissenschaft. Berlin 1806.

STEIGER, ROBERT: Goethes Leben von Tag zu Tag. Eine dokumentarische Chronik. 8 Bde. Zürich 1982 ff.

STEINEN, WOLFRAM VON DEN: Das Zeitalter Goethes. Bern 1949.

STEINER, RUDOLF: Goethe als Vater einer neuen Ästhetik. Berlin 1917.

STRICH, FRITZ: Goethe und die Weltliteratur. 2. Aufl. Bern 1957.

TELLENBACH, GERD: Goethes geschichtlicher Sinn. Rektoratsrede. Freiburg 1949.

TROLL, WILHELM: Morphologische Schriften Goethes. Jena 1932.

URZIDIL, JOHANNES: Goethe in Böhmen. Zürich 1962.

USCHMANN, GEORG: Der morphobiologische Vervollkommnungsbegriff bei Goethe und seine problemgeschichtlichen Zusammenhänge. Jena 1939.

VEIL, WOLFGANG H.: Goethe als Patient. 3. Auflage Stuttgart 1963.

VIËTOR, KARL: Goethe. Dichtung – Wissenschaft – Weltbild. Bern 1949.

– : Goethes Anschauung vom Menschen. Bern, München 1960.

VIRCHOW, RUDOLF: Göthe als Naturforscher und in besonderer Beziehung auf Schiller. Berlin 1861.

– : Goethes Erziehung zur Medizin. Rede am 7. Febr. 1861 in Berlin. Berlin 1861.

VOGEL, CARL: Die letzte Krankheit Goethes. Berlin 1835 (Nachdruck Darmstadt 1961).

VOIGT, WOLFRAM und ULRICH SUCKER: Johann Wolfgang von Goethe als Naturwissenschaftler. Leipzig 1982.

VOSS, HERMANN: Goethes Selbstzeugnisse über seine Beschäftigung mit »organischen Naturen«. Gegenbaurs morph. Jb. 125 (1979) 70–99; 466–518; 687–736.

WACHSMUTH, ANDREAS B.: »Sich verselbsten« und »entselbstigen« – Goethes Altersformel für die rechte Lebensführung. In: Goethe. Neue Folge des Jahrbuchs der Goethe-Gesellschaft 11 (1949) 263–292.

WACHSMUTH, BRUNO: Goethe und die Magie. Goethe 8 (1943) 98–115; 215–231.

WALTER, JOHANNES (Hrsg.): Goethe als Seher und Erforscher der Natur. Untersuchungen über Goethes Stellung zu den Problemen der Natur. Halle 1930.

WEINHANDL, FERDINAND: Die Metaphysik Goethes. Berlin 1932.

WEITZ, HANS-J. (Hrsg.): Johann Wolfgang Goethe. Sollst mir ewig Suleika heißen. Goethes Briefwechsel mit Marianne und Johann Jakob Willemer. Frankfurt 1986.

WENZEL, MANFRED: Goethe und die Medizin. Selbstzeugnisse und Dokumente. Frankfurt, Leipzig 1992.

WIESE, BENNO VON: Das Dämonische in Goethes Weltbild und Dichtung. Münster 1949.

WOLFF, HANS M.: Goethes Weg zur Humanität. Bern, Salzburg 1951.

WUNDT, MAX: Goethes Wilhelm Meister und die Entwicklung des modernen Lebensideals. Berlin 1913.

ZIMMERMANN, ROLF CHRISTIAN: Franz von Baader und Goethes vier Ehrfurchten. Germanisch-Romanische Mschr., Nr. 14 (1964) 267–279.

– : Das Weltbild des jungen Goethe. München 1979.